# 法律文书写作

Legal
Writing

刘金华 著

北京大学出版社
PEKING UNIVERSITY PRESS

图书在版编目(CIP)数据

法律文书写作/刘金华著. —北京:北京大学出版社,2019.3
21 世纪法学规划教材
ISBN 978-7-301-30339-9

Ⅰ. ①法… Ⅱ. ①刘… Ⅲ. ①法律文书—写作—中国—高等学校—教材 Ⅳ. ①D926.13

中国版本图书馆 CIP 数据核字(2019)第 033473 号

| | |
|---|---|
| 书　　　名 | 法律文书写作<br>FALÜ WENSHU XIEZUO |
| 著作责任者 | 刘金华　著 |
| 责 任 编 辑 | 孙战营　李　铎 |
| 标 准 书 号 | ISBN 978-7-301-30339-9 |
| 出 版 发 行 | 北京大学出版社 |
| 地　　　址 | 北京市海淀区成府路 205 号　100871 |
| 网　　　址 | http://www.pup.cn |
| 电 子 邮 箱 | 编辑部 law@pup.cn　总编室 zpup@pup.cn |
| 新 浪 微 博 | @北京大学出版社　@北大出版社法律图书 |
| 电　　　话 | 邮购部 010-62752015　发行部 010-62750672　编辑部 010-62752027 |
| 印 刷 者 | 河北滦县鑫华书刊印刷厂 |
| 经 销 者 | 新华书店<br>787 毫米×1092 毫米　16 开本　16.75 印张　418 千字<br>2019 年 3 月第 1 版　2024 年 7 月第 11 次印刷 |
| 定　　　价 | 55.00 元 |

未经许可,不得以任何方式复制或抄袭本书之部分或全部内容。
**版权所有,侵权必究**
举报电话:010-62752024　电子信箱:fd@pup.cn
图书如有印装质量问题,请与出版部联系,电话:010-62756370

# 丛书出版前言

秉承"学术的尊严,精神的魅力"的理念,北京大学出版社多年来在文史、社科、法律、经管等领域出版了不同层次、不同品种的大学教材,获得了广大读者好评。

但一些院校和读者面对多种教材时出现选择上的困惑,因此北京大学出版社对全社教材进行了整合优化。集全社之力,推出一套统一的精品教材。

"21世纪法学规划教材"即是本套精品教材的法律部分。本系列教材在全社法律教材中选取了精品之作,均由我国法学领域颇具影响力和潜力的专家学者编写而成,力求结合教学实践,推动我国法律教育的发展。

"21世纪法学规划教材"面向各高等院校法学专业学生,内容不仅包括了16门核心课教材,还包括多门传统专业课教材,以及新兴课程教材;在注重系统性和全面性的同时,强调与司法实践、研究生教育接轨,培养学生的法律思维和法学素质,帮助学生打下扎实的专业基础和掌握最新的学科前沿知识。

本系列教材在保持相对一致的风格和体例的基础上,以精品课程建设的标准严格要求各教材的编写;汲取同类教材特别是国外优秀教材的经验和精华,同时具有中国当下的问题意识;增加支持先进教学手段和多元化教学方法的内容,努力配备丰富、多元的教辅材料,如电子课件、配套案例等。

为了使本系列教材具有持续的生命力,我们将积极与作者沟通,结合立法和司法实践,对教材不断进行修订。

无论您是教师还是学生,在适用本系列教材的过程中,如果发现任何问题或有任何意见、建议,欢迎及时与我们联系(发送邮件至 bjdxcbs1979@163.com)。我们会将您的意见或建议及时反馈给作者,供作者在修订再版时进行参考,从而进一步完善教材内容。

最后,感谢所有参与编写和为我们出谋划策提供帮助的专家学者,以及广大使用本系列教材的师生,希望本系列教材能够为我国高等院校法学专业教育和我国的法治建设贡献绵薄之力。

北京大学出版社<br>2012 年 3 月

# 前 言

法律文书是记录法律活动的文字载体,也是具体实施法律的重要工具。"法律文书写作"课程,是具有法律专业性质的应用写作课。

作为一门综合性的法律专业课程,国家法律的修改往往会导致法律文书写作的内容和格式发生变化。近年来,随着中国特色社会主义法律体系的形成,社会主义法制日益完善,国家立法机关在制定新法律的同时,加强了法律修改工作,着力对不适应现实需要的现行法律进行修改和完善。例如,2018年10月全国人大常委会修正了《中华人民共和国刑事诉讼法》,2017年6月全国人大常委会修正了《中华人民共和国民事诉讼法》和《中华人民共和国行政诉讼法》,2017年3月全国人大通过了《中华人民共和国民法总则》。

为了保证法律文书制作的规范性,配合和促进新修改的法律得到顺利、有效施行,相关法律职能部门根据新修改的法律,及时对法律文书的格式规范做了相应的修改完善。例如,2012年公安部、最高人民检察院相继修订了刑事法律文书格式样本,2016年2月最高人民法院审议通过了《民事诉讼文书样式》和《人民法院民事裁判文书制作规范》。

相关法律制度和法律文书规范的修改完善,要求法律教学及时跟进,提供新的法律知识、新的文书规范,以适应教学的新要求。本教材的编写,就是以新修改的法律制度为依托,根据文书格式规范的新要求,呈现新的法律文书写作知识和规范,并以二维码关联的形式,在文中附以具体文书的参考格式和示例,既可供学生学习使用,也可以作为法律工作者从事法律实务的参考。期望本教材的出版,能够对法律文书写作教学和法律实践有所裨益。

# 目 录

- 1 第一章 绪论
  - 1 第一节 法律文书的概念和特点
  - 4 第二节 法律文书的种类和作用
  - 6 第三节 法律文书的历史沿革
  - 10 第四节 法律文书写作的基本要求
- 15 第二章 公安机关刑事法律文书
  - 15 第一节 概述
  - 17 第二节 立案、破案文书
  - 21 第三节 强制措施文书
  - 31 第四节 侦查取证文书
  - 34 第五节 延长羁押期限文书
  - 40 第六节 侦查终结文书
  - 45 第七节 补充侦查和复议、复核文书
- 51 第三章 人民检察院刑事法律文书
  - 51 第一节 概述
  - 52 第二节 立案决定书
  - 54 第三节 批准逮捕决定书
  - 57 第四节 起诉书
  - 62 第五节 不起诉决定书
  - 67 第六节 公诉意见书
  - 69 第七节 刑事抗诉书
  - 74 第八节 纠正审理违法意见书
- 78 第四章 人民法院刑事裁判文书
  - 78 第一节 概述
  - 79 第二节 第一审刑事判决书

| 87 | 第三节　第二审刑事判决书 |
| 92 | 第四节　再审刑事判决书 |
| 97 | 第五节　刑事裁定书 |

## 102　第五章　人民法院民事裁判文书

| 102 | 第一节　概述 |
| 104 | 第二节　第一审民事判决书 |
| 110 | 第三节　第二审民事判决书 |
| 115 | 第四节　再审民事判决书 |
| 120 | 第五节　民事调解书 |
| 124 | 第六节　民事裁定书 |

## 132　第六章　人民法院行政裁判文书

| 132 | 第一节　概述 |
| 134 | 第二节　第一审行政判决书 |
| 140 | 第三节　第二审行政判决书 |
| 144 | 第四节　再审行政判决书 |
| 147 | 第五节　行政赔偿调解书 |
| 149 | 第六节　行政裁定书 |

## 154　第七章　监狱法律文书

| 154 | 第一节　概述 |
| 155 | 第二节　罪犯入监登记表 |
| 156 | 第三节　罪犯奖惩审批表 |
| 157 | 第四节　罪犯评审鉴定表 |
| 158 | 第五节　罪犯暂予监外执行审批表 |
| 159 | 第六节　提请减刑建议书 |
| 161 | 第七节　提请假释建议书 |
| 163 | 第八节　对罪犯刑事判决提请处理意见书 |
| 165 | 第九节　监狱起诉意见书 |
| 167 | 第十节　罪犯出监鉴定表 |

## 169　第八章　行政执法法律文书

| 169 | 第一节　概述 |

| 170 | 第二节 行政处罚法律文书 |
| 178 | 第三节 行政复议法律文书 |

## 187 第九章 律师实务文书
| 187 | 第一节 概述 |
| 188 | 第二节 诉状类文书 |
| 203 | 第三节 申请书 |
| 211 | 第四节 法庭发言词 |

## 218 第十章 仲裁、公证法律文书
| 218 | 第一节 仲裁法律文书 |
| 231 | 第二节 公证法律文书 |

## 240 第十一章 笔录
| 240 | 第一节 概述 |
| 241 | 第二节 现场勘查笔录 |
| 244 | 第三节 询问笔录 |
| 246 | 第四节 讯问笔录 |
| 249 | 第五节 法庭审理笔录 |
| 254 | 第六节 合议庭评议笔录 |

## 257 参考文献

# 第一章

# 绪　　论

【学习目的与要求】　通过本章学习,要求学习者从总体上了解法律文书写作的基本内容,包括基本概念、特点、种类、作用、历史沿革、文书写作需要注意的问题等,为后续各种具体法律文书写作知识的学习和运用奠定基础。

## 第一节　法律文书的概念和特点

### 一、法律文书的概念

法律文书有广义和狭义之分。广义的法律文书,是指一切涉及法律内容的文书,包括规范性法律文书和非规范性法律文书。其中,规范性法律文书,是指国家有关机关颁布的具有普遍约束力的规范性法律文件。例如,法律、行政法规、地方性法规及规章等。非规范性法律文书,是指公安机关(含国家安全机关)、检察机关、人民法院、监狱、行政机关、仲裁组织、公证机构等依法制作的处理各类诉讼案件和非诉讼案件的法律文书,以及案件当事人、律师和律师事务所等自书或者代书的具有法律效力或法律意义的非规范性文件的总称。狭义的法律文书仅指非规范性法律文书。

非规范性法律文书只适用于特定的案件和特定的人,这些法律文书的制作主体不尽相同,有的是国家司法机关、行政机关,有的是法定组织,有的是案件当事人、律师或律师事务所等。它们的作用也有较大的区别,有的具有法律效力和强制性,有的具有法律意义,不具有强制性。但是,需要注意的是,无论是哪种法律文书,都需要依法制作。

在司法实践中,与法律文书相关的概念还有诉讼文书和司法文书,这两个概念极易与法律文书的概念相混淆。实际上,法律文书、诉讼文书、司法文书三者之间是有区别的。严格意义上的司法文书,是指司法机关在办理各类诉讼案件时制作和使用的法律文书。诉讼文书,是指涉及诉讼活动时制作和使用的文书。诉讼文书不仅包括司法机关办理各类诉讼案件时制作和使用的文书,也包括案件当事人、诉讼代理人等为了保证诉讼的顺利进行,依据法定的诉讼程序,向司法机关提交的各种涉及诉讼活动的文书。例如,起诉状、答辩状等。非规范性法律文书包含诉讼文书和司法文书,但不限于此,同时还包含各种非诉讼法律文书。三者之间是包涵与被包涵的关系。

综上所述,非规范性法律文书涵盖的内容大体包括以下几部分:(1) 公安机关、检察机关、人民法院、监狱等处理案件制作和使用的文书;(2) 国家行政机关依法履行法定职责、行使行政权力制作和使用的文书;(3)国家授权的法定机构和组织依法制作和使用的公证文书和仲裁文书;(4)案件当事人、律师或律师事务所等制作和使用的文书。本教材主要介绍非规范性法律文书的主要内容,全书所称法律文书皆指非规范性法律文书。

## 二、法律文书的特点

法律文书是实施法律的重要工具,是司法公正的载体。法律文书从制作和使用过程看,主要具有以下几方面的特点:

### (一)目的的明确性

根据《现代汉语词典》的解释,目的是指想要达到的地点或境地;想要得到的结果。法律文书是为了解决某一法律问题制作的,是具体实施法律的重要工具,文书制作和使用都必须具有明确的目的。例如,公安机关对案件侦查终结后,认为犯罪事实清楚,证据确实充分,依法应当追究犯罪嫌疑人的刑事责任,依法制作起诉意见书,目的是将案件移送同级人民检察院审查起诉。又如,检察机关制作起诉书,目的是为了指控被告人实施的行为构成犯罪,将案件移交人民法院,由人民法院依法作出裁决,追究被告人的刑事责任。再如,人民法院依法对案件进行审理后,依法制作判决书,目的是明确罪与非罪、是非责任,通过裁判惩罚犯罪、明确权利义务和责任,以达到维护当事人合法权益的目的。法律文书只有首先明确文书的制作目的,才能为文书制作确定明确的方向和目标,才能使文书制作中心思想明确,文书内容的写作紧紧围绕目的,做到目的明确,中心思想突出,才能使文书更好地发挥法律效用。

### (二)内容的法定性

法律文书是为具体实施法律制作的,要求必须依法制作,目的主要是为了保证法律文书的规范性和权威性,以保证案件审理的公正性。为了保证法律文书内容符合法定性的要求,我国相关法律对法律文书的内容规范大都作出了比较明确具体的规定。例如,我国《民事诉讼法》第121条规定:起诉状应当记明下列事项:(1)原告的姓名、性别、年龄、民族、职业、工作单位、住所、联系方式,法人或者其他组织的名称、住所和法定代表人或者主要负责人的姓名、职务、联系方式;(2)被告的姓名、性别、工作单位、住所等信息,法人或者其他组织的名称、住所等信息;(3)诉讼请求和所根据的事实与理由;(4)证据和证据来源,证人姓名和住所。该法第152条规定:判决书应当写明判决结果和作出该判决的理由。判决书内容包括:(1)案由、诉讼请求、争议的事实和理由;(2)判决认定的事实和理由、适用的法律和理由;(3)判决结果和诉讼费用的负担;(4)上诉期间和上诉的法院。判决书由审判人员、书记员署名,加盖人民法院印章。我国法律对法律文书写作内容作出明确具体规定的,文书制作者应当依法制作法律文书。

除法律规定外,我国公安机关、检察机关、人民法院、仲裁组织、公证机构等都依法对文书格式作出了严格、规范的规定,文书制作者在制作和使用法律文书时,应当严格按照文书格式的要求制作文书。

### (三)形式的程式性

法律文书程式化的特点非常明显。所谓程式,是指一定的格式。正是文书程式化的要求,使得具体制作出来的法律文书更具规范性。法律文书程式化的表现具体体现在以下两个方面:

#### 1. 结构固定化

根据法律文书格式的要求,法律文书大都具有固定的结构,包括首部、正文和尾部三部分。首部一般包括文书制作机关名称、文种名称、文书编号；当事人的基本情况，案由、案件来源和审理经过等。正文一般包括案件事实、处理理由、处理结果或处理意见等。尾部一般包括交代有关事项、署名、日期、用印、附注事项等。以上是对绝大多数法律文书结构程式的概括，涉及有些报告类、表格类文书的程式结构，可能会稍有不同。

2. 用语成文化

用语成文化是法律文书形式程式化的又一特点。在法律文书制作中，有的文书根据格式要求，有些文字已经统一印制在格式中，文书制作者只需要将适当的文字填入格式即可。例如，在民事诉讼中，通知当事人交纳诉讼费用通知书的格式，正文部分的内容是：

……（写明当事人及案由）一案，你向本院提起诉讼／反诉／上诉／申请。依照《中华人民共和国民事诉讼法》第一百一十八条、《诉讼费用交纳办法》规定，你应当交纳案件受理费××元、申请费××元、其他诉讼费××元，合计××元。限你于收到本通知书次日起七日内向本院预交。期满仍未预交的，按撤回起诉／反诉／上诉／申请处理。

本院诉讼费专户名称：××××人民法院（财政汇缴专户）；开户银行：××××银行；账号：××××××××××。

上述文书，根据文书格式内容的要求，只需填写出当事人及案由，具体费用金额，法院的开户银行、账号即可。另外，还有些法律文书，在行文上有统一的要求。例如，第一审民事判决书的尾部，交代上诉权的内容，虽然没有事先印制好，但是根据法律规定，要求按照统一规定的文字书写。具体内容如下：

如不服本判决，可以在判决书送达之日起十五日内，向本院递交上诉状，并按照对方当事人或者代表人的人数提出副本，上诉于××××人民法院。

（四）语言的准确性

法律文书的思想内容需要通过语言这一特定的形式来表达。语言准确是对法律文书写作的基本要求。所谓语言准确，是指所使用的概念和词语能正确反映事物的本质。由于法律文书的内容与当事人的生命、自由、财产密切相关，同时也涉及法律的正确实施，因此在文书制作时，无论是当事人基本情况的说明，对案件事实的叙述，还是对处理理由的阐述等，都应当做到语言准确，应当避免含糊其辞，似是而非，语意两歧的情形出现，更应当注意法言法语的使用。因为在法律文书的写作中，有些法言法语如果用其他的词语来代替，难以准确地表达其内涵。例如，当事人身份和地位的确定，根据我国相关法律规定，在刑事诉讼中，当事人分别称为犯罪嫌疑人、被告人、自诉人、被害人等。在民事诉讼中，当事人分别称为原告、被告、上诉人、被上诉人、有独立请求权的第三人、无独立请求权的第三人等。当事人的称谓是法律统一规定的，在文书中不能随意书写。再如，涉及案件事实的叙述，有关"抢劫"和"抢夺"以及"询问"和"讯问"等词语的使用，由于这些词语是不同的法律概念，各有不同的内涵，在任何情况下都不能互相替代、混淆使用。

（五）使用的实效性

法律文书是为具体实施法律制作的，因此具有使用的实效性特点。法律文书使用的实效性，是靠国家强制力做保障的。所谓实效性，是指法律文书具有的法律效力或法律意义。法律文书要解决的问题是明确的、具体的，是具有针对性的。在司法实践中，有一部分法律文书需要执行，依法具有法律效力，法律实施的实效性非常明显。例如，公安机关依法制作的拘留证、逮捕证等。又如,人民法院制作的民事判决书,一旦发生法律效力,义务人不履行义务,权利人依法可以向人民法院申请强制执行。为了保证生效判决、裁定的执行,我国《刑法》还规定了拒不履行判决裁定罪。另一部分法律文书,虽然不具有明显的法律效力,不需要执行,但是在处理各类诉讼和非诉讼案件中也是不可或缺的,具有一定的法律意义。例如,在法庭辩论过程中,出席法庭的公诉人发表的公诉意见,辩护人发表的辩护词,诉讼代理人发表的代理词等,虽然不需要执行,但是对人民法院公正裁判案件具有较大的参考价值。又如,在案件审理中制作的各类笔录,虽然不需要执行,但是具有一定的法律意义,即有的可以作为证据使用,有的可以表明诉讼程序的合法性,有的可以作为检查执法情况的依据。总之,法律文书的制作必须注意文书的实效性,以保证文书充分发挥应有的作用。

## 第二节　法律文书的种类和作用

### 一、法律文书的种类

法律文书依据不同的标准,可以划分为不同的种类:(1)依据文书制作主体的不同,法律文书可以分为公安机关的法律文书、检察机关的法律文书、人民法院的诉讼文书、监狱法律文书、行政执法法律文书、公证文书、仲裁文书、律师和律师事务所文书等。(2)依据文种的不同,法律文书可以分为判决类文书、裁定类文书、决定类文书、报告类文书、通知类文书。(3)依据写作和表达方式的不同,法律文书可以分为叙述式文书、表格式文书、填空式文书、笔录式文书。(4)依据行文体式的不同,法律文书可以分为致送式文书、宣告式文书、信函式文书。

### 二、法律文书的作用

法律文书是进行各种诉讼活动和非诉讼活动的产物,客观地记载了法律活动的整个过程,在法律施行中具有重要的意义,起着重要的作用。

#### (一)实施法律的重要手段

国家制定和颁布法律,目的是付诸实施,以发挥法律应有的效用。法律的施行通常包括以下两个方面:一方面是规范人们的法律行为,以法律的形式告知人们应当怎样做,不应当怎样做;另一方面是对违法或者犯罪者进行制裁。根据法律规定,不同的权力机构承担的职责不同。侦查、拘留、执行逮捕和预审是公安机关的职责;行使公诉权和检察监督权是检察机关的职责;行使审判权是法院的职责;依法维护委托人的合法权益是诉讼代理人的职责等。上述法定职责的履行,都需要制作相应的法律文书。以刑事诉讼为例,我国《刑事诉讼法》规定,公安机关拘留犯罪嫌疑人的时候,必须出示拘留证;公安机关要求逮捕犯罪嫌疑人的时候,应当制作提请批准逮捕书,连同案卷材料、证据,一并移送同级人民检察院审查批准;公安机关逮捕人的时候,必须出示逮捕证;公诉人在法庭上宣读起诉书后,被告人、被害人可以就起诉书指控的犯罪进行陈述,公诉人可以讯问被告人;判决书应当由审判人员和书记员署名,并且写明上诉的期限和上诉的法院等。上述法律规定说明,在法律实施过程中,法律文书具有重要的地位作用,是法定的机关或组织依法履行职责的书面凭证。可以说,法律文书是各种法律活动的忠实记录,是实施法律的重要手段。

（二）法律活动的忠实记录

对于法定机关和组织应当履行的职责，法律作出了明确的规定。法定机关和组织依法履行职责的活动，法律文书都做了忠实的记录。在法律文书的制作和使用过程中，有的法律文书是启动诉讼程序的凭证，例如，民事起诉状、刑事自诉状等；有的法律文书是依法实施的各种诉讼活动的忠实记录，例如，调查笔录、讯问笔录、询问笔录等；有的法律文书是引起后续诉讼活动的凭证，例如，起诉意见书、起诉书等；有的法律文书是对诉讼活动依法作出的结论，例如，判决书、裁定书、调解书等。以刑事诉讼为例，整个诉讼过程都离不开法律文书：立案，需要制作立案决定书；对案件进行侦破，需要制作侦查计划；破案，需要制作破案报告；预审，需要制作预审终结报告；认为犯罪嫌疑人实施的行为构成犯罪，应当依法追究刑事责任，需要制作起诉意见书，将案件移送检察机关审查起诉；检察机关提起公诉，需要制作起诉书，将案件交付人民法院审判；人民法院对案件进行审理后，需要制作刑事判决书，以结束案件的审判。在整个案件审理过程中，还需要制作大量的调查笔录、询问笔录、讯问笔录等。总之，各种法律活动的进行，都需要有一定的文字记载，这些文字记载就是法律文书。法律文书对各项法律活动的忠实记录，不仅有利于保障法律活动严格按照法定程序进行，保证办案质量，而且也为法定机关和组织总结办案经验，进行执法检查提供了依据。

（三）法制宣传的生动教材

从司法实践活动看，凡属对外公开的法律文书，都有明显的法制宣传教育作用。例如，公诉人在法庭上宣读的起诉书，代理人、辩护人在法庭上发表的代理意见、辩护意见，以及人民法院对案件审理后制作的判决书等，对社会公众均具有法制宣传教育的作用。这些法律文书，通过以案说法，告知人们何为罪与非罪，触犯刑律应当受到何种处罚；何为合法与违法，实施了违约、侵权等行为，应当承担何种法律责任等。党的十八届三中全会以来，人民法院加快推进司法公开工作，最高人民法院先后出台了《关于推进司法公开三大平台建设的若干意见》《关于人民法院在互联网公布裁判文书的规定》《关于人民法院执行流程公开的若干意见》等规范性文件，并依托现代信息技术，推进审判流程公开、裁判文书公开、执行信息公开三大平台建设，运用网络、微博、微信、移动新闻客户端等载体，进一步拓展司法公开工作的广度和深度，目的是为了增加司法的透明度，强化司法的公信力。其中，裁判文书公开是司法公开的重要内容。总之，法律文书的宣传教育作用是不容忽视的，法律文书是法制宣传的生动教材。

（四）考核司法人员的重要尺度

法律文书是实施法律的重要工具，法律文书质量的高低与执法人员的办案水平密切相关，因为要制作出高质量的法律文书，不仅需要文书制作者具有法学理论基础、法律专业知识、文书写作能力，还需要文书制作者具有严谨的逻辑思维与推理能力，以及丰富的工作经验。因此，法律文书是综合考核司法人员的重要尺度。在司法实践中，涉及文字叙述类文书的制作，更具考核司法人员办案能力和水平的适用性。例如，公安机关制作的起诉意见书等；检察机关制作的起诉书、公诉意见书、抗诉书等；人民法院制作的判决书、裁定书、调解书等。这些文字叙述类法律文书，是对文书制作者工作能力、工作作风、工作责任心、文字写作能力等的综合检验，因此是考核司法人员的重要尺度。实际上，早在1986年9月，最高人民检察院办公厅就在下达的《印发全国刑事检察文书座谈会两个文件的通知书》中明确指出：今后，要把刑检文书制作质量列为考核、任命、提升法律职称应具备的基本条件之一。考核检查的重点是起诉书、不起诉决定书、抗诉书、公诉意见书等。总之，作为国家法律工作者，应该充分认识法律文书的重要作用,认真对待法律文书的制作,不断提高业务素质,增强工作的责任心,以切实提高法律文书的制作质量,充分发挥法律文书的职能作用。

## 第三节 法律文书的历史沿革

我国是一个具有悠久历史的文明古国,有着深远的文化渊源和丰厚的文化遗产。法律文书的发展也历史悠久、源远流长。法律文书是随着阶级、国家、法律的出现而产生的,是随着国家政治经济的发展而发展的,主要经历了古代、近代和现代的发展历程。

**一、我国古代的法律文书**

法律文书属于上层建筑中的一种文化现象,其产生和发展经历了较为漫长的历史时期,并且随着社会政治和经济的发展变化,法律文书的发展历史也必将会不断发生变化。法律文书的产生需要具备两个条件:一是法律必须达到相当完备的程度,因为法律文书是伴随着法律的产生而产生的,是实施法律的工具。二是必须具有较为完善系统的文字,因为法律文书是用文字书写的。

(一)先秦时期的法律文书

文字作为记录语言的符号,产生于我国殷商时期,引以为证的是甲骨文,距今已有大约四千年的历史。西周时期,随着青铜铸造技术的娴熟,又出现了浇铸在青铜器皿上的钟鼎文,也称铭文。法律的出现,是在我国进入阶级社会并建立国家之后。我国历史上建立的第一个奴隶制国家是夏朝,法律的表现形式是"诰""训""誓"等。据考证,我国夏朝时期,刑罚已经比较齐备,所谓夏刑三千条,即《夏书》所说的"昏、墨、贼、杀,皋陶之刑"。夏朝制定法律的目的,主要是为了镇压人民的反抗,维护自己的统治秩序。至西周时期,法律思想更趋成熟,法律制度也更加完备。

早在殷商的甲骨文和西周的钟鼎文中,就有一些记载奴隶主对奴隶的惩罚和王室贵族之间争讼的裁决。1975年,陕西省岐山县董家村发现了一件出土的青铜器——匜(古代洗涤用具),上面铸有157个文字,被称为《朕匜铭文》,内容记载了在一起诉讼案件中,一位名叫伯扬父的法官,对某人指控一个叫牧牛的人抢走其奴隶,对牧牛处以鞭刑和罚金的裁决。该判词转译成现代汉语大意如下:牧牛!你的行为被确定为诬告。你竟与你的师父打官司。你违背了先前的誓言。现在你立下誓言,到啬去见朕,交还五个奴隶。既然已经立下誓言,你也应遵守誓词。最初的责罚,我本应鞭你一千,并黑蔑黑屋;现在我赦免你,鞭你五百,罚铜三百锾。

需要注意的是,此铭文并不是裁判文本,乃是语判的记录。上述裁判包括了案件事实、量刑情节、法律责任等,事实清楚,责任明确,语言简洁,含义明确,近似于后来的判决书。

相传,西周中叶的诉讼程序和法律文书已经相对齐备。对于重要的刑事案件,须向官府呈递"剂"(书状);审讯要听"两辞"(双方供词),并记录在案,叫做"供"(法庭笔录);裁判要有"书",并当庭宣布,叫做"读鞫"(宣判);执行判决叫做"用法"(执行)等,整个诉讼过程均有相应的法律文书。

先秦时期,比较成熟的法律文书代表,是《国语·晋语》中记载的,晋惠公处理部下庆郑的一份类似判决书的文字。具体内容如下:

君(指晋惠公)令司马说刑之。司马说进三军之士而数庆郑曰:夫《韩之誓》曰:失次犯令,死;将止不面夷,死;伪言误众,死。今庆郑失次犯令,而罪一也;郑擅进退,而罪二也;女(汝)误梁由靡,使失秦公,而罪三也;君亲止,女(汝)不面夷,而罪四也;郑也就刑。

上述法律文书的叙写,先引用战前誓词中明确规定的三条军法,然后对照庆郑的罪行,依法作出裁决,文书叙写有理有据,具有较强的说服力。

到了春秋时期,已经有了比较完备的诉讼、审理制度。当时的法律规定,除轻微的案件可以口头陈述,一般应当具状告官,所具之状,指的就是书状。

(二)秦汉时期的法律文书

早在秦始皇统一六国前,秦孝公任用商鞅变法,对法律进行了重大的变革,改"法"为"律",为秦代的法律发展奠定了基础。秦始皇统一中国后,为巩固专制的中央集权制度,厉行法制,在政治、经济、生活等方面都有法律规定。1975年12月,在湖北云梦县睡虎地发掘了一组墓葬,出土了大量记载秦法律令的竹简,内容极其丰富,被称为《秦墓竹简》。其中,与法律文书直接相关的是《封诊式》竹简。"封",是指查封。"诊",是指诊察、勘验、检验。"式",是指格式和程序。《封诊式》是关于查封、检验的程式的汇集,是我国最早的法律文书样式的汇编,共98枚,经专家整理后,分为25篇独立的文字,每篇简首写有小标题,除置于卷首的《治狱》和《讯狱》是官吏审理案件的原则和要求外,其余各节"爰书",均为"封守""履""有鞫"等方面的法律文书程式。另外,还有案发现场的勘验和法医的检验报告。竹简中包括了各类案例,但所述案例皆不是用真名,而是用甲乙丙丁代替,这表明其选用的是极为典型的案例,是供官吏学习和具体处理案件时参考使用的。从程式要求看,《封诊式》中的文书样式严谨规范,内容细致,语言特征通俗易懂,揭示了法律文书作为一种处理法律事务的公文书,在当时已经取得了相当的地位。

汉代时期,儒家思想逐渐渗透至法律领域,一种以儒家经义为指导思想的审判方式也在汉中期产生,这就是董仲舒等人倡导的《春秋决狱》。《春秋决狱》从法律实践方面,为封建正统法律思想的建立创造了条件,裁判文书开始了"引礼为律"的做法,把儒家思想渗透至法律实践活动中,使封建法律儒家化。《春秋决狱》一书所收的判词,应当是现存最早的拟判。所谓拟判,是指虚构或模拟的判词,并无实际的法律效力,但是会对实判的制作产生影响或为实判所效仿。同时,在汉代时期,亦出现了自言文书。所谓"自言",是指原告向官府提起的诉讼。自言文书有着明确的程式要求,据居延汉简推断,大约需写明自言者的身份、籍贯、爵位、姓名、年龄,之后还需写明对方当事人的身份、姓名、发生争议时的标的和价值,以及对方当事人现任的职务等。此外,汉代时期,还有"诏所名捕",即下诏书指明追捕者,类似于现代的通缉令。总之,汉代的法律文书种类齐全,用语通俗易懂,并形成了相对固定的模式,为后来法律文书的发展奠定了基础。

(三)唐宋时期的法律文书

隋唐时期,处于封建社会的鼎盛阶段。当时大兴科举,特别是唐代的科举取士中,增添了"试判"的内容,规定了"试判三则",提高了最具代表性的法律文书——判的地位。许多文人举子为了考取功名,应试之前要做好写"判"的准备,甚至事先写好许多虚拟案情的"判",这也就是后人所说的"拟判"。直至今日,我们还能看到许多当时文人流传下来的这种"拟判"。例如,白居易的《甲乙判》,保留了102篇判决书,就是这种拟判。这些拟判,文辞典雅庄重,表达准确清晰,说理充分有力,且多为骈体,使唐朝判词的制作水平有了较大的提高。

《唐律》对案件的起诉与受理也作出了明确的规定,即当事人产生纠纷向官府告诉,应当向官府呈交"辞牒",也就是现今的诉状。起诉或控告他人,必须注明具体的时间,所指陈的事实也必须真实,否则就要被笞五十。若对第一衙门的判决不服,当事人应当向原衙门申请发给"不理状",并以此为凭,由下至上逐级上诉。根据当时的律法,当事人的口供是最重要的证据,为了取得证词,允许拷讯,并且规定了法定的拷讯程序。由此可知,当时刑讯笔录的制作应当是相当完备的。

宋代保留下来的判词,大多是实判,即依据案情作出裁判。由于经过唐中后期的散文化运动,宋代的实判已经由骈体判变为散体判。较为著名的实判专著是《名公书判清明集》,多出自名家之手,且皆为散体判和实判,每一判词,均有具体的时间、地点、当事人姓氏、双方当事人争议的事实、官府查证认定的事实,以及斟酌本案和情理,官府援引法律作出的判决。同时,宋代对诉状的格式和内容也进行了严格的限定。

《宋刑统》卷二十四《斗讼》规定:诉状须注明年月,指陈事实,不得称疑,且要写明告诉人的姓名,不能投匿名状。制作诉状,须使用官府颁发的印子。当事人的诉状稍有不合则不予受理。总之,宋代以判为主要表现形式的法律文书,不仅保持了唐代判词重说理,表述准确精练的特点,而且其实判性质使判词的语言更加平实流畅,更加注重事实和情理的分析,进而确定了散体判词的主体地位,为明清散体判的逐渐盛行奠定了基础。

(四)明清时期的法律文书

明代时期,中国古代的判词已经确立了自己独特的风格和地位,流传下来的主要有:李清的《折狱新语》、祁彪佳的《莆阳谳牍》、张肯堂的《萤辞》等。其中,李清的《折狱新语》,收录了判词230篇,是现存的唯一的一部明朝判词专集,它是作者在宁波府推官任内审理各类民刑案件的结案判词,是当时的地方司法实录。总体而言,从程序上看,判词已有审语与看语之分:对自己有权处理的案件,裁判者拟具判词后即可宣告,称为审语;对自己无权判决的案件,则拟具判词后还需转呈上级审核批准,称为看语。从内容上看,判词中案件事实、判决理由、裁判根据和结果一应俱全,并且形成了有机整体。

清代时期,保留至今的判词卷帙浩繁,显示出了极高的水平,堪称我国古代判词的最高峰。判词专集主要有:《樊山判牍》《陆稼书判牍》《于成龙判牍菁华》《张船山判牍》《清朝名吏判牍选》等。另外,清代的档案材料中也收录了大量的判词。清朝的判词多为实判,语言表述有的用骈体,有的用散体。由于个案的不同,有的判词重在认定事实和分析、说明;有的判词重在分析和评价,对争议事件根据法理、法律进行条分缕析的剖析,并据以裁判。这一时期的判词讲究用词,注重援引律例分析案情,达到了完善的境地。

## 二、我国近代和现代的法律文书

(一)我国近代的法律文书

清朝中后期,封建专制社会逐步走向衰亡。加之西方列强国家的坚船利炮入侵,延续几千年的中华法系受到了猛烈的冲击。1840年,西方法律思想和法律制度逐步传入中国,清政府借鉴外国经验,开始变法修律。在法律文书方面,清末宣统年间,由奕劻、沈家本编纂了《考试法官必要》,吸收了国外法律文书的经验,对刑事、民事判决书的结构内容作了统一的规定。其中,刑事判决书须载明:(1)罪犯之姓名、籍贯、年龄、住所、职业;(2)犯罪之事实;(3)证明犯罪之理由;(4)援引法律某条;(5)援引法律之理由。民事判决书须载明:(1)诉讼人之姓名、籍贯、年龄、住所、职业;(2)呈诉事项;(3)证明理由之缘由;(4)判之理由。上述规定,确定了结构统一、内容特定、语言朴实的程式化法律文书,开中国近代法律文书之先河。

民国时期的判决书,基本上沿用了上述文书格式,只是增加了有关审判庭之名称、推事姓名和制判年月日等内容。

抗日战争和解放战争时期,除边区和解放区革命政府之外,皆遵循国民党的"六法全书",沿用国民政府制定的文书格式。边区和解放区革命政府辖区则适用自己的法律。关于法律文书写作,1942年《陕甘宁边区刑事诉讼条例草案》第44条规定:判词文字须力求通俗。《陕甘宁边区民事诉讼条例草案》第28条规定:判决书分主文事实理由各项,用通俗文字说明之。1944年7月,陕甘宁边区编辑了《陕甘宁边区判例汇编》,其中,判词是其主要内容。

上述文书制作要求,对中华人民共和国成立后法律文书的制作,产生了较大的影响。

**(二)我国现代的法律文书**

中华人民共和国成立初期,基本上沿用了革命根据地时期的文书格式。1951年,中央人民政府司法部借鉴苏联等社会主义国家的文书格式,制定了一套《诉讼用纸格式》和一套《公证文书格式》,这是中华人民共和国历史上第一次对法律文书格式进行系统的规范。上述文书格式,一直沿用到"文化大革命"。"文化大革命"期间,公检法被砸烂,法律文书更是遭到了极大的破坏。

"文化大革命"结束后,随着法制建设的不断恢复和发展,我国开始逐渐健全和规范法律文书的制作和使用。1982年,为了配合《民事诉讼法(试行)》的施行,最高人民法院制定了《民事诉讼文书样式》,共计70种。《民事诉讼法》和《行政诉讼法》施行后,1992年,最高人民法院印发了《法院诉讼文书样式(试行)》,共计14类310种,于1993年1月1日开始施行。1983年,最高人民检察院制定了《刑事检察文书格式(样本)》。1991年,最高人民检察院颁布了《人民检察院制作刑事检察文书的规定》,并重新修订了《刑事检察文书格式(样本)》。1989年,公安部制定了《预审文书格式》,共计48种。1981年,司法部制定了《公证书试行格式》,共计24种。1992年司法部对公证书格式进行了修订,共计59类106种。至此,各类法律文书规范基本确立。

在法制改革进程中,法律文书规范的改革也日益开展。适应司法实践的需要,有关机关和部委陆续颁发了许多新的文书格式样式。例如,2003年,《关于民事诉讼证据的若干规定》施行后,最高人民法院印发了《〈关于民事诉讼证据的若干规定〉文书样式(试行)》,共计31种。同年,为了配合《中华人民共和国海事诉讼特别程序法》的施行,最高人民法院印发了《海事诉讼文书样式(试行)》,共计9类87种。为了配合《关于适用简易程序审理民事案件的若干规定》的施行,最高人民法院印发了《民事简易程序诉讼文书样式(试行)》,其中包括新的文书样式16种等。

近年来,我国立法机关对诸多法律制度进行了修改和完善,包括《刑事诉讼法》《民事诉讼法》《行政诉讼法》等。随着各项法律制度的不断健全、发展和完善,有关机关对各类法律文书的规范也相应地进行了修改和完善。例如,2005年8月28日,第十届全国人民代表大会常务委员会第十七次会议通过了《中华人民共和国公证法》,该法已于2006年3月1日起施行,并于2015年和2017年进行了二次修正。为了贯彻落实《公证法》,2011年司法部对以往的公证文书格式进行了全面的清理和修订,颁发了《定式公证书格式(2011年版)》,将原来14类59种文书格式,调整为3类35式,并发布了《关于推行新的定式公证书格式的通知》,使该文书格式在全国范围内施行。

又如,2012年3月14日,第十一届全国人民代表大会第五次会议通过了《关于修改〈中华人民共和国刑事诉讼法〉的决定》,对《刑事诉讼法》进行了较为广泛的修正,该法已于2013年1月1日起开始施行。为了配合《刑事诉讼法》的施行,最高人民检察院出台了《人民检察院刑事诉讼法律文书格式样本(2012年版)》,公安部也对2002年12月18日印发的《公安机关刑事法律文书格式》进行了修改,印发了《公安机关刑事法律文书式样(2012年版)》。2018年10月26日,第十三届全国人民代表大会常务委员会第六次会议通过了《关于修改〈中华人民共和国刑事诉讼法〉的决定》,对《刑事诉讼法》进行了第三次修正。

再如,2012年8月31日,第十一届全国人民代表大会常务委员会第二十八次会议通过了《关于修改〈中华人民共和国民事诉讼法〉的决定》,对《民事诉讼法》进行了修改,该法已于2013年1月1日起开始施行。为了配合《民事诉讼法》的施行,2015年2月4日,最高人民法院发布了《关于适用〈中华人民共和国民事诉讼法〉的解释》,2016年2月22日,最高人民法院审判委员会第1679次会议审议通过了《人民法院民事裁判文书制作规范》和《民事诉讼文书样式》,总计诉讼文书样式568个,其中人民法院用文书样式463个,当事人参考文书样式35个。该文书格式样式和规范已于2016年7月5日发布,并于2016年8月1日起开始施行。2017年6月27日,第十二届全国人民代表大会常务委员会第二十八次会议通过了《关于修改〈中华人民共和国民事诉讼法〉和〈中华人民共和国行政诉讼法〉的决定》,对《民事诉讼法》进行了第三次修正。

总之,法律文书是具体实施法律的工具,随着法律不断的修改和完善,法律文书的格式和内容规范也会发生相应的变化,文书制作和使用者需注意法律和文书格式修改动向,适用新的文书格式要求和规范,制作出符合法律规定的文书,使法律文书真正发挥作用。

# 第四节 法律文书写作的基本要求

### 一、遵循格式

格式虽然是文书的外在表现形式,但是不可忽视,因为格式规范的文书,形式和内容才符合法律规定,才具有规范性和权威性。因此,制作法律文书,不可忽略文书制作格式的要求。一旦确定制作某种法律文书,就必须选择相应的文书格式,按格式的规范要求制作文书。

近年来,随着法制的不断健全和发展,新的法律不断颁布,已有的法律制度不断修改和完善,为了配合法律的施行,各司法机关、法定组织等也对各类法律文书的格式进行了修改和补充。目前在我国,各种不同类型的法律文书,大都有可以遵循的格式和写作规范要求。为了有效地发挥法律文书的效应,有关机关和组织在具体施行法律过程中,应当严格按照文书格式和写作规范的要求,制作符合法律规定的法律文书。

遵循格式制作法律文书,不仅要求文书制作者写明文书格式要求写明的各项事项,而且在行款方面应当注意,文书体例的不同,制作的文书是有区别的。要求法律文书的写作遵循格式,主要有以下几个方面的益处:一是使文书制作者有章可循,便于制作文书;二是有助于法律实施的统一性和规范性;三是有助于日后归档和查验。

总之,规范的法律文书既能够体现出法律的权威性和严肃性,也能够为文书制作者制作文书提供便利,更有利于保护当事人的合法权益。因此,应当按照规范的文书格式制作文书。

## 二、写清事实

事实是案件的基础,大多数法律文书的制作都涉及案件事实的叙写。特别是涉及诉讼的法律文书,更需要写清案件事实。为了写清各类法律文书的案件事实,需要注意以下几点具体要求:

(1) 选择真实的案件材料。制作法律文书要想写明案件事实,必然涉及选材问题。因此,法律文书写作的首要要求,应当是选材要真实。法律文书的内容,通常与当事人的切身利益密切相关。因此,文书制作中所选用的案件事实材料应当是真实可靠的,不能有半点虚假。尤其是司法文书的制作,案件事实的认定,理由的阐述,以及裁决结果的确定,都是依据所掌握的案件材料。如果选择的案件事实材料有误,或者事实材料被人歪曲,依据这样的案件事实材料得出的结论,就难以保证执法的公正性,就会影响到案件的公正处理。因此,法律文书写作的真实至关重要。同时,在选择案件事实材料时,应当注意主旨与材料的辩证关系。主旨,是指写作法律文书的目的和中心思想。在选择案件事实材料时,材料是第一位的,主旨是第二位的,文书制作者应当依据所选择的案件材料确定文书制作的主旨;而当主旨确定以后,文书制作者就应当依据确定的主旨进行选材,这时,主旨又变成了第一位的,选材又变成了第二位的。在文书制作中,首先遇到的问题就是选材问题,文书制作者应当按照前述选材的要求,认真选材,为制作合格的文书做好准备。

(2) 写清事实基本要素。叙写法律文书,要想把事实写清,就需要写清涉及案件事实的基本要素,包括案件事实涉及的当事人、违法行为等,具体包括当事人实施违法行为的时间、地点、涉及的人、作出这一行为的原因(包括目的、动机)、具体的行为过程(包括情节、手段)、造成的某种后果、当事人的态度、证据等。上述各种要素应当在文书事实叙写中一一写清,事实要素叙写清楚了,案件事实就基本上呈现在文者面前了。目前,在法律文书制作中存在的主要问题是,涉及案件事实要素的叙写过于简单。当然,具体到某一个案件事实的叙写,还需要根据各类案件的不同特点,在诸多事实要素中有所侧重。例如,有的行为目的非常清楚,不言自明,自然无需多写;有的案件事实要素与行为性质有关,则必须详写。总之,法律文书各类案件事实部分的叙写,既要抓住属于核心内容的诸多要素,又要因案而异,不能千篇一律。

(3) 详细叙述关键性情节。所谓关键性情节,是指决定或者影响定性的情节,涉及当事人法律责任的情节,以及影响问题严重程度的情节。决定或影响定性的情节之所以必须写清,是因为只有写清这些情节,才能判明当事人的行为是否属于违法、犯罪或者是侵权。关键性的情节叙写清楚了,涉及法律责任的案件事实才能展现出来,依据这样的案件事实阐述理由,作出处理决定,才不会影响案件的定性,才能分清是非责任,令当事人心服口服。

(4) 写清事实争执焦点。在各类案件中,都可能存在分歧和争执。凡是涉及文书制作过程中争执焦点的问题,文书制作者应当抓住双方争议的意见和理由,把双方当事人争议的焦点准确地予以反映。因为在具体案件的解决中,必须有针对性地查明案件事实,阐述理由,在双方当事人有争议的问题上,只有明辨是非,分清正误,才能作出明确的决定。

(5) 明确事实因果关系。法律事实的叙写,应当说明事实的因果关系。因为任何行为的目的、行为本身和产生的后果之间,都存在必然的联系,这些必然的联系常常是判断问题性质的重要依据。因此,在叙述案件事实时,必须把这三者之间的关系叙写清楚,有联系的,要写清楚他们之间的因果关系;无联系的,也要具体说明他们之间不存在因果关系。只有这样,才能为确定问题的性质提供客观的事实依据。

### 三、阐明理由

理由是法律文书的灵魂,理由之前是案件事实,理由之后是作出的结论,理由起着承上启下的作用。因此,制作法律文书应当注意文书理由的阐述。在法律文书制作中,阐述文书理由主要需要注意以下几点:

(1) 运用证据认定案件事实。法律文书中有关事实的叙述,都应当以确凿的证据为依托,特别是诉讼类的文书,更应当写明认定案件事实的证据。因为有证据证明的事实,才最有说服力。以有证据证明的事实为基础,依据相关法律规定得出的结论,才更能令人信服。在法律文书写作中,涉及证据的叙写,还存在缺陷。有的法律文书中不叙写证据,有的法律文书中叙写证据非常的简单。因此,文书制作中,应当加强证据内容的叙写,以增强文书的说服力。目前,有些涉及诉讼类的文书,已经加强了证据叙写的要求。例如,民事、行政起诉状的写作,在文书格式中专门增加了证据叙写的要求,即在阐述清楚提起诉讼的事实与理由后,需要写清证据、证据的来源、证人的姓名和住址。涉及裁判类文书的制作,也要求写清认定案件事实的证据。

(2) 依据法律分析事理。法律文书通常涉及对当事人行为合法与违法、罪与非罪的判断。尤其是涉及诉讼的文书,依据法律分析事理,区分合法与违法、罪与非罪更显得至关重要。制作法律文书阐述理由应当以法为据,既注重分析事理,也注重分析法理。同时,由于法律与情理从本质上说应当是一致的。因此,文书写作也不应当忽视情理的阐述。涉及裁决类的法律文书,应当围绕罪与非罪、合法与违法等关键性情节展开说理。总之,法律文书的制作,应当在理由阐述中贯彻"以事实为根据,以法律为准绳"的原则,明确问题性质,区分罪与非罪、合法与违法,以法为据,以理服人,为最后得出的法律结果奠定基础。

(3) 引用法律作为依据。法律文书需要依法制作,因此适用法律的理由离不开相关的法律依据。目前,有的法律文书引用法律依据存在不规范、简单、缺乏针对性等问题。为了达到规范性的要求,法律文书引用法律依据应当注意以下几点:一是引用法律要具有针对性,应当针对案件的具体情况,尽量引用外延比较小,符合案件内容的法律条文作为依据。二是引用法律条文,应当尽量做到具体明确。涉及法律条文具有条款项的,应当具体引用到条款项。三是在不影响文字表述的情况下,应当尽可能引出法律条文,并注意法律条文的完整性。四是在法律条文的引用中,应当先引用法律规定,后引用行政规章。总之,法律条文应当紧扣案情,具有较强的针对性。

(4) 事实理由协调一致。在法律文书写作中,有些文书的写作内容需要做到前后一致互相照应。以刑事判决书为例,对于某一犯罪行为,人民法院要依法追究被告人的刑事责任,叙写案件事实时,就应当围绕被告人实施的犯罪行为叙写案件事实,阐述理由也应当以案件事实为基础,依事论理,引用相关法律作为依据。然后,依法作出被告人有罪的判决。案件事实、阐述的理由与判决结果应当相互对应。不能后文的判决结果很重,而前文且没有与之相对应的应当受到处罚的案件事实,导致文书内容前后脱节。法律文书的写作,应当把理由作为一个中间环节,前面是事实,后面是处理决定,全文连贯一致,首尾相顾,环环相扣,任何前后矛盾的现象都是文书写作的大忌。

**四、注重语言**

为了实现法律文书的特定功能,文书制作者在制作法律文书时,应当选择和使用确切的语言和严谨的表述方式,传播特定的法律信息。法律文书属于公文语体,语言准确性要求很高,应当引起重视。在文书制作中,涉及语言的运用,主要应当注意以下几点:

(1) 语句简练规范。法律文书的语言文字属于规范性的书面语,句子成分要求叙写齐全。例如,文书中涉及当事人基本情况的叙写时,既要明确他们的法律地位、法律称谓,又要写明其姓名全称。特别是涉及多人的案件,在文书中必须将每个当事人的基本情况叙写清楚,不能随意省略。因为法律文书中的各个主体,在民事案件中,要么是实体权利的享有者,要么是实体义务的承担者;在刑事案件中,往往是依法需要承担刑事责任者。因此,必须把他们的法律称谓和姓名叙写清楚,以防止混淆法律责任承担者和受损害一方的地位。在文书制作过程中,人称代词也应当尽量避免使用,以防止发生指代不明的情况。

(2) 使用术语恰当。制作法律文书经常会涉及一些法律术语的使用。例如,原告、被告、犯罪嫌疑人、申请人等,事实清楚、证据确凿、移送审查、审理查明等。法律术语一般比较简练,而且语意确切,解释单一,通常不会发生争议。因此,制作法律文书应当尽量使用法言法语。法律文书的制作,不同于文学作品和日常生活中语言的运用,文学作品在写作内容中,可以采用形象的比喻、拟人、夸张等写作方法,而法律文书的写作,应当尽量做到文风朴实,语言平实,多运用法言法语。制作法律文书使用法言法语并不意味着文书语言干瘪、枯燥乏味。由社会生活的复杂性、多样性决定,出现的法律问题也是形形色色的。因此,法律文书中所反映出来的案件事实也是千变万化的,法律文书的内容也是复杂丰富的。在法律文书制作中,应当尽量避免"千案一面"的做法。需要注意的是,要求多运用法言法语,并不等于文书通篇都使用法言法语,使阅读文书的人难以理解,也不能在必须使用法律术语时别出心裁,随意提出缺乏科学根据的概念,甚至生造词语,以致影响法律行为或处理理由的准确说明。

(3) 记叙方法明确。制作法律文书,通常涉及叙写方法的选择,尤其是涉及事实内容写作时,更应当注意记叙方法的选择。如前文所述,法律文书的语言属于公文语体,具体运用要求做到文风朴实,语言平实,应当多运用法言法语。文字力求朴实无华,力戒夸饰渲染,排斥夸张、比喻的修辞手法。在记叙方法上,一般不采取文学作品中常用的倒叙、补叙、插叙等叙事方式,而采用"顺叙"的叙写方法,即按照时间的先后和事情发展的自然顺序记叙案件事实,使人看过后,能够清晰地了解案件的来龙去脉和发展过程。总体来说,案件事实的记叙,应当以直叙为主,不用曲笔,更不宜刻意追求文艺作品的表达效果。

(4) 文书语言文明。法律文书的内容大都与处理具体案件有关,因而对是非正误应当有鲜明的褒贬态度。对于肯定什么、否定什么、支持什么、批驳什么都应当有毫不含糊的褒贬和爱憎感情。同时,应当做到语言文明。通常需要注意以下两点:一是忌用方言土语。法律文书是为具体实施法律制作的,必须使用普通话的词语书写,因为其不仅仅是处理具体案件的工具,而且还具有一定的法制宣传教育作用。如果文书制作中,过多的使用方言土语,会使不懂方言土语的人看后不知所云,不解其意。但是,需要注意的是,在少数民族居住的地区,根据国家法律规定,依法可以使用少数民族语言制作法律文书的除外。二是忌用脏话。法律文书具有严肃性和权威性,在文书中不能有脏话。司法实践中,有些司法人员在执法过程中遇到阻力,甚至暴力抗法的情形,个别当事人对司法人员随意漫骂、殴打,对于这些漫骂的语言,不能全文不动地叙写在法律文书中。但是,也不能在文书中不反映这样的情节,因为这样的情节与处罚结果的轻重程度密切相关,叙写时可以采用概括的写法,即写明当事人在执法过程中暴力抗拒执法,对司法人员进行侮辱和漫骂,性质极其恶劣等即可。

 **思考题**

1. 什么是规范性法律文书?什么是非规范性法律文书?
2. 依据写作和表达方式的不同,法律文书可以分为哪几类?
3. 简述法律文书的特点和作用。
4. 法律文书写作的基本要求有哪些?
5. 法律文书叙写事实的具体要求有哪些?
6. 法律文书阐述理由应当注意哪些问题?
7. 法律文书引用法律作为依据应当注意哪些问题?
8. 法律文书在语言的具体运用上应当注意哪些问题?

# 第二章

# 公安机关刑事法律文书

【学习目的与要求】 通过本章学习,要求学习者全面了解公安机关刑事法律文书的概念、特点、种类和作用,理解和掌握各类文书的概念、作用、具体写作要求和文书写作需要注意的问题,并达到结合司法实践,能写会用的要求。

## 第一节 概 述

### 一、公安机关刑事法律文书的概念和特征

公安机关刑事法律文书,是指公安机关(含国家安全机关)在办理刑事案件过程中依法进行侦查、拘留、预审、移送审查起诉时制作的具有法律效力和法律意义的法律文书。

公安机关刑事法律文书主要具有以下特点:

(1) 制作主体的特定性。我国《刑事诉讼法》第 3 条第 1 款规定:对刑事案件的侦查、拘留、执行逮捕、预审,由公安机关负责。检察、批准逮捕、检察机关直接受理的案件的侦查、提起公诉,由人民检察院负责。审判由人民法院负责。除法律特别规定的以外,其他任何机关、团体和个人都无权行使这些权力。根据上述法律规定,公安机关刑事法律文书是公安机关根据法律规定,在办理刑事案件过程中,依法履行侦查、拘留、执行逮捕、预审等职权时制作和使用的法律文书,因此文书制作主体具有特定性,即只能是公安机关。

(2) 法律的约束性。我国《刑事诉讼法》第 3 条第 2 款规定:人民法院、人民检察院和公安机关进行刑事诉讼,必须严格遵守本法和其他法律的有关规定。根据法律规定,公安机关依法履行职责,每个环节都需要制作相应的法律文书,我国《刑事诉讼法》对各个阶段需要制作的法律文书都作出了明确具体的规定,公安机关只有依法制作法律文书,才具有法律效力或法律意义。

(3) 制作的规范性。公安机关法律文书是公安机关具体实施法律的工具,具有法律的强制性和权威性,应当符合规范性的要求。为了保证公安机关法律文书制作的规范性,除法律对文书制作作出了明确具体的规定外,公安部还制定了专属的文书格式样本,供文书制作者参考借鉴,这些文书格式样本具有权威性、科学性、实用性的特点,不仅方便了文书的制作和使用,也有利于提高诉讼效率。

### 二、公安机关刑事法律文书的种类和作用

1979 年,为了配合《刑事诉讼法》的施行,公安部分别制定了 15 种侦查文书格式和 24 种

刑事预审文书格式。1989年《公安机关办理刑事案件程序规定》颁布后，公安部对预审文书进行了重新修订，并增加了相关预审文书，使预审文书格式达到了48种。1996年我国《刑事诉讼法》修改后，公安部制定了93种公安机关刑事法律文书格式，与前述的预审文书格式相比，增加了法律文书的种类，格式内容也更加精炼。2002年，公安部又对公安机关刑事法律文书格式进行了修改，于2003年5月1日施行。

2012年，为了规范公安机关刑事执法活动，确保严格依法办案，提高办案质量，根据修改后《刑事诉讼法》《公安机关办理刑事案件程序规定》的规定，公安部再次对2002年12月18日印发的《公安机关刑事法律文书格式（2002版）》（公通字〔2002〕69号）进行了修改和补充，发布了《公安机关刑事法律文书式样（2012版）》，该文书式样从2013年1月1日起开始启用。此次文书格式修改，取消了21种，合并了3种，修改了68种，新增加了27种，使公安机关刑事法律文书由6大类变为7大类，法律文书格式由92种增加至97种。公安机关刑事法律文书依据不同的标准，可以进行不同的分类：

（1）依据制作和表达方式的不同，可以分为填空式文书、表格式文书和叙述式文书。填空式文书，是指文书的框架和内容已经事先印制完毕，只需在空白处根据要求准确地填写相关内容即可。表格式文书，是指事先印制好表格，制作时只需在表格的空白处填写清楚相关内容即可。叙述式文书，是指需要根据文书格式的要求，叙写清楚相关内容。

（2）依据内容和作用的不同，可以分为通知类文书、决定类文书、笔录类文书、清单类文书。通知类文书，是指需要将有关决定和一些事务性问题通知有关单位和当事人时制作的文书。决定类文书，是指对案件有关事项作出决定时制作的文书。笔录类文书，是指对行为或者结果予以固定时制作的文书。清单类文书，是指在诉讼过程中，涉及扣押、保全、收缴有关物品、文件等时制作的文书。

（3）依据组成联数的不同，可以分为单联文书和多联文书。单联文书，是指由一联构成的文书。多联文书，是指由多联组成的文书。多联文书一般对外使用。

公安机关刑事法律文书的作用，主要体现在以下几个方面：

（1）是整个诉讼活动的忠实记录。公安机关刑事法律文书记载了公安机关办理刑事案件的整个过程，包括案件的由来、经过、结果，以及案件侦查和审理的过程，并以文字的形式予以固定，便于日后有据可查。

（2）是接受监督检查的凭证。公安机关刑事法律文书忠实地记载了案件受理、立案侦查和移送起诉的全部过程。在整个诉讼活动中，前一阶段制作的文书，通常是后一阶段诉讼活动依法进行的文字凭据。同时，这些法律文书也是公安机关接受法律监督、检查办案质量的可靠依据。如果遇有申诉的情形，还可以通过对案卷的复查，作出正确的判断，做到不枉不纵，以维护法律的尊严。

（3）是法制宣传的生动教材。公安机关在刑事诉讼活动中依法制作相关的法律文书，通过鲜活的案例，以案说法，对广大的社会公众可以起到法制宣传教育的作用，可以规范人们的行为，预防犯罪，增强人们依法同违法犯罪行为作斗争的意识。

## 第二节 立案、破案文书

### 一、受案登记表

（一）概念和作用

受案登记表，是指公安机关接受案件时制作的法律文书。

我国《刑事诉讼法》第110条第1款规定：任何单位和个人发现有犯罪事实或者犯罪嫌疑人，有权利也有义务向公安机关、人民检察院或者人民法院报案或者举报。第2款规定：被害人对侵犯其人身、财产权利的犯罪事实或者犯罪嫌疑人，有权向公安机关、人民检察院或者人民法院报案或者控告。第3款规定：公安机关、人民检察院或者人民法院对于报案、控告、举报，都应当接受。对于不属于自己管辖的，应当移送主管机关处理，并且通知报案人、控告人、举报人；对于不属于自己管辖而又必须采取紧急措施的，应当先采取紧急措施，然后移送主管机关。

《公安机关办理刑事案件程序规定》第168条规定：公安机关接受案件时，应当制作受案登记表，并出具回执。

受案登记表是公安机关受理案件的凭证。

（二）具体写作要求

受案登记表属于表格式文书，由首部、正文和尾部组成。

1. 首部

首部包括标题、文书编号、案件来源、报案人基本情况、移送单位情况、接报警情况。

（1）标题。应居中写为："受案登记表"。

（2）文书编号。应当写为：×公（ ）受案字〔 〕×号。

（3）报案人基本情况。应当写明报案人的姓名、性别、出生日期、身份证件种类、证件号码、工作单位、联系方式等。

（4）移送单位情况。应当写明移送单位的名称、移送人、联系方式。

（5）接报警情况。应当写明接报民警的姓名、接报时间、接报地点。

2. 正文

正文是文书的核心内容，应当写明简明案情或报案记录、受案意见和受案审批。

（1）简明案情或报案记录。应当简要写明发案时间、地点、简要过程、涉案人基本情况、受害情况等。

（2）受案意见。这部分内容包括案件性质、管辖权限、处理建议等。在表格中，已经列举5项内容，文书制作者只需针对相关选项选择划"√"即可。同时需要由受案民警签名，写明年月日。

（3）受案审批。应当由受案部门负责人写明审批意见，签名并写明年月日即可。

（三）文书写作需要注意的问题

受案登记表一式两份，一份由受案单位留存，一份附卷。

**参考格式**

受案登记表

### 二、呈请立案报告书

（一）概念和作用

呈请立案报告书，是指公安机关侦查人员对符合立案条件的刑事案件，报请领导审批立案侦查时制作的法律文书。

刑事案件立案报告书具有确定案件成立、指导侦查活动的作用，也是制作立案决定书的依据。

（二）具体写作要求

呈请立案报告书由首部、正文和尾部组成。

1. 首部

首部包括审批审核意见和标题。

（1）审批审核意见。应当填写领导批示、审核意见和办案单位意见。

（2）标题。应当居中写为："呈请立案报告书"。

2. 正文

正文是文书的核心，包括呈请事项、事实依据和法律依据。

（1）呈请事项。首先，应当简要写明案件来源，即简明扼要地写明案件是报案、控告、举报、犯罪嫌疑人自首，还是其他机关转交或者上级公安机关交办。其次，写明接受案件后初步进行的工作，请求领导批准立案。

（2）事实依据。应当写明案件的具体情况，包括现场勘查情况、现场调查访问情况、鉴定结论，证据的收集情况，以及犯罪造成的后果等。

（3）法律依据。应当写明犯罪事实已经发生，依法应当追究犯罪嫌疑人的刑事责任，并提出立案的建议。

3. 尾部

尾部包括结语和落款。

（1）结语。通常写为："妥否，请批示。"

（2）落款。应当写明案件承办单位名称、承办人署名、写明年月日。

（三）文书写作需要注意的问题

（1）案件承办人不得少于2人。

（2）该文书属于公安机关法律文书中通用文书格式，主要适用于报告类文书，除呈请立案报告书外，呈请拘传报告书、呈请拘留报告书、呈请破案报告书等的制作，都适用此文书格式。

**参考格式**

呈请××报告书

**参考范例**

呈请立案报告书

### 三、立案决定书

（一）概念和作用

立案决定书，是指公安机关对符合立案条件的刑事案件，报请领导审批后，决定立案时制作的法律文书。

我国《刑事诉讼法》第112条规定：人民法院、人民检察院或者公安机关对于报案、控告、举报和自首的材料，应当按照管辖范围，迅速进行审查，认为有犯罪事实需要追究刑事责任的时候，应当立案；认为没有犯罪事实，或者犯罪事实显著轻微，不需要追究刑事责任的时候，不予立案，并且将不立案的原因通知控告人。控告人如果不服，可以申请复议。

立案决定书是公安机关对刑事案件进行侦查，对犯罪嫌疑人采取强制措施的依据。

（二）具体写作要求

立案决定书由附卷联和存根组成。

1. 附卷联

（1）首部。应当写明标题和文书编号。标题应当居中分两行写为："×××公安局""立案决定书"。文书编号应当写为：×公（ ）立字〔年度〕×号。

（2）正文。应当写为：

根据《中华人民共和国刑事诉讼法》第××条之规定，决定对×××（犯罪嫌疑人姓名）××（案由）案立案侦查。

（3）尾部。写明年月日并加盖公安机关印章。

2. 存根

存根主要用于公安机关留存备查，应当依次填写下列事项，即案件名称，案件编号，犯罪嫌疑人的姓名、性别、出生日期、住址、单位及职业，批准人，批准时间，办案人，办案单位，填发时间，填发人。

（三）文书写作需要注意的问题

在附卷联和存根的衔接处应当用汉字写明文书编号，并加盖公安机关骑缝印章。

**参考格式**

立案决定书

### 四、呈请破案报告书

（一）概念和作用

呈请破案报告书，是指公安机关侦查人员对符合破案标准的案件决定破案，呈请上级领导审批时制作的法律文书。

制作呈请破案报告书，报请领导审核，对于确保办案质量，指导侦查破案工作具有重要作用。

（二）具体写作要求

呈请破案报告书由首部、正文和尾部组成。

1. 首部

首部包括审批审核意见和标题。

（1）审批审核意见。应当填写领导批示、审核意见和办案单位意见。

（2）标题。应当居中写为："呈请破案报告书"。

2. 正文

正文是文书的核心，包括呈请事项、事实依据和法律依据。

（1）呈请事项。应当写明本案已经查明的主要案情，抓获犯罪嫌疑人的情况，请求领导批准破案。

（2）事实依据。应当详细写明案件侦查的结果、侦查措施、破案的理由和依据、其他破案措施和下一步的工作意见等。叙写这部分内容，主要需要注意以下问题：

一是案件侦查的结果。应当详细写明案情简介、案情分析等，即在对案件来源、受理案件的情况、现场勘查情况、获取证据情况进行阐述、分析的基础上，写明案件的侦查结果。

二是侦查措施。主要应当对采取侦查措施的情况进行简单介绍。

三是破案理由和依据。主要应当写明破案经过和处理意见，即写明认定犯罪嫌疑人实施犯罪的事实证据和理由，以及涉嫌的罪名、应当追究的刑事责任、应否采取强制措施等。

四是其他破案措施和下一步的工作意见。其他破案措施主要应当写明在破案过程中，准备采取的其他破案措施，包括逮捕、发通缉令等。下一步的工作意见主要应当写明讯问、调查、补充证据等需要做的工作。

（3）法律依据。首先，应当写明主要犯罪事实已经查清，相关证据已经获取，主要犯罪嫌疑人已经到案。其次，写明呈请批准破案的意见。

3. 尾部

尾部包括结语和落款。

（1）结语。通常写为："妥否，请批示。"

（2）落款。应当写明案件承办单位名称、承办人署名、写明年月日。

（三）文书写作需要注意的问题

公安机关的办案部门经过侦查，查明了案件的全部事实或者主要事实，取得了足够的证据，犯罪嫌疑人或者主要的犯罪嫌疑人已经被缉拿归案，案件即可告破，可以制作呈请破案报告书。

**参考范例**

呈请破案报告书

## 第三节　强制措施文书

### 一、呈请拘传报告书

（一）概念和作用

呈请拘传报告书，是指公安机关在侦查过程中，需要犯罪嫌疑人到案接受讯问，报请县级以上公安机关负责人审批时制作的法律文书。

《刑事诉讼法》第 66 条规定：人民法院、人民检察院和公安机关根据案件情况，对犯罪嫌疑人、被告人可以拘传、取保候审或者监视居住。

拘传是一种强制措施，根据法律规定，对犯罪嫌疑人采取拘传措施时，需要经县级以上公安机关负责人批准，制作呈请拘传报告书既是依法办案的需要，也是依法办案的具体体现。

（二）具体写作要求

呈请拘传报告书由首部、正文和尾部组成。

1. 首部

首部包括审批审核意见、标题和犯罪嫌疑人的基本情况。

(1) 审批审核意见。应当写明领导批示、审核意见和办案单位意见。

(2) 标题。应当居中写为:"呈请拘传报告书"。

(3) 犯罪嫌疑人的基本情况。应当写明犯罪嫌疑人的姓名、性别、出生日期、身份证号码、民族、文化程度、职业、工作单位和职务等。

2. 正文

正文是文书的核心,包括呈请事项、事实依据和法律依据。

(1) 呈请事项。应当写明需要领导批准拘传犯罪嫌疑人的请求。

(2) 事实依据和法律依据。应当写明犯罪嫌疑人犯罪的事实和证据,以及拘传的理由和法律依据。叙写这部分内容,应当注意以下问题:

一是事实和证据。应当写明犯罪嫌疑人实施犯罪的事实和证据,即写明犯罪嫌疑人实施犯罪的时间、地点、动机、目的、手段、情节、经过、危害后果等,并写明证明犯罪事实的相关证据。如果犯罪嫌疑人只是有犯罪嫌疑,应当写明嫌疑的依据。

二是拘传的理由和法律依据。如果公安机关是直接对犯罪嫌疑人拘传的,应当直接写明拘传的理由。如果公安机关经合法传唤,犯罪嫌疑人无正当理由拒不到案,需要强制犯罪嫌疑人到案接受讯问采取强制措施的,也应当予以写明。

3. 尾部

尾部包括结语和落款。

(1) 结语。通常写为:"妥否,请批示。"

(2) 落款。应当写明案件承办单位名称、承办人署名、写明年月日。

(三) 文书写作需要注意的问题

(1) 不得以连续传唤、拘传的形式变相拘禁犯罪嫌疑人。

(2) 呈请拘传报告书经县级以上公安机关负责人批准后,由承办人凭此报告书填发拘传证。

## 参考范例

**呈请拘传报告书**

## 二、呈请拘留报告书

(一) 概念和作用

呈请拘留报告书,是指公安机关对现行犯或重大嫌疑分子需要采取拘留措施,报请县级以上公安机关负责人审批时制作的法律文书。

《刑事诉讼法》第 82 条规定:公安机关对于现行犯或者重大嫌疑分子,如果有下列情形之一的,可以先行拘留:(1) 正在预备犯罪、实行犯罪或者在犯罪后即时被发觉的;(2) 被害人或者在场亲眼看见的人指认他犯罪的;(3)在身边或者住处发现有犯罪证据的;(4)犯罪后企图自杀、逃跑或者在逃的;(5)有毁灭、伪造证据或者串供可能的;(6)不讲真实姓名、住址,身份不明的;(7)有流窜作案、多次作案、结伙作案重大嫌疑的。

拘留是一种强制措施,根据法律规定,对犯罪嫌疑人采取拘留措施时,需要经县级以上公安机关负责人批准,制作呈请拘留报告书既是依法办案的需要,也是依法办案的具体体现。

(二)具体写作要求

呈请拘留报告书由首部、正文和尾部组成。

1. 首部

首部包括审批审核意见、标题和犯罪嫌疑人的基本情况。

(1)审批审核意见。应当写明领导批示、审核意见和办案单位意见。

(2)标题。应当居中写为:"呈请拘留报告书"。

(3)犯罪嫌疑人的基本情况。应当写明犯罪嫌疑人的姓名、性别、出生日期、身份证号码、民族、文化程度、职业、工作单位和职务等。

2. 正文

正文是文书的核心,包括呈请事项、事实依据和法律依据。

(1)呈请事项。应当写明需要领导批准拘留犯罪嫌疑人的请求。

(2)事实依据和法律依据。应当写明犯罪嫌疑人犯罪的事实和证据,以及拘留的理由和法律依据。叙写这部分内容,需要注意以下问题:

一是事实和证据。应当写明犯罪嫌疑人实施犯罪的事实和证据,即写明犯罪嫌疑人实施犯罪的时间、地点、动机、目的、手段、情节、经过、危害后果等,并写明证明犯罪事实的相关证据。

二是拘留的理由和法律依据。这部分内容的叙写,首先应当根据上述事实和证据,阐述对犯罪嫌疑人采取拘留强制措施的必要性。如果存在《刑事诉讼法》第82条规定的情形,也应当具体写明。然后,引用相关的法律条款,作为呈请拘留的法律依据。

3. 尾部

尾部包括结语和落款。

(1)结语。通常写为:"妥否,请批示。"

(2)落款。应当写明案件承办单位名称、承办人署名、写明年月日。

(三)文书写作需要注意的问题

(1)公安机关拘留人的时候,必须出示拘留证。

(2)叙写拘留的理由,应当注意是否存在我国《刑事诉讼法》第82条规定的可以先行拘留的情形。

参考范例

**呈请拘留报告书**

### 三、提请批准逮捕书

(一) 概念和作用

提请批准逮捕书,是指公安机关对有证据证明有犯罪事实且有逮捕必要的犯罪嫌疑人,提请同级人民检察院批准逮捕时制作的法律文书。

《刑事诉讼法》第80条规定:逮捕犯罪嫌疑人、被告人,必须经过人民检察院批准或者人民法院决定,由公安机关执行。第87条规定:公安机关要求逮捕犯罪嫌疑人的时候,应当写出提请批准逮捕书,连同案卷材料、证据,一并移送同级人民检察院审查批准。必要的时候,人民检察院可以派人参加公安机关对于重大案件的讨论。

提请批准逮捕书是公安机关提请逮捕犯罪嫌疑人的法律依据,也是检察机关对公安机关提请逮捕案件审批的书面凭证,体现了公安机关与检察机关之间分工负责、互相制约的关系。

(二) 具体写作要求

提请批准逮捕书由首部、正文和尾部组成。

1. 首部

首部包括标题、文书编号、犯罪嫌疑人的基本情况、辩护律师基本情况、犯罪嫌疑人涉嫌罪名和案件来源等。

(1) 标题。应当居中写为:"提请批准逮捕书"。

(2) 文书编号。应当写为:×公( )提捕字〔年度〕×号。

(3) 犯罪嫌疑人的基本情况。应当写明犯罪嫌疑人的姓名(别名、曾用名、绰号等),性别,出生日期,出生地,身份证件种类及号码,民族,文化程度,职业或工作单位及职务、居住地(包括户籍所在地、经常居住地、暂住地),政治面貌(如是人大代表、政协委员,一并写明具体级、届代表、委员),违法犯罪经历以及因本案被采取强制措施的情况(时间、种类及执行场所)。案件有多名犯罪嫌疑人的,应逐一写明。

(4) 辩护律师基本情况。如果有辩护律师的,应当写明辩护律师的姓名,所在律师事务所或者法律援助机构名称,律师执业证编号。

(5) 犯罪嫌疑人涉嫌罪名和案件来源等。主要需要写明以下事项:一是犯罪嫌疑人涉嫌的罪名;二是案由和案件来源,包括案件是公民举报、控告,上级交办,有关部门移送等;三是简要写明案件侦查过程中的各个法律程序开始的时间,例如接受案件、立案的时间;四是具体写明犯罪嫌疑人归案的情况。

2. 正文

正文是文书的核心内容,包括犯罪事实、证据、法律依据。

(1) 犯罪事实。应当写明经侦查认定的犯罪事实,即根据案件具体情况,详细叙述侦查认定的犯罪事实,并说明应当逮捕的理由。

我国《刑事诉讼法》第81条规定:对有证据证明有犯罪事实,可能判处徒刑以上刑罚的犯罪嫌疑人、被告人,采取取保候审尚不足以防止发生下列社会危险性的,应当予以逮捕:① 可能实施新的犯罪的;② 有危害国家安全、公共安全或者社会秩序的现实危险的;③ 可能毁灭、伪造证据,干扰证人作证或者串供的;④ 可能对被害人、举报人、控告人实施打击报复的;⑤ 企图自杀或者逃跑的……对有证据证明有犯罪事实,可能判处10年有期徒刑以上刑罚的,或者有证据证明有犯罪事实,可能判处徒刑以上刑罚,曾经故意犯罪或者身份不明的,应当予以逮捕。被取保候审、监视居住的犯罪嫌疑人、被告人违反取保候审、监视居住规定,情节严重的,可以予以逮捕。根据上述法律规定,叙写犯罪事实,应当围绕法律规定的情形叙写。

犯罪事实部分内容的叙写,由"经依法侦查查明:……"引出。对于只有一个犯罪嫌疑人的案件,犯罪嫌疑人实施多次犯罪的犯罪事实应逐一列举;同时触犯数个罪名的犯罪嫌疑人的犯罪事实,应当按照主次顺序分别列举;对于共同犯罪的案件,应写明犯罪嫌疑人的共同犯罪事实,以及各自在共同犯罪中的地位和作用,其后,按照犯罪嫌疑人的主次顺序,分别叙述各个犯罪嫌疑人的单独犯罪事实。

(2)证据。证据是证明案件事实的依据,在叙写犯罪事实后,应当列明证明犯罪事实的相关证据,并说明证据与犯罪事实的关系。

(3)法律依据。应当写为:

综上所述,犯罪嫌疑人×××……(根据犯罪构成简要说明罪状),其行为已触犯《中华人民共和国刑法》第××条之规定,涉嫌×××罪,符合逮捕条件。依照《中华人民共和国刑事诉讼法》第八十一条、第八十七条之规定,特提请批准逮捕。

3. 尾部

尾部包括致送人民检察院名称、写明年月日并加盖公安局印章、附项。

(1)致送人民检察院名称。应当写明:"此致""××××人民检察院"。
(2)写明年月日并加盖公安局印章。
(3)附项。写明:"本案卷宗×卷×页。"

(三)文书写作需要注意的问题

对于人民检察院不批准逮捕并通知补充侦查的,公安机关应当按照人民检察院的补充侦查提纲补充侦查。公安机关补充侦查完毕,认为符合逮捕条件的,应当重新提请批准逮捕。

**参考格式**

**×××公安局提请批准逮捕书**

**参考范例**

**××市公安局提请批准逮捕书**

### 四、取保候审决定书

**(一) 概念和作用**

取保候审决定书,是指公安机关在侦查过程中,依法对犯罪嫌疑人采取取保候审措施时制作的法律文书。

《刑事诉讼法》第 66 条规定:人民法院、人民检察院和公安机关根据案件情况,对犯罪嫌疑人、被告人可以拘传、取保候审或者监视居住。第 67 条规定:人民法院、人民检察院和公安机关对有下列情形之一的犯罪嫌疑人、被告人,可以取保候审:(1) 可能判处管制、拘役或者独立适用附加刑的;(2) 可能判处有期徒刑以上刑罚,采取取保候审不致发生社会危险性的;(3) 患有严重疾病、生活不能自理,怀孕或者正在哺乳自己婴儿的妇女,采取取保候审不致发生社会危险性的;(4) 羁押期限届满,案件尚未办结,需要采取取保候审的。取保候审由公安机关执行。

取保候审决定书是对犯罪嫌疑人实行取保候审的合法依据。

**(二) 具体写作要求**

取保候审决定书属于多联填空式文书。

1. 存根

存根部分应当依次填写标题,文书编号,案件名称,案件编号,被取保候审人的姓名、性别、出生日期,取保原因,起算时间,保证人的姓名、性别、出生日期,保证金,办案单位,执行机关,批准人,填发时间,填发人姓名。同时,在标题下方,应当用括号标明"存根"字样。

2. 附卷联

附卷联由首部、正文和尾部组成。

(1) 首部。应当填写标题、文书编号、犯罪嫌疑人的基本情况。填写这部分内容需要注意以下两点:一是在标题下方,应当用括号标明"副本"字样。二是涉及犯罪嫌疑人基本情况的内容,应当依次填写犯罪嫌疑人的姓名、性别、出生日期、住址、单位及职业、联系方式。

(2) 正文。应当表述为:

我局正在侦查×××案,因犯罪嫌疑人×××(取保候审的理由),根据《中华人民共和国刑事诉讼法》第六十七条之规定,决定对其取保候审,期限从××××年××月××日起算。犯罪嫌疑人应当接受保证人×××的监督/交纳保证金(大写)×××元。

(3) 尾部。包括写明年月日并加盖公安局印章,由犯罪嫌疑人签收,即写明:"本决定书已收到。"最后,由被取保候审人签名,写明年月日。

3. 交被取保候审人联

交被取保候审人联由首部、正文和尾部组成。

(1) 首部。应当填写标题、文书编号和犯罪嫌疑人的基本情况。填写这部分内容需要注意,涉及犯罪嫌疑人基本情况的内容,应当依次填写犯罪嫌疑人的姓名、性别、出生日期、住址、单位及职业、联系方式。

(2) 正文。应当表述为:

我局正在侦查×××(犯罪嫌疑人姓名和涉嫌罪名)案,因犯罪嫌疑人×××(取保候审的理由),根据《中华人民共和国刑事诉讼法》第六十七条之规定,决定对其取保候审,期限从××××年××月××日起算。犯罪嫌疑人应当接受保证人×××的监督/

交纳保证金(大写)×××元。

(3) 尾部。写明年月日,并加盖公安局印章。

4. 交执行单位联

交执行单位联由首部、正文和尾部组成。

(1) 首部。应当填写标题、文书编号和执行单位名称。

(2) 正文。具体内容应当表述为:

因×××(取保候审的理由),我局正在侦查×××(犯罪嫌疑人姓名和涉嫌罪名)案决定对犯罪嫌疑人×××(性别____,出生日期_____,住址_____,单位及职业_____,联系方式_____)取保候审,交由你单位执行,取保候审期限从××××年××月××日起算。

被取保候审人接受保证人×××的监督/交纳保证金(大写)×××元。

(3) 尾部。写明年月日,并加盖公安局印章。

(三) 文书写作需要注意的问题

人民法院、人民检察院和公安机关决定对犯罪嫌疑人、被告人取保候审,应当责令犯罪嫌疑人、被告人提出保证人或者交纳保证金。

**参考格式**

**取保候审决定书**

## 五、监视居住决定书

(一) 概念和作用

监视居住决定书,是指公安机关在侦查过程中,依法对犯罪嫌疑人采取监视居住措施时制作的法律文书。

《刑事诉讼法》第 74 条规定:人民法院、人民检察院和公安机关对符合逮捕条件,有下列情形之一的犯罪嫌疑人、被告人,可以监视居住:(1)患有严重疾病、生活不能自理的;(2)怀孕或者正在哺乳自己婴儿的妇女;(3)系生活不能自理的人的唯一扶养人;(4)因为案件的特殊情况或者办理案件的需要,采取监视居住措施更为适宜的;(5)羁押期限届满,案件尚未办结,需要采取监视居住措施的。对符合取保候审条件,但犯罪嫌疑人、被告人不能提出保证人,也不交纳保证金的,可以监视居住。监视居住由公安机关执行。

监视居住决定书是对犯罪嫌疑人实行监视居住的合法依据。

(二) 具体写作要求

监视居住决定书是多联填空式文书。

1. 存根

存根部分应当依次填写标题,文书编号,案件名称,案件编号,被监视居住人的姓名、性别、出生日期、住址,监视居住原因,监视居住地点,指定居所,起算时间,执行机关,批准人,批准时间,办案人,办案单位,填发时间,填发人姓名。同时,在标题下方,应当用括号标明"存根"字样。

2. 附卷联

附卷联由首部、正文和尾部组成。

(1)首部。应当填写标题、文书编号、犯罪嫌疑人的基本情况。填写这部分内容需要注意以下两点:一是在标题下方,应当用括号标明"副本"字样。二是涉及犯罪嫌疑人基本情况的内容,应当依次填写犯罪嫌疑人的姓名、性别、出生日期、住址。

(2)正文。应当表述为:

我局正在侦查×××案,因×××(监视居住的理由),根据《中华人民共和国刑事诉讼法》第七十四条之规定,决定在×××(地点)对犯罪嫌疑人监视居住/指定居所监视居住,由×××负责执行,居住期限从××××年××月××日起算。

在监视居住期间,被监视居住人应当遵守下列规定:

一、未经执行机关批准不得离开执行监视居住的处所;

二、未经执行机关批准不得会见他人或者通信;

三、在传讯的时候及时到案;

四、不得以任何形式干扰证人作证;

五、不得毁灭、伪造证据或者串供;

六、将护照等出入境证件、身份证件、驾驶证件交执行机关保存。

如果被监视居住人违反以上规定,情节严重的,可以予以逮捕;需要予以逮捕的,可以先行拘留。

(3)尾部。包括写明年月日并加盖公安局印章,由犯罪嫌疑人签收,即写明:"本决定书已收到。"最后,由被监视居住人签名,写明年月日。

3. 交被监视居住人联

交被监视居住人联由首部、正文和尾部组成。

(1)首部。应当填写标题、文书编号和犯罪嫌疑人的基本情况。填写这部分内容需要注意,涉及犯罪嫌疑人基本情况的内容,应当依次填写犯罪嫌疑人的姓名、性别、出生日期、住址。

(2)正文。内容表述同副本正文。

(3)尾部。写明年月日,并加盖公安局印章。

4. 交执行机关联

交执行机关联由首部、正文和尾部组成。

(1)首部。应当填写标题、文书编号和执行单位名称。

(2)正文。具体内容应当表述为:

因×××(监视居住的理由),我局决定在×××(地点)对犯罪嫌疑人(性别＿＿＿＿,出生日期＿＿＿＿＿＿＿＿＿＿＿＿＿＿＿＿,住址＿＿＿＿＿＿＿＿＿＿＿＿＿＿＿＿＿＿)监视居住/指定居所监视居住,交由你单位执行,居住期限从××××年××月××日起算。

在监视居住期间,被监视居住人应当遵守下列规定:

一、未经执行机关批准不得离开执行监视居住的处所;

二、未经执行机关批准不得会见他人或者通信;

三、在传讯的时候及时到案;

四、不得以任何形式干扰证人作证;

五、不得毁灭、伪造证据或者串供;

六、将护照等出入境证件、身份证件、驾驶证件交执行机关保存。

如果被监视居住人违反以上规定,情节严重的,可以予以逮捕;需要予以逮捕的,可以先行拘留。

属于律师会见需经许可的案件:是/否

(3) 尾部。写明年月日,并加盖公安局印章。

(三) 文书写作需要注意的问题

监视居住应当在犯罪嫌疑人、被告人的住处执行;无固定住处的,可以在指定的居所执行。对于涉嫌危害国家安全犯罪、恐怖活动犯罪、特别重大贿赂犯罪,在住处执行可能有碍侦查的,经上一级人民检察院或者公安机关批准,也可以在指定的居所执行。但是,不得在羁押场所、专门的办案场所执行。

**参考格式**

**监视居住决定书**

## 六、通缉令

(一) 概念和作用

通缉令,是指公安机关在办理刑事案件过程中,为缉拿应当逮捕而在逃的犯罪嫌疑人,发布追捕归案命令时制作的法律文书。

《刑事诉讼法》第155条规定:应当逮捕的犯罪嫌疑人如果在逃,公安机关可以发布通缉令,采取有效措施,追捕归案。各级公安机关在自己管辖的地区以内,可以直接发布通缉令;超出自己管辖的地区,应当报请有权决定的上级机关发布。

通缉令只能由公安机关发布,发布通缉令对及时抓获犯罪嫌疑人和顺利侦破案件具有十分重要的作用。

(二) 具体写作要求

通缉令由存根、对内发布联和对外发布联组成。

1. 存根

存根部分应当依次填写标题,文书编号,案件名称,案件编号,被通缉人的姓名、性别、出生日期、身份证号码、住址、单位及职业,通缉时间,批准人,批准时间,办案人,办案单位,填发时间,填发人姓名。同时,在标题下方,应当用括号标明"存根"字样。

2. 对外发布联

对外发布联由首部、正文和尾部组成。

(1) 首部。包括标题和文书编号。标题应当居中写明:"通缉令"。文书编号应当写为:×公(刑)缉字〔年度〕×号。

(2) 正文。正文是文书的核心内容,包括犯罪嫌疑人的基本情况、发布范围、简要案情、工作要求和注意事项。叙写这部分内容,需要注意以下问题:

一是犯罪嫌疑人的基本情况。应当写明犯罪嫌疑人的姓名(别名、曾用名、绰号等)、性别、年龄、出生年月日、民族、籍贯、出生地、户籍所在地、居住地、职业、身份证号码、衣着体貌特征、行为习惯、口音、携带物品、特长等。其中,衣着体貌特征应当写明被通缉人的身高、面貌、肤色、体态、头发颜色和发型、生理病理特征、衣着、特殊技能等。例如,脸上有疤痕、单眼皮、文身等。携带物品应当写明被通缉对象是否携带枪支、弹药、爆炸物品等。特长应当写明被通缉对象掌握何种技能。例如,驾驶、射击、爆破等。

二是发布范围。涉及发布范围,县级以上公安机关在自己管辖的地区以内,可以直接发布通缉令;超出自己管辖地区的,应当报请有权决定的上级公安机关发布。

三是简要案情。应当写明犯罪嫌疑人作案的时间、地点、手段、案件性质、情节、后果等。对需要保密的,可以有选择性的进行书写。

四是工作要求和注意事项。应当写明需要注意的事项,以及发现被通缉对象后应当如何处理。

(3) 尾部。包括联系人、联系电话,附项,写明年月日并加盖公安机关印章,抄送部门。其中,附项部分应当附上犯罪嫌疑人照片。

3. 对内发布联

对内发布联与对外发布联制作内容类似,但信息更加全面。涉及犯罪嫌疑人基本情况的内容,要求注明在逃人员网上编号。工作要求和注意事项部分,要求写明对被通缉人采取的查缉措施,以及抓获后的处理事项。附项部分要求附上犯罪嫌疑人照片、指纹,犯罪嫌疑人的社会关系,DNA 编号等。

(三) 文书写作需要注意的问题

(1) 通缉令适用的对象是在逃的犯罪嫌疑人,且犯罪嫌疑人应当逮捕,符合逮捕条件,否则,不能发布通缉令。

(2) 通缉令的发布范围,由签发通缉令的公安机关负责人决定。

### 参考格式

通 缉 令

**参考范例**

通 缉 令

# 第四节　侦查取证文书

### 一、呈请搜查报告书

（一）概念和作用

呈请搜查报告书，是指公安机关为了收集犯罪证据，查获犯罪人，需要对犯罪嫌疑人以及可能隐藏罪犯或犯罪证据的人的身体、物品、住处和其他有关地方进行搜查，依法制作的报请县级以上公安机关负责人审批时的法律文书。

《刑事诉讼法》第136条规定：为了收集犯罪证据、查获犯罪人，侦查人员可以对犯罪嫌疑人以及可能隐藏罪犯或者犯罪证据的人的身体、物品、住处和其他有关的地方进行搜查。

根据法律规定，办案人员进行搜查时，需要经县级以上公安机关负责人批准，制作呈请搜查报告书既是依法办案的需要，也是依法办案的具体体现。

（二）具体写作要求

呈请搜查报告书由首部、正文和尾部组成。

1. 首部

首部包括审批审核意见、标题和犯罪嫌疑人的基本情况。

（1）审批审核意见。应当写明领导批示、审核意见和办案单位意见。

（2）标题。应当居中写为："呈请搜查报告书"。

（3）犯罪嫌疑人的基本情况。应当写明犯罪嫌疑人的姓名、性别、出生日期、身份证号码、民族、文化程度、职业、工作单位和职务等。

2. 正文

正文是文书的核心，包括呈请事项、事实依据和法律依据。

（1）呈请事项。应当写明需要领导批准搜查的请求。

（2）事实依据和法律依据。应当写明犯罪嫌疑人犯罪的事实和证据，以及搜查的理由和法律依据。叙写这部分内容，首先，应当简明扼要地写明案情；其次，写明搜查的必要性，即为什么要进行搜查，通过搜查所要解决的问题，还应当写明如果不及时进行搜查，可能会产生的不利后果；最后，引用具体的法律规定作为呈请搜查的依据。

3. 尾部

尾部包括结语和落款。

（1）结语。通常写为："妥否，请批示。"

(2)落款。应当写明案件承办单位名称、承办人署名、写明年月日。

(三)文书写作需要注意的问题

根据法律规定,公安机关办案人员需要进行搜查时,一定要制作呈请搜查报告书,经县级以上公安机关负责人批准。

**参考范例**

呈请搜查报告书

## 二、搜查证

(一)概念和作用

搜查证,是指公安机关在办理刑事案件过程中,为了收集犯罪证据,查获犯罪人,依法对犯罪嫌疑人以及可能隐藏罪犯或犯罪证据的人的身体、物品、住处和其他有关地方进行搜查时制作的法律文书。

《刑事诉讼法》第138条规定:进行搜查,必须向被搜查人出示搜查证。在执行逮捕、拘留的时候,遇有紧急情况,不另用搜查证也可以进行搜查。

搜查是公安机关在侦查中获取犯罪证据、查获犯罪分子的手段,搜查证是公安机关执行搜查任务的法律凭证。

(二)具体写作要求

搜查证由存根和附卷联组成。

1. 存根

存根联根据文书格式的规定应当依次填写以下内容,即标题,文书编号,案件名称,案件编号,犯罪嫌疑人姓名、性别、出生日期、住址、单位及职业,搜查原因,搜查对象,批准人,批准时间,办案人,办案单位,填发时间,填发人。同时,在标题下方,应当用括号标明"存根"字样。

2. 附卷联

附卷联由首部、正文和尾部组成。

(1)首部。包括标题和文书编号。标题应当居中分两行写为:"×××公安局""搜查证"。文书编号应当写为:×公( )搜查字〔年度〕×号。

(2)正文。应当写为:

因侦查犯罪需要,根据《中华人民共和国刑事诉讼法》第一百三十六条之规定,我局依法对(搜查对象)进行搜查。

(3)尾部。主要包括以下内容:一是填写文书制作时间,并加盖公安局印章。二是向被

搜查人或者家属或者其他见证人出示并宣读搜查证,并责令其签字,写明"本证已于×××
×年××月××日××时向我宣布"。三是由被搜查人或者家属或者其他见证人签字。

（三）文书写作需要注意的问题

根据我国法律规定,搜查证只能由人民检察院或公安机关签发,其他任何机关都无权
签发。

**参考格式**

搜 查 证

### 三、调取证据通知书

（一）概念和作用

调取证据通知书,是指公安机关在办理刑事案件过程中,依法向有关单位或者个人调取
与案件有关的证据时制作的法律文书。

《刑事诉讼法》第 54 条第 1 款规定:人民法院、人民检察院和公安机关有权向有关单位
和个人收集、调取证据。有关单位和个人应当如实提供证据。

《公安机关办理刑事案件程序规定》第 59 条规定:公安机关向有关单位和个人调取证
据,应当经办案部门负责人批准,开具调取证据通知书。被调取单位、个人应当在通知书上
盖章或者签名,拒绝盖章或者签名的,公安机关应当注明。必要时,应当采用录音或者录像
等方式固定证据内容及取证过程。

调取证据通知书具有法律实施的强制性,对于公安机关依法收集证据,保障刑事诉讼的
顺利进行具有重要的作用。

（二）具体写作要求

调取证据通知书由存根、附卷联、交证据持有人联组成。

1. 存根

存根联根据文书格式的规定应当依次填写以下内容,即标题、文书编号、案件名称、案件
编号、证据持有人、地址、调取证据、批准人、批准时间、办案人、办案单位、填发时间、填发人。
同时,在标题下方,应当用括号标明"存根"字样。

2. 附卷联

附卷联由首部、正文和尾部组成。

（1）首部。包括标题、文书编号、被调查人姓名（名称）。其中,标题应当居中分两行写为:
"×××公安局""调取证据通知书"。文书编号应当写为:×公（刑）调证字〔年度〕×号。

（2）正文。应当写为:

根据《中华人民共和国刑事诉讼法》第五十四条之规定,我局侦办的_____

案需调取你处下列有关证据＿＿＿＿＿＿＿＿＿＿＿＿。

伪造证据、隐匿证据或者毁灭证据的,将受法律追究。

(3)尾部。主要包括以下内容:一是写明年月日,并加盖公安局印章。二是向证据持有人送达调取证据通知书,并责令其签字,写明"本通知书已收到"。三是由证据持有人签字,写明年月日。

3. 交证据持有人联

交证据持有人联由首部、正文和尾部组成。

(1)首部。包括标题、文书编号、被调查人姓名(名称)。其中,标题应当居中分两行写为:"×××公安局""调取证据通知书"。文书编号应当写为:×公(刑)调证字〔年度〕×号。

(2)正文。应当写为:

根据《中华人民共和国刑事诉讼法》第五十四条之规定,我局侦办的＿＿＿＿＿＿案需调取你处下列有关证据＿＿＿＿＿＿＿＿＿＿＿＿。

伪造证据、隐匿证据或者毁灭证据的,将受法律追究。

(3)尾部。应当写明年月日,并加盖公安局印章。

(三)文书写作需要注意的问题

(1)附卷联首部,在标题下方,应当用括号标明"副本"字样。

(2)调取证据通知书应附调取证据清单。调取证据清单一式三份,一份附卷,一份交证据持有人,一份交公安机关保管人员。该清单的内容包括调取证据的编号、名称、数量、特征、备注。文书填写完毕后,如果有空格,应当沿空格的对角线画一斜线,空格不够的,可以续页。最后由证据持有人、保管人、办案人签名,写明年月日,并加盖办案单位印章。

**参考格式**

**调取证据通知书**

## 第五节　延长羁押期限文书

**一、呈请延长拘留期限报告书**

(一)概念和作用

呈请延长拘留期限报告书,是指公安机关侦查人员在审理拘留案件时,在3日以内未获取证明犯罪嫌疑人有犯罪事实的证据,报请县级以上公安机关负责人批准延长拘留期限时制作的法律文书。

《刑事诉讼法》第91条第1款、第2款规定：公安机关对被拘留的人，认为需要逮捕的，应当在拘留后的3日以内，提请人民检察院审查批准。在特殊情况下，提请审查批准的时间可以延长1日至4日。对于流窜作案、多次作案、结伙作案的重大嫌疑分子，提请审查批准的时间可以延长至30日。

制作呈请延长拘留期限报告书既是依法办案的需要，也是依法办案的具体体现。

（二）具体写作要求

呈请延长拘留期限报告书由首部、正文和尾部组成。

1. 首部

首部包括审批审核意见、标题和犯罪嫌疑人的基本情况。

（1）审批审核意见。应当写明领导批示、审核意见和办案单位意见。

（2）标题。应当居中写为："呈请延长拘留期限报告书。"

（3）犯罪嫌疑人的基本情况。应当写明犯罪嫌疑人的姓名、性别、出生日期、身份证号码、民族、文化程度、职业或工作单位及职务等。

2. 正文

正文是文书的核心，包括呈请事项、事实依据和法律依据。

（1）呈请事项。应当写明呈请批准延长拘留期限。

（2）事实依据和法律依据。应当写明案件事实，并引用相关法律作为依据。叙写这部分内容需要注意以下问题：

一是如果犯罪嫌疑人的犯罪事实尚未查明，应当写明犯罪嫌疑人涉嫌犯罪的性质，还需要继续侦查的情况。

二是如果收集的证据尚不足以证明犯罪嫌疑人有罪，应当写明需要补充证据的情况。

三是如果犯罪嫌疑人是流窜作案、结伙作案、多次作案的重大嫌疑分子，应当根据案件的具体情况，写明流窜作案、多次作案、结伙作案等的事实情节。

四是延长拘留期限的法律依据，应当写明我国《刑事诉讼法》第91条第1款、第2款的法律规定。

3. 尾部

尾部包括结语和落款。

（1）结语。通常写为："妥否，请批示。"

（2）落款。应当写明案件承办单位名称、承办人署名、写明年月日。

（三）文书写作需要注意的问题

"流窜作案"，是指跨市、县管辖范围连续作案，或者在居住地作案后逃跑到外市、县继续作案；"多次作案"，是指三次以上作案；"结伙作案"，是指二人以上共同作案。

## 参考范例

**呈请延长拘留期限报告书**

### 二、提请批准延长侦查羁押期限意见书

(一) 概念和作用

提请批准延长侦查羁押期限意见书,是指公安机关对侦查羁押期限届满未能侦查终结的案件,依法提请人民检察院延长侦查羁押期限时制作的法律文书。

《刑事诉讼法》第156条规定:对犯罪嫌疑人逮捕后的侦查羁押期限不得超过2个月。案情复杂、期限届满不能终结的案件,可以经上一级人民检察院批准延长1个月。第158条规定:下列案件在本法第156条规定的期限届满不能侦查终结的,经省、自治区、直辖市人民检察院批准或者决定,可以延长2个月:(1)交通十分不便的边远地区的重大复杂案件;(2)重大的犯罪集团案件;(3)流窜作案的重大复杂案件;(4)犯罪涉及面广,取证困难的重大复杂案件。第159条规定:对犯罪嫌疑人可能判处10年有期徒刑以上刑罚,依照本法第158条规定延长期限届满,仍不能侦查终结的,经省、自治区、直辖市人民检察院批准或者决定,可以再延长2个月。

公安机关制作提请批准延长侦查羁押期限意见书,是法定程序的要求,也是公安机关依法办案的体现。

(二) 具体写作要求

提请批准延长侦查羁押期限意见书由存根、附卷联、交检察院联组成。

1. 存根

存根联根据文书格式的规定应当依次填写以下内容,即标题,文书编号,案件名称,案件编号,犯罪嫌疑人基本情况(姓名、性别、出生日期、住址、单位及职业),逮捕时间,延长原因,提请延长期限,送往单位,批准人,批准时间,办案人,办案单位,填发时间,填发人。同时,在标题下方,应当用括号标明"存根"字样。

2. 附卷联

附卷联由首部、正文和尾部组成。

(1) 首部。包括标题、文书编号和致送机关。标题应当居中分两行写为:"×××公安局""提请批准延长侦查羁押期限意见书"。文书编号应当写为:×公(刑)提延字〔年度〕×号。致送机关应当写为:×××人民检察院。

(2) 正文。应当写为:

你院于××××年××月××日以××××〔年度〕×××号决定书批准逮捕的犯罪嫌疑人×××已于××××年××月××日被执行逮捕,因＿＿＿＿＿＿＿＿＿＿＿＿,羁押期限届满不能侦查终结,根据《中华人民共和国刑事诉讼法》第一百五十八条之规定,特提请批准对其延长羁押期限×月。

(3) 尾部。主要包括以下内容:一是写明年月日,并加盖公安局印章。二是人民检察院签收,应写明"本意见书已收到"。由检察院收件人签名,并写明年月日。

3. 交检察院联

交检察院联由首部、正文和尾部组成。首部、正文的内容同附卷联,尾部写明年月日,并加盖公安局印章。

(三) 文书写作需要注意的问题

(1) 在各联之间的衔接处应当用汉字写明文书编号,并加盖公安机关骑缝印章。

(2) 附卷联首部,在标题下方,应当用括号标明"副本"字样。

**参考格式**

提请批准延长侦查羁押期限意见书

### 三、延长侦查羁押期限通知书

(一) 概念和作用

延长侦查羁押期限通知书,是指公安机关在检察机关批准对犯罪嫌疑人延长侦查羁押期限后,告知看守所时依法制作的法律文书。

制作延长侦查羁押期限通知书的法律依据是《刑事诉讼法》第 156 条、第 158 条、第 159 条的规定。

人民检察院作出批准延长羁押期限的决定后,公安机关应当依法制作延长侦查羁押期限通知书,通知看守所。延长侦查羁押期限通知书具有法律效力,看守所应当严格按照通知书中规定的羁押期限执行。

(二) 具体写作要求

延长羁押期限通知书由存根、交看守所联、附卷联组成。

1. 存根

存根联根据文书格式的规定应当依次填写以下内容,即标题,文书编号,案件名称,案件编号,犯罪嫌疑人基本情况(姓名、性别、出生日期、住址、单位及职业),逮捕时间,延长原因,延长时间,送往单位,办案人,办案单位,填发时间,填发人。同时,在标题下方,应当用括号标明"存根"字样。

2. 交看守所联

交看守所联由首部、正文和尾部组成。

(1) 首部。包括标题、文书编号和送交看守所名称。标题应当居中分两行写为:"×××公安局""延长侦查羁押期限通知书"。文书编号应当写为:×公(刑)延押字〔年度〕×号。送交看守所应当写为:×××看守所。

(2) 正文。应当写为:

我局于____年__月__日对犯罪嫌疑人(姓名、性别、出生日期)执行逮捕,因_____,羁押期限届满不能侦查终结,根据《中华人民共和国刑事诉讼法》第一百五十八条之规定,经_____批准,决定延长羁押期限____月,自____年__月__日至____年__月__日。

(3) 尾部。写明年月日,并加盖公安局印章。

3. 附卷联

附卷联由首部、正文和尾部组成。首部、正文的内容与交看守所联基本相同。尾部主要包括以下内容：一是写明年月日，加盖公安局印章。二是犯罪嫌疑人签收。应写明"本通知书已向我宣布"。由犯罪嫌疑人签名，并写明年月日。三是看守所签收。应写明"本通知书已收到"。写明年月日，并加盖看守所印章。

（三）文书写作需要注意的问题

附卷联首部，在标题下方，应当用括号标明"副本"字样。

### 参考格式

**延长侦查羁押期限通知书**

## 四、重新计算侦查羁押期限通知书

（一）概念和作用

重新计算侦查羁押期限通知书，是指公安机关依法对犯罪嫌疑人重新计算羁押期限，通知看守所和批准逮捕的人民检察院时制作的法律文书。

《刑事诉讼法》第160条规定：在侦查期间，发现犯罪嫌疑人另有重要罪行的，自发现之日起依照本法第156条的规定重新计算侦查羁押期限。犯罪嫌疑人不讲真实姓名、住址，身份不明的，应当对其身份进行调查，侦查羁押期限自查清其身份之日起计算，但是不得停止对其犯罪行为的侦查取证。对于犯罪事实清楚，证据确实、充分，确实无法查明其身份的，也可以按其自报的姓名起诉、审判。

重新计算侦查羁押期限对侦查机关惩治犯罪具有重要意义，制作重新计算侦查羁押期限通知书，将重新计算侦查羁押期限的情况告知看守所和批准逮捕的人民检察院是法定程序。

（二）具体写作要求

重新计算侦查羁押期限通知书由存根、附卷联、交看守所联、交检察院联组成。

1. 存根

存根联根据文书格式的规定应当依次填写以下内容，即标题，文书编号，案件名称，案件编号，犯罪嫌疑人基本情况（姓名、性别、出生日期、住址、单位及职业），拘留/逮捕时间，重新计算原因，重新计算时间，送往单位，批准人，批准时间，办案人，办案单位，填发时间，填发人。同时，在标题下方，应当用括号标明"存根"字样。

2. 附卷联

附卷联由首部、正文和尾部组成。

（1）首部。包括标题、文书编号、送交看守所名称、送交人民检察院名称。标题应当居中分两行写为:"×××公安局""重新计算侦查羁押期限通知书"。文书编号应当写为:×公(刑)重计押字〔年度〕×号。送交看守所、人民检察院名称应当写为:×××看守所、×××人民检察院。

(2)正文。应当写为:

　　×××人民检察院于___年__月__日以××××〔年度〕×××号决定书决定拘留/批准逮捕的犯罪嫌疑人×××,于___年__月__日被执行拘留/逮捕,因_____,根据《中华人民共和国刑事诉讼法》第一百六十条第一款之规定,自___年__月__日起重新计算侦查羁押期限。

(3)尾部。主要包括以下内容:一是写明年月日,加盖公安局印章。二是犯罪嫌疑人签收。应写明"本通知书已向我宣布"。由犯罪嫌疑人签名,并写明年月日。三是看守所签收。应写明"本通知书已收到"。写明年月日,并加盖看守所印章。四是检察院收件人签收。应写明"本通知书已收到"。由收件人签名,写明年月日。

3.交看守所联

交看守所联由首部、正文和尾部组成。首部、正文的内容与附卷联基本相同,只是送交名称不同。尾部应当写明年月日,加盖公安局印章。

4.交检察院联

交检察院联由首部、正文和尾部组成。如果犯罪嫌疑人正在被执行拘留,不需要填写交检察机关联。

(1)首部。包括标题、文书编号、送交看守所名称。标题应当居中分两行写为:"×××公安局""重新计算侦查羁押期限通知书"。文书编号应当写为:×公(刑)重计押字〔年度〕×号。送交检察院名称应当写为:×××检察院。

(2)正文。应当写为:

　　你院于___年__月__日以×××〔年度〕××××号决定书批准逮捕的犯罪嫌疑人×××,于___年__月__日被执行逮捕,因_____,根据《中华人民共和国刑事诉讼法》第一百六十条第一款之规定,自___年__月__日起重新计算侦查羁押期限。

(3)尾部。主要包括以下内容:一是写明年月日。二是加盖公安局印章。

(三)文书写作需要注意的问题

重新计算侦查羁押期限通知书具有法律效力,应当认真制作。

## 参考格式

**重新计算侦查羁押期限通知书**

# 第六节　侦查终结文书

## 一、起诉意见书

(一) 概念和作用

起诉意见书,是指公安机关对案件侦查终结后,认为犯罪嫌疑人涉嫌犯罪事实清楚,证据确实、充分,依法应当追究刑事责任,向同级人民检察院移送审查起诉时制作的法律文书。

《刑事诉讼法》第162条规定:公安机关侦查终结的案件,应当做到犯罪事实清楚,证据确实、充分,并且写出起诉意见书,连同案卷材料、证据一并移送同级人民检察院审查决定;同时将案件移送情况告知犯罪嫌疑人及其辩护律师。

起诉意见书是案件侦查活动的总结,集中反映了公安机关办理刑事案件的质量,同时也是检察机关对案件提起公诉的基础材料,应当认真制作。

(二) 具体写作要求

起诉意见书由首部、正文和尾部组成。

1. 首部

首部包括标题、文书编号、犯罪嫌疑人的基本情况、辩护律师的基本情况。

(1) 标题。应当居中写为:"×××公安局""起诉意见书"。

(2) 文书编号。应当写为:×公( )诉字〔年度〕×号。

(3) 犯罪嫌疑人的基本情况。应当写明犯罪嫌疑人的姓名(别名、曾用名、绰号),性别,出生日期,出生地,身份证件种类及号码,民族,文化程度,职业或工作单位及职务,居住地(包括户籍所在地、经常居住地、暂住地),政治面貌,违法犯罪经历以及被采取强制措施的情况(时间、种类及执行场所)等。案件有多名犯罪嫌疑人的,应逐一写明。

(4) 辩护律师的基本情况。如果有辩护律师的,应当写明辩护律师的姓名,所在律师事务所或者法律援助机构名称,律师执业编号。

2. 正文

正文是文书的核心内容,包括案件办理情况、犯罪事实和证据、起诉理由和法律依据。

(1) 案件办理情况。按照格式要求,主要需要写明以下几个方面的内容:

一是案由和案件来源。应当写为:

　　犯罪嫌疑人×××,……(罪名)一案,由×××举报(控告、移送)至我局(写明案由和案件来源,具体为单位或者公民举报、控告、上级交办、有关部门移送或者工作中发现等)。

二是简要写明案件侦查过程中的各个法律程序开始的时间,如接受案件、立案的时间。

三是具体写明犯罪嫌疑人归案情况。

四是写明犯罪嫌疑人×××涉嫌×××案,现已侦查终结。

(2) 犯罪事实和证据。犯罪事实部分内容,由"经依法侦查查明:……"引出,叙写这部分内容,主要应当注意以下几个问题:

一是应当详细叙述经侦查认定的犯罪事实,包括犯罪时间、地点、经过、手段、目的、动机、危害后果等与定罪有关的事实要素。

二是应当根据案件具体情况,围绕刑法规定的犯罪构成要件进行叙述。

三是对于只有一个犯罪嫌疑人的案件,犯罪嫌疑人实施多次犯罪的犯罪事实应逐一列举;同时触犯数个罪名的犯罪嫌疑人的犯罪事实应该按照主次顺序分别列举。

四是对于共同犯罪的案件,写明犯罪嫌疑人的共同犯罪事实及各自在共同犯罪中的地位和作用后,按照犯罪嫌疑人的主次顺序,分别叙述各个犯罪嫌疑人的单独犯罪事实。

叙写犯罪事实后,由"认定上述事实的证据如下:……"引出,进行证据内容的叙写。叙写证据部分内容,主要需要注意以下两个问题:

一是应当根据不同案件的不同特点,有针对性地列举证据。

二是在列举证据之后,应当另起一段写明:"上述犯罪事实,证据确实、充分,足以认定。"表明对案件事实、证据部分内容叙写的结束。

同时需要注意的是,在犯罪事实和证据部分内容的叙写中,如果犯罪嫌疑人有累犯、自首、立功等影响量刑的从重、从轻、减轻等情节也应当予以写明。

(3)起诉理由和法律依据。应当写为:

综上所述,犯罪嫌疑人×××……(根据犯罪构成简要说明罪状),其行为已触犯《中华人民共和国刑法》第×××条之规定,涉嫌×××罪。依照《中华人民共和国刑事诉讼法》第×××条之规定,现将此案移送审查起诉(当事人和解的公诉案件,应当写明双方当事人已自愿达成和解协议以及履行情况,同时可以提出从宽处理的建议)。

3. 尾部

尾部包括致送人民检察院名称、写明年月日并加盖印章和附项。

(1)致送人民检察院名称。应当写为:"此致""×××人民检察院"。

(2)写明年月日并加盖印章。应当写明文书制作的年月日,加盖公安局印章。

(3)附项。应当写明附送本案卷宗多少卷多少册,随案移交物品的件数。

(三)文书写作需要注意的问题

起诉意见书应当一案一份,对于涉及共同犯罪的案件,需要提请起诉数名犯罪嫌疑人的,合写一份文书,按照主犯、从犯、胁从犯的顺序叙写。对共同犯罪中不需要起诉的犯罪嫌疑人,仍应将共同犯罪的事实写清楚,并注明对未起诉的犯罪嫌疑人的处理情况。

**参考格式**

×××公安局起诉意见书

## 参考范例

### ×××公安局起诉意见书

### 二、撤销案件决定书

(一) 概念和作用

撤销案件决定书,是指公安机关在办理刑事案件过程中,发现不应当追究犯罪嫌疑人的刑事责任,依法撤销案件时制作的法律文书。

《刑事诉讼法》第16条规定:有下列情形之一的,不追究刑事责任,已经追究的,应当撤销案件,或者不起诉,或者终止审理,或者宣告无罪:(1)情节显著轻微、危害不大,不认为是犯罪的;(2)犯罪已过追诉时效期限的;(3)经特赦令免除刑罚的;(4)依照刑法告诉才处理的犯罪,没有告诉或者撤回告诉的;(5)犯罪嫌疑人、被告人死亡的;(6)其他法律规定免予追究刑事责任的。第163条规定:在侦查过程中,发现不应对犯罪嫌疑人追究刑事责任的,应当撤销案件;犯罪嫌疑人已被逮捕的,应当立即释放,发给释放证明,并且通知原批准逮捕的人民检察院。

撤销案件决定书是公安机关依法撤销案件,不追究刑事责任的法律凭证。

(二) 具体写作要求

撤销案件决定书由存根,附卷联,交原案件犯罪嫌疑人联,交原案件被害人或者近亲属、法定代理人联,交移送机关联组成。

1. 存根

存根联根据文书格式的规定应当依次填写以下内容,即标题,文书编号,案件名称,案件编号,原案件犯罪嫌疑人基本情况(姓名、性别、出生日期、住址、单位及职业),撤销案件的原因,批准人,批准时间,办案人,办案单位,填发时间,填发人。同时,在标题下方,应当用括号标明"存根"字样。

2. 附卷联

附卷联由首部、正文和尾部组成。

(1) 首部。包括标题和文书编号。标题应当居中分两行写为:"×××公安局""撤销案件决定书"。文书编号应当写为:×公(刑)撤案字〔年度〕×号。

(2) 正文。应当写为:

我局办理的_____案,因_____,根据《中华人民共和国刑事诉讼法》第十六条之规定,决定撤销此案。

(3) 尾部。主要包括以下内容:一是写明年月日,加盖公安局印章。二是原案件犯罪嫌疑人签收。应写明"本决定书已收到"。由原案件犯罪嫌疑人签名,并写明年月日。三是移送机关签收。应写明"本决定书已收到。"写明年月日。

3. 交原案件犯罪嫌疑人联

交原案件犯罪嫌疑人联由首部、正文和尾部组成。

(1) 首部。包括标题和文书编号。标题应当居中分两行写为:"×××公安局""撤销案件决定书"。文书编号应当写为:×公(刑)撤案字〔年度〕×号。

(2) 正文。应当写为:

我局办理的＿＿＿＿＿＿＿案,因＿＿＿＿＿＿＿＿＿,根据《中华人民共和国刑事诉讼法》第十六条之规定,决定撤销此案。

(3) 尾部。写明年月日,加盖公安局印章。

4. 交原案件被害人或者近亲属、法定代理人联,交移送机关联

上述两联文书格式内容同交原案件犯罪嫌疑人联。

(三) 文书写作需要注意的问题

(1) 附卷联首部,在标题下方,应当用括号标明"副本"字样。

(2) 撤销案件的法律依据,如果属于《刑事诉讼法》第16条规定的情形,填写"第十六条"作为法律依据。如果属于没有犯罪事实或者根据刑法规定不负刑事责任的,填写"第一百六十三条"作为法律依据。

(3) 如果犯罪嫌疑人已经被逮捕的,应当制作撤销案件通知书,通知原批准逮捕的人民检察院。

**参考格式**

**撤销案件决定书**

### 三、终止侦查决定书

(一) 概念和作用

终止侦查决定书,是指公安机关在办理刑事案件过程中,解决不能撤案但需要排除符合法定条件的犯罪嫌疑人时制作的法律文书。

《公安机关办理刑事案件程序规定》第183条第2款规定:对于经过侦查,发现有犯罪事实需要追究刑事责任,但不是被立案侦查的犯罪嫌疑人实施的,或者共同犯罪案件中部分犯罪嫌疑人不够刑事处罚的,应当对有关犯罪嫌疑人终止侦查,并对该案件继续侦查。

公安机关在办理刑事案件过程中制作终止侦查决定书,可以有效地解决不撤销案件对

某个犯罪嫌疑人终止侦查的问题。

(二) 具体写作要求

终止侦查决定书由存根、附卷联、交原案件犯罪嫌疑人联组成。

1. 存根

存根联根据文书格式的规定应当依次填写以下内容,即标题、文书编号、案件名称、案件编号、原犯罪嫌疑人基本情况(姓名、性别、出生日期、住址、单位及职业)、终止侦查原因、批准人、批准时间、办案人、办案单位、填发时间、填发人。同时,在标题下方,应当用括号标明"存根"字样。

2. 附卷联

附卷联由首部、正文和尾部组成。

(1) 首部。包括标题和文书编号。标题应当居中分两行写为:"×××公安局""终止侦查决定书"。文书编号应当写为:×公(刑)终侦字〔年度〕×号。

(2) 正文。应当写为:

姓名_____,性别____,出生日期_____,住址_____,单位及职业_____。

我局办理的_____案,经查明_____,根据《公安机关办理刑事案件程序规定》第一百八十三条第二款之规定,现决定终止对_____的侦查。

(3) 尾部。主要包括以下内容:一是写明年月日,加盖公安局印章。二是原犯罪嫌疑人或其家属签收。应写明"本决定书已收到"。由原犯罪嫌疑人或其家属签名,并写明年月日。

3. 交原案件犯罪嫌疑人联

此联文书首部、正文部分内容同附卷联,只是尾部内容略有差别,即只需写明年月日,加盖公安局印章即可。

(三) 文书写作需要注意的问题

(1) 附卷联首部,在标题下方,应当用括号标明"副本"字样。

(2) 终止侦查原因,应当写明排除原犯罪嫌疑人犯罪嫌疑或共同犯罪案件中部分犯罪嫌疑人不够刑事处罚的原因。

## 参考格式

**终止侦查决定书**

# 第七节　补充侦查和复议、复核文书

### 一、补充侦查报告书

（一）概念和作用

补充侦查报告书，是指公安机关根据人民检察院补充侦查决定书的要求，对案件进行补充侦查后，将补充侦查结果告知人民检察院时制作的法律文书。

《刑事诉讼法》第 175 条规定：人民检察院审查案件，可以要求公安机关提供法庭审判所必需的证据材料；认为可能存在本法第 56 条规定的以非法方法收集证据情形的，可以要求其对证据收集的合法性作出说明。人民检察院审查案件，对于需要补充侦查的，可以退回公安机关补充侦查，也可以自行侦查。对于补充侦查的案件，应当在 1 个月以内补充侦查完毕。补充侦查以二次为限。补充侦查完毕移送人民检察院后，人民检察院重新计算审查起诉期限。对于二次补充侦查的案件，人民检察院仍然认为证据不足，不符合起诉条件的，应当作出不起诉的决定。

公安机关对人民检察院退回补充侦查的案件进行补充侦查，有利于查明案件事实，证实犯罪，依法追究犯罪分子的刑事责任，避免冤假错案的发生，提高办案质量。制作补充侦查报告书，将补充侦查结果告知人民检察院是法定的程序。

（二）具体写作要求

补充侦查报告书由首部、正文和尾部组成。

1. 首部

首部包括标题、文书编号和提示语。

（1）标题。标题应当居中分两行写为："×××公安局""补充侦查报告书"。

（2）文书编号。应写为：×公（刑）补侦字〔年度〕×号。

（3）提示语。应写为：×××人民检察院。

2. 正文

正文是文书的核心部分，包括补充侦查事由和补充侦查结果。

（1）补充侦查事由。应当写为：

你院于____年__月__日以××××〔年度〕×××号补充侦查决定书退回的_____案，已经补充侦查完毕，结果如下：

（2）补充侦查结果。这部分内容是文书写作的重点，应当针对人民检察院退回补充侦查决定书中列明的补充侦查提纲，逐条予以说明。从总体方面看，具体叙写时，要根据案件的具体情况，区分不同情形进行阐述，不仅需要将补充侦查的结果叙写清楚，做到证据充分，结果有据。而且，还应当将补充侦查的过程叙写清楚，使补充侦查的来龙去脉清楚、明白。叙写这部分内容需要注意以下几个问题：

一是对于补充侦查后已经查清楚的问题，应当如实叙写补充侦查的方法和结果，以便人民检察院审核。

二是对于补充侦查后仍然没有查清楚的问题，应当把没有查清的原因写清楚。

三是对于案卷中已有材料证明，不需要补充侦查的问题，应当写明材料在案卷中所在的位置,以及不需要补充侦查的理由。

四是对于法律手续不完备退回补充侦查的案件,应当写明已经按照法定程序补办法律手续的情况。

3. 尾部

尾部包括附项、写明年月日并加盖公安局印章。

（1）附项。应当写明：

现将该案卷宗_____卷_____页及补充查证材料_____卷_____页附后,请审查。

（2）写明年月日并加盖公安机关印章。

（三）文书写作需要注意的问题

（1）补充侦查报告书一式两份,一份附卷,一份交检察院。

（2）补充侦查事由应当填写检察院补充侦查决定书的日期、字号和案件名称。

## 参考格式

**补充侦查报告书**

## 参考范例

**×××公安局补充侦查报告书**

## 二、要求复议意见书

（一）概念和作用

要求复议意见书,是指公安机关认为人民检察院作出的不批准逮捕、不起诉决定有错误,要求人民检察院重新复议时制作的法律文书。

《刑事诉讼法》第 92 条规定:公安机关对人民检察院不批准逮捕的决定,认为有错误的时候,可以要求复议,但是必须将被拘留的人立即释放。如果意见不被接受,可以向上一级人民检察院提请复核。上级人民检察院应当立即复核,作出是否变更的决定,通知下级人民检察院和公安机关执行。第 179 条规定:对于公安机关移送起诉的案件,人民检察院决定不起诉的,应当将不起诉决定书送达公安机关。公安机关认为不起诉的决定有错误的时候,可以要求复议,如果意见不被接受,可以向上一级人民检察院提请复核。

公安机关认为人民检察院作出的不批准逮捕、不起诉决定有错误,制作要求复议意见书,依法行使复议权,要求人民检察院对案件重新进行复议,可以促使人民检察院依法履行法律职责,严格依法办事,保障办案质量。

(二)具体写作要求

要求复议意见书由首部、正文和尾部组成。

1. 首部

首部包括标题、文书编号和提示语。

(1)标题。标题应当居中分两行写为:"×××公安局""要求复议意见书"。

(2)文书编号。应写为:×公( )要复字〔年度〕×号。

(3)提示语。应写为:×××人民检察院。

2. 正文

正文是文书的核心部分,包括要求复议的事项和理由、要求复议的法律依据。

(1)要求复议的事项和理由。这部分内容写作的具体格式要求如下:

你院于____年__月__日以×××〔年度〕×××号文决定_____,我局认为_____。

根据上述文书格式要求,叙写要求复议的事项,应当写明人民检察院作出的不批准逮捕决定书或不起诉决定书的签发日期、文书编号和决定事项。

叙写要求复议的理由,应当首先写明公安机关认为人民检察院作出决定存在错误的事实依据,然后进行简要的分析。具体叙写时,应当结合案件的具体情况,阐明公安机关要求复议的理由。叙写这部分内容,需要注意以下问题:

一是对人民检察院不批准逮捕决定提出复议的。如果不批准逮捕决定书认为犯罪嫌疑人的行为没有构成犯罪,公安机关在阐述复议理由时,应说明犯罪嫌疑人行为触犯的法律条款,涉嫌的罪名,应当追究的刑事责任。如果不批准逮捕决定书认为犯罪嫌疑人没有逮捕的必要,公安机关则应说明对犯罪嫌疑人不采取逮捕的强制措施,将不足以防止犯罪嫌疑人发生新的社会危害,或不能保证侦查、起诉和审判活动的顺利进行。

二是对人民检察院不起诉决定提出复议的。应当针对不起诉决定的理由,结合案件具体情节进行叙述。如果人民检察院认为犯罪嫌疑人的行为不构成犯罪,作出不起诉决定,公安机关在阐述复议理由时,应紧紧围绕犯罪构成的四个要件,说明犯罪嫌疑人的行为已经触犯刑事法律条文、涉嫌的罪名以及依法应当追究的刑事责任。如果人民检察院认为犯罪嫌疑人的行为虽然构成犯罪,但因犯罪已过追诉时效期限或经特赦令已经免除刑罚,或根据其他法律、法令规定已经免予追究刑事责任,作出不起诉决定的,公安机关则应说明犯罪嫌疑人不具备法定的不起诉事实,并引用充分的证据予以证明。

无论针对上述何种情形,在阐述清楚要求复议的理由后,应当根据案件的具体情况,提出正确的处理意见。

(2)要求复议的法律依据。应当写明要求复议依据的法律条款。具体应当表述为:

综上所述,根据《中华人民共和国刑事诉讼法》第×××条之规定,特要求你院进行复议。

叙写这部分内容需要注意,如果针对人民检察院不批准逮捕决定提出复议的,应当引用我国《刑事诉讼法》第92条作为法律依据;如果针对人民检察院不起诉决定提出复议的,应引用我国《刑事诉讼法》第179条作为法律依据。

3. 尾部

尾部包括致送机关名称、写明年月日并加盖公安局印章、附注。

(1) 致送机关名称。应写为:"此致""×××人民检察院。"

(2) 写明年月日并加盖公安局印章。

(3) 附注。应当写明:"注:附本案卷宗共_____卷_____页。"

(三) 文书写作需要注意的问题

要求复议意见书一式两份,一份附卷,一份交检察院。

**参考格式**

**要求复议意见书**

**参考范例**

**×××公安局要求复议意见书**

### 三、提请复核意见书

(一) 概念和作用

提请复核意见书,是指公安机关认为同级人民检察院作出的复议决定有错误,向上一级人民检察院提请复核时制作的法律文书。

《刑事诉讼法》第92条规定:公安机关对人民检察院不批准逮捕的决定,认为有错误的时候,可以要求复议,但是必须将被拘留的人立即释放。如果意见不被接受,可以向上一级人民检察院提请复核。上级人民检察院应当立即复核,作出是否变更的决定,通知下级人民检察院和公安机关执行。第179条规定:对于公安机关移送起诉的案件,人民检察院决定不起诉的,应当将不起诉决定书送达公安机关。公安机关认为不起诉的决定有错误的时候,可以要求复议,如果意见不被接受,可以向上一级人民检察院提请复核。

公安机关认为同级人民检察院作出的复议决定有错误,向上一级人民检察院提请复核,是法律赋予公安机关的权力。公安机关制作提请复核意见书,要求上一级人民检察院对案件进行复核,有利于保证案件质量,打击犯罪。

(二) 具体写作要求

提请复核意见书由首部、正文和尾部组成。

1. 首部

首部包括标题、文书编号和提示语。

(1) 标题。标题应当居中分两行写为:"×××公安局""提请复核意见书"。

(2) 文书编号。应写为:×公( )请核字〔年度〕×号。

(3) 提示语。应写为:×××人民检察院。

2. 正文

正文是文书的核心部分,包括提请复核的事项和理由、提请复核的法律依据。

(1) 提请复核的事项和理由。这部分内容写作的具体格式要求如下:

我局于____年__月__日以××××〔年度〕×××号文要求×××人民检察院复议的_____案,该院以××××〔年度〕×××号文决定维持原_____决定,我局认为该院决定有误,理由是:_____。

根据上述文书格式要求,叙写要求复核的事项,应当写明公安机关认为有错误的人民检察院复议决定书制作的时间、字号、简要内容,并提出认为检察机关复议决定有错误的意见。

叙写要求复核的理由,应当首先写明公安机关认为人民检察院作出复议决定存在错误的事实依据,然后进行简要的分析。具体叙写时,应当结合案件的具体情况,阐明公安机关要求复核的理由。具体写法可参见要求复议意见书。

(2) 提请复核的法律依据。应当写明要求复核依据的法律条款。具体应当表述为:

综上所述,根据《中华人民共和国刑事诉讼法》第×××条之规定,特提请你院对此案进行复核。

叙写这部分内容需要注意,如果针对人民检察院不批准逮捕决定的复议决定书提请复核的,应当引用我国《刑事诉讼法》第92条作为法律依据;如果针对人民检察院不起诉决定的复议决定提请复核的,应引用我国《刑事诉讼法》第179条作为法律依据。

3. 尾部

尾部包括致送机关名称、写明年月日并加盖公安局印章、附注。

(1) 致送机关名称。应写为:"此致""×××人民检察院"。

(2) 写明年月日并加盖公安局印章。

(3) 附注。应当写明:"注:附本案卷宗共_____卷_____页。"

(三) 文书写作需要注意的问题

提请复核意见书一式两份,一份附卷,一份交检察院。

**参考格式**

**提请复核意见书**

---

**参考范例**

**×××公安局提请复核意见书**

---

## 思考题

1. 简述公安机关刑事法律文书的概念、特征、种类和作用。
2. 简述受案登记表的概念和作用。
3. 呈请立案报告书的正文需要写清哪些内容?
4. 简述立案决定书的概念和作用。
5. 简述提请批准逮捕书的概念和作用。
6. 提请批准逮捕书的正文部分需要写清哪些内容?
7. 简述通缉令的概念和作用。
8. 简述叙写通缉令对外发布栏正文部分需要注意的问题。
9. 简述起诉意见书的概念和作用。
10. 起诉意见书的正文部分需要写清哪些内容?

# 第三章

# 人民检察院刑事法律文书

【学习目的与要求】 通过本章学习,要求学习者在了解人民检察院法律文书的概念、特点、作用和种类的基础上,具体了解和掌握几种常用的人民检察院刑事法律文书的概念、作用、具体写作要求和文书写作需要注意的问题,并能达到结合司法实践,能写会用的要求。

## 第一节 概 述

### 一、人民检察院法律文书的概念和特点

人民检察院的法律文书,是指人民检察院为履行法律赋予的职责,根据法律规定,依法制作的具有法律效力或法律意义的法律文书。

我国《刑事诉讼法》第3条规定:对刑事案件的侦查、拘留、执行逮捕、预审,由公安机关负责。检察、批准逮捕、检察机关直接受理的案件的侦查、提起公诉,由人民检察院负责。审判由人民法院负责。除法律特别规定的以外,其他任何机关、团体和个人都无权行使这些权力。人民法院、人民检察院和公安机关进行刑事诉讼,必须严格遵守本法和其他法律的有关规定。《民事诉讼法》第14条规定:人民检察院有权对民事诉讼实行法律监督。《行政诉讼法》第11条规定:人民检察院有权对行政诉讼实行法律监督。

人民检察院的法律文书主要具有以下特点:

(1) 制作主体的特定性。根据法律规定,人民检察院法律文书的制作主体是依法行使检察权的各级人民检察院,其他任何机关、团体、单位和个人都无权制作,否则即是违法。因此,人民检察院法律文书的制作主体具有特定性和唯一性的特点。

(2) 制作内容的合法性。人民检察院制作的各种法律文书,必须根据宪法和有关法律制作,每一种文书均有相应的法律规定作为依据。为了达到法律文书合法性的要求,人民检察院在制作检察法律文书时,必须严格按照法律规定的制作要求制作,以保证法律文书的法律效力。

(3) 实施的强制性。人民检察院依法制作检察法律文书的目的,是为了履行检察机关的各项法律职责,为了保证法律的正确实施。人民检察院依法履行法定职责,实施的相关法律行为,均应制作相应的法律文书,因此检察法律文书是人民检察院依法实施各项诉讼行为的重要书面凭证。人民检察院的法律文书是依据有关法律规定制作的,是以国家强制力作为保障,因此具有法律效力,具有普遍的约束力,任何单位或者个人都必须遵守,否则需要承

担相应的法律责任。

### 二、人民检察院法律文书的作用和分类

人民检察院法律文书的作用主要体现在以下几个方面：(1)是各级人民检察院行使检察权的重要文字凭证；(2)是保证法律实施的重要工具；(3)是办理案件的客观记录；(4)是办案质量的重要反映；(5)是总结经验和复查案件的重要依据；(6)是宣传法制的重要材料。

总之，准确的制作人民检察院的法律文书，对于依法保护人民、惩治犯罪、维护社会的和谐稳定具有重要意义。

为了适应司法实践的需要，国家检察机关自1950年制定第一批检察文书后，历经数年，几经修改，目前施行的是2012年最高人民检察院印发的《人民检察院刑事诉讼法律文书格式样本(2012版)》。人民检察院法律文书，按照不同的标准可以进行不同的分类。具体分类如下：

(1)按照案件性质的不同，可以分为刑事诉讼法律文书，民事、行政诉讼法律文书和通用法律文书。

(2)按照制作方法的不同，可以分为填空式文书和叙述式文书。填空式文书，是指固定事项按统一标准事先印制，使用时根据案件具体情况，填写相关内容即可。叙述式文书，是指需要根据不同的案件情况，按照文书制作格式的要求，叙写相关内容的文书。

(3)按照法律文书适用程序和范围的不同，可以分为诉讼法律文书和检察内部工作文书。诉讼法律文书，是指各级人民检察院在办理刑事、民事和行政诉讼案件过程中，依法制作的各类决定书、通知书、意见书和告知书等法律文书。该类文书可供辩护人和诉讼代理人等依法查阅。检察内部工作文书，是指人民检察院在诉讼过程中，按照程序制度和规定，内部进行程序流转、审查审批、请示报告、研究讨论、工作记录等制作的法律文书。该文书是人民检察院内部的工作凭证，只供检察机关内部使用。

(4)按照法律文书所处诉讼阶段以及作用的不同，可以分为立案法律文书、侦查法律文书、公诉法律文书、执行监督法律文书、申诉法律文书；刑事赔偿法律文书、民事法律文书、行政法律文书、其他法律文书等。

鉴于检察机关法律文书的复杂性和多样性，本章主要介绍几种常用的检察机关刑事诉讼法律文书。

## 第二节　立案决定书

### 一、概念和作用

立案决定书，是指人民检察院对本院管辖的职务犯罪等案件，认为有犯罪事实需要追究刑事责任，依法应由本院决定立案侦查时制作的法律文书。

我国《刑事诉讼法》第19条第2款规定：人民检察院在对诉讼活动实行法律监督中发现的司法工作人员利用职权实施的非法拘禁、刑讯逼供、非法搜查等侵犯公民权利、损害司法公正的犯罪，可以由人民检察院立案侦查。对于公安机关管辖的国家机关工作人员利用职权实施的重大犯罪案件，需要由人民检察院直接受理的时候，经省级以上人民检察院决定，可以由人民检察院立案侦查。第109条规定：公安机关或者人民检察院发现犯罪事实或者

犯罪嫌疑人,应当按照管辖范围,立案侦查。第112条规定:人民法院、人民检察院或者公安机关对于报案、控告、举报和自首的材料,应当按照管辖范围,迅速进行审查,认为有犯罪事实需要追究刑事责任的时候,应当立案;认为没有犯罪事实,或者犯罪事实显著轻微,不需要追究刑事责任的时候,不予立案,并且将不立案的原因通知控告人。控告人如果不服,可以申请复议。

立案是侦查工作的开始,人民检察院对案件立案后,才能依法对犯罪嫌疑人采取各种侦查措施和适用强制措施。因此,立案决定书是人民检察院依法对案件进行侦查的依据。

**二、具体写作要求**

立案决定书为两联填充式文书,由首部、正文和尾部组成。

(一)第一联:存根

1. 首部

首部包括标题和文书编号。其中,标题包括文书制作机关名称和文书名称,即"××××人民检察院""立案决定书"。在文书名称下方,应当用括号标明存根字样。文书编号包括制作文书的人民检察院简称、人民检察院具体办案部门简称、文书名称简称、年度和案件编号,即"×检×立〔××××〕×号"。

2. 正文

正文部分是文书的核心内容,应当依次填写以下内容:一是案由。应当写明犯罪嫌疑人涉嫌的罪名。例如,贪污罪、受贿罪等。犯罪嫌疑人涉嫌数个罪名的,应当完整填写;二是犯罪嫌疑人的基本情况。包括姓名、性别、年龄、身份证号码、工作单位和住址、是否人大代表或政协委员。这部分内容,可以根据实际掌握的情况填写。

3. 尾部

尾部应当由批准人、承办人、填发人签名;写明填发时间。

(二)第二联:正本

1. 首部

首部包括标题和文书编号。其中,标题包括文书制作机关名称和文书名称,即"××××人民检察院""立案决定书"。文书编号包括制作文书的人民检察院简称、人民检察院具体办案部门简称、文书名称简称、年度和案件编号,即"×检×立〔××××〕×号"。

2. 正文

正文是文书的核心内容,应当依次写明以下内容:一是法律依据。对于犯罪嫌疑人涉嫌贪污贿赂犯罪,国家工作人员的渎职犯罪,国家机关工作人员利用职权实施的非法拘禁、刑讯逼供、报复陷害、非法搜查等侵犯公民人身权利的犯罪,以及侵犯公民民主权利的犯罪,应当引用《刑事诉讼法》第19条第2款、第109条、第112条的规定作为法律依据。二是决定事项。应当写明决定对案件立案侦查,即在引用法律条文后写明:"本院决定对犯罪嫌疑人×××涉嫌××一案立案侦查。"

3. 尾部

尾部包括检察长签名或盖章、写明制作文书的年月日、加盖人民检察院院印。

### 三、文书写作需要注意的问题

（1）立案决定书应当以案件为单位制作，一案两联文书。涉及共同犯罪的案件，应当填写全部犯罪嫌疑人的姓名。涉及以事立案的情况，不填写犯罪嫌疑人的姓名和基本情况。

（2）立案决定书第一联属于存根联，统一保存备查；第二联属于正本联，由制作文书的人民检察院附卷。

（3）在立案决定书的存根联中，涉及批准人，应当填写批准制作文书的有关负责人的姓名；涉及办案单位，应当填写办案单位或者部门的名称；涉及填发人，应当填写制作文书人的姓名；涉及填发时间，应当填写制作文书的时间。

（4）立案决定书两联文书之间的骑缝线上有本文书文号，应当按照文书中文书编号的填写方法予以填写。

（5）根据法律规定，人民检察院需要对人大代表、政协委员立案的，应当履行特别程序。因此，犯罪嫌疑人如果是人大代表或者政协委员的，涉及犯罪嫌疑人基本情况一栏中，对这一内容应当明确写明。

**参考格式**

立案决定书

## 第三节 批准逮捕决定书

### 一、概念和作用

批准逮捕决定书，是指人民检察院对公安机关提请逮捕犯罪嫌疑人的案件进行审查后，认为犯罪嫌疑人的行为符合法定的逮捕条件，依法决定批准逮捕犯罪嫌疑人时制作的法律文书。

我国《刑事诉讼法》第81条规定：对有证据证明有犯罪事实，可能判处徒刑以上刑罚的犯罪嫌疑人、被告人，采取取保候审尚不足以防止发生下列社会危害性的，应当予以逮捕：（1）可能实施新的犯罪的；（2）有危害国家安全、公共安全或者社会秩序的现实危险的；（3）可能毁灭、伪造证据、干扰证人作证或者串供的；（4）可能对被害人、举报人、控告人实施打击报复的；（5）企图自杀或者逃跑的……对有证据证明有犯罪事实，可能判处10年有期徒刑以上刑罚的，或者有证据证明有犯罪事实，可能判处徒刑以上刑罚，曾经故意犯罪或者身份不明的，应当予以逮捕。被取保候审、监视居住的犯罪嫌疑人、被告人违反取保候审、监视居住规定，情节严重的，可以予以逮捕。第91条第3款规定：人民检察院应当自接到公安机关提请批准逮捕书后的7日以内,作出批准逮捕或者不批准逮捕的决定。

批准逮捕决定书既是人民检察院批准逮捕犯罪嫌疑人的法律凭证,也是公安机关依法执行逮捕的法律依据。

**二、具体写作要求**

批准逮捕决定书为四联填空式文书,由首部、正文和尾部组成。

(一)第一联:存根

1. 首部

首部包括标题和文书编号。其中,标题包括文书制作机关名称和文书名称,即××××人民检察院、批准逮捕决定书。在文书名称下方,应当用括号标明存根字样。文书编号包括制作文书的人民检察院简称、人民检察院具体办案部门简称、文书名称简称、年度和案件编号,即"×检×批捕〔××××〕×号"。

2. 正文

正文是文书的核心内容,应当写明以下内容:一是案由。应写明犯罪嫌疑人涉嫌的罪名。二是犯罪嫌疑人基本情况。包括姓名、性别、年龄、工作单位、住址、身份证号码、是否为人大代表或政协委员。这部分内容,并不是要求每一项内容都必须填写完整、清楚,制作时可以根据具体案件的需要和实际掌握的情况填写。

3. 尾部

尾部应当写明送达机关名称;由批准人、承办人、填发人分别签名;填写填发时间。

(二)第二联:副本

1. 首部

首部包括标题和文书编号。其中,标题包括文书制作机关名称和文书名称,即××××人民检察院、批准逮捕决定书。在文书名称下方,应当用括号标明副本字样。文书编号包括制作文书的人民检察院简称、人民检察院具体办案部门简称、文书名称简称、年度和案件编号,即"×检×批捕〔××××〕×号"。

2. 正文

正文是文书的核心内容,应当依次填写以下内容:一是提请批准逮捕的侦查机关名称;二是侦查机关的简称;三是提请批准逮捕的时间,应当具体到年、月、日;四是提请批准逮捕书的文书编号;五是提请批准逮捕犯罪嫌疑人的姓名;六是犯罪嫌疑人涉嫌的罪名;七是批准逮捕的犯罪嫌疑人的姓名。

3. 尾部

尾部应当写明制作文书的年月日,并加盖人民检察院的院印。

(三)第三联:正本

1. 首部

首部包括标题和文书编号。其中,标题包括文书制作机关名称和文书名称,即××××人民检察院、批准逮捕决定书。文书编号包括制作文书的人民检察院简称、人民检察院具体办案部门简称、文书名称简称、年度和案件编号,即"×检×批捕〔××××〕×号"。

2. 正文

正文是文书的核心内容，应当依次填写以下内容：一是提请批准逮捕的侦查机关名称；二是侦查机关的简称；三是提请批准逮捕的时间，应当具体到年、月、日；四是提请批准逮捕书的文书编号；五是提请批准逮捕犯罪嫌疑人的姓名；六是犯罪嫌疑人涉嫌的罪名；七是批准逮捕的犯罪嫌疑人的姓名。

3. 尾部

尾部应当写明制作文书的年月日，并加盖人民检察院的院印。

（四）第四联：回执

1. 首部

首部主要应当写明标题。标题包括文书制作机关名称和文书名称，即××××人民检察院、批准逮捕决定书。在文书名称下方，应当用括号标明回执字样。

2. 正文

正文是文书的核心内容，应当依次填写以下内容：一是作出批准决定的人民检察院的名称；二是人民检察院作出批准逮捕决定书的文号；三是批准逮捕决定书的执行情况。

3. 尾部

尾部应当写明制作文书的年月日，并加盖制作本文书的执行机关的公章。

### 三、文书写作需要注意的问题

（1）批准逮捕决定书应当以被批准逮捕的人次为单位制作，即对于同一个犯罪嫌疑人，每一次批准逮捕时均应单独制作批准逮捕决定书。一次对多名犯罪嫌疑人批准逮捕的，应当对每一个犯罪嫌疑人均单独制作批准逮捕决定书。

（2）批准逮捕决定书共四联，第一联统一保存，第二联附卷，第三联送达侦查机关，第四联侦查机关退回后附卷。

（3）批准逮捕决定书四联文书之间的骑缝线上有本文书文号，应当按照文书中文书编号的填写方法予以填写。

（4）对因撤销原批准逮捕决定而释放的犯罪嫌疑人，或者逮捕后公安机关变更为取保候审、监视居住的犯罪嫌疑人，又发现需要执行逮捕的，人民检察院应当重新办理逮捕手续。

### 参考格式

**批准逮捕决定书**

# 第四节 起 诉 书

## 一、概念和作用

起诉书,是指人民检察院对公诉案件进行侦查或审查后,认为被告人的行为构成犯罪,依法应当追究刑事责任,代表国家对被告人提起公诉,将其交付审判时制作的法律文书。

我国《刑事诉讼法》第169条规定:凡需要提起公诉的案件,一律由人民检察院审查决定。第176条第1款规定:人民检察院认为犯罪嫌疑人的犯罪事实已经查清、证据确实、充分,依法应当追究刑事责任的,应当作出起诉决定,按照审判管辖的规定,向人民法院提起公诉,并将案卷材料、证据移送人民法院。最高人民检察院发布的《人民检察院刑事诉讼规则(试行)》第392条规定:人民检察院立案侦查时认为属于直接立案侦查的案件,在审查起诉阶段发现不属于人民检察院管辖,案件事实清楚、证据确实充分,符合起诉条件的,可以直接起诉;事实不清、证据不足的,应当及时移送有管辖权的机关处理。第393条第1款规定:人民检察院决定起诉的,应当制作起诉书。

起诉书是人民检察院代表国家将被告人交付人民法院审判的法律凭证,一经依法作出即具有法律效力。从人民检察院角度看,起诉书是检察机关派员出庭支持公诉,发表公诉意见,参加法庭调查,进行法庭辩论的基础。从人民法院角度看,起诉书引起第一审程序的刑事审判活动,是人民法院审理公诉案件的合法依据。从当事人的角度看,起诉书既是告知已将被告人交付审判的通知,也是公开指控被告人犯罪行为的法定文书。从辩护人角度看,起诉书是辩护人为被告人进行辩护的依据。因此,起诉书在刑事诉讼中具有重要的作用。

## 二、具体写作要求

起诉书属于叙述式文书,由首部、正文、尾部三部分组成。根据《文书格式样本》的规定,起诉书分为四种,即适用于普通程序案件的起诉书、适用简易程序案件的起诉书、适用单位犯罪案件起诉书、适用刑事附带民事诉讼案件的起诉书。本文主要介绍适用于普通程序案件的起诉书。

(一) 首部

首部包括标题、文书编号、被告人的基本情况、案由和案件来源。

1. 标题

应当写明人民检察院的名称和文书名称,即"××××人民检察院""起诉书"。叙写制作文书的人民检察院名称,需要注意以下两个问题:一是为体现起诉书的严肃性,人民检察院的名称应写全称,即除最高人民检察院外,各地方人民检察院的名称前应写明省、自治区、直辖市的名称;二是对涉外案件提起公诉时,各级人民检察院的名称前均应写明"中华人民共和国"的字样。

2. 文书编号

文书编号由制作起诉书的人民检察院名称的简称、办案部门简称、文书简称、年度和文书序号组成,即"×检×刑诉〔××××〕×号"。叙写文书编号需要注意以下两个问题:一是年度必须用4位数字表述;二是文书编号应当写在标题下方的最右端,上下各空一行。

3. 被告人的基本情况

被告人是自然人的,应当依次写明被告人的姓名、性别、出生年月日、出生地、身份证号码、民族、文化程度、职业、工作单位及职务、住址,是否受过刑事处罚;采取强制措施的情况及在押被告人关押处所。被告人是单位的,应当写明犯罪单位的名称、所在地址、法定代表人或代表的姓名、职务;如果还有应负刑事责任的"直接负责的主管人员或者其他直接责任人员",应当按上述被告人基本情况内容叙写。

叙写被告人的基本情况,主要需要注意以下几个问题:

(1) 被告人的姓名。应当使用户口簿、身份证等法定文件中使用的正式姓名。如果被告人有与案情有关的曾用名、别名、化名、网名或者绰号的,应当在其姓名后用括号注明。如果被告人是外国人的,应当在其中文姓名或者译名后,用括号注明其外文姓名。如果犯罪嫌疑人不讲真实姓名、住址,确实无法查明其身份,但犯罪事实清楚,证据确实、充分的,也可以按其自报的姓名起诉、审判。对自报姓名被告人起诉的,应当在起诉书中被告人自报姓名后用括号注明。

(2) 被告人的出生日期。一般应当以公历为准。除未成年人外,如果确实查不清出生日期的,也可以注明年龄。

(3) 身份证号码。对尚未办理身份证的,应当注明。例如,未成年人。

(4) 文化程度。应当写正规教育所达到的教育程度。例如,小学、初中、高中、大专、中专、大学等。不识字的,写为"文盲";略识一些字的,写为"初识字"。

(5) 职业、工作单位及职务。被告人在企事业单位、机关、团体工作的,应当写明具体工作单位和职务。制作文书时已经被免职的,应当在工作单位和职务前注明"原任";从事农业生产或个体经营的,写为"务农"或"从事个体经营";城镇无业者,写为"无业"。

(6) 被告人的住址。应当写被告人的经常居住地,被告人的经常居住地以户口簿登记中的住址为准。被告人的经常居住地与户籍所在地不一致时,应当在后面用括号注明其户籍所在地。对流窜犯,无固定住所的,户籍所在地、经常居住地不明的,写其暂住地或者自报的住址。住址应当尽量写得详细、具体、明确。农村的地址,应当写到自然村;城镇的地址,应当具体到门牌号;单位的地址,应当写主要机构所在地。如果被告人是外国人的,应当注明其国籍,除应当写明其合法身份证件上的姓名外,还应当同时写明汉语译名和国外居所。

(7) 被告人受刑事处罚的情况。如果被告人曾受过行政处罚、刑事处罚的,应在起诉书中写明。叙写行政处罚时,应当注明处罚的时间、种类、处罚单位;叙写刑事处罚时,应当注明处罚的时间、原因、种类、决定机关、释放时间。需要注意的是,涉及行政处罚内容的叙写,限于与定罪有关的情况。一般应当先写受到行政处罚的情况,再写受到刑事处罚的情况。

(8) 采取强制措施的情况。应当写明采取强制措施的原因、种类、批准或决定的机关、批准或决定的时间,执行机关、执行时间等。被采取过多种强制措施的,按照执行时间的先后分别写明,并写明前后变更的情况。

此外,需要注意的是,如果同案被告人有数人,应当按照先重犯,后轻犯或先主犯,后从犯、胁从犯的主从关系顺序排列,依次逐个写明被告人的基本情况。

### 4. 案由和案件的审查过程

这部分主要应当写明以下内容：一是写明侦查机关、案由和案件移送审查起诉的时间。对于侦查机关移送审查起诉后有变更情况的，也应当予以写明。二是写明告知情况。根据法律规定，人民检察院受理审查起诉案件后，应当在3日以内告知犯罪嫌疑人有权委托辩护人，告知被害人及其法定代理人或者近亲属、附带民事诉讼的当事人及其法定代理人有权委托诉讼代理人。起诉书应当写明上述依法告知的情况。三是写明办理审查起诉的简要情况，即写明依法讯问被告人、听取被害人及其诉讼代理人、辩护人意见的情况。如果没有被害人，或者找不到被害人，或者被害人不愿意陈述，或者由于被害人、被告人没有委托诉讼代理人和辩护人等原因，无法告知或者听取其意见的，也应当在起诉书中注明。四是其他情况。涉及两次退回补充侦查的，两次退回补充侦查的日期应分别表述，否则容易产生歧义。

具体写作示例如下：

(1) 同级公安机关移送审查起诉的案件。应写为：

本案由××××（侦查机关）侦查终结，以被告人×××（被告单位×××）涉嫌×××罪，于××××年××月××日向本院移送审查起诉。本院受理后，于××××年××月××日已告知被告人有权委托辩护人，××××年××月××日已告知被害人及其法定代理人（近亲属）有权委托诉讼代理人，依法讯问了被告人，听取了辩护人×××、被害人×××及其诉讼代理人×××的意见，审查了全部案件材料……（写明退回补充侦查、延长审查起诉期限等情况）。

(2) 对于侦查机关移送审查起诉需要变更管辖权的案件。应写为：

本案由××××（侦查机关）侦查终结，以被告人×××（被告单位×××）涉嫌×××罪，于××××年××月××日向××××人民检察院移送审查起诉。××××人民检察院于××××年××月××日转至（交由）本院审查起诉。本院受理后，于×××年××月××日已告知被告人有权……

(3) 对于本院侦查终结并移送审查起诉的案件。应写为：

被告人×××（被告单位×××）涉嫌×××罪一案，由本院侦查终结，于××××年××月××日移送审查起诉。本院于××××年××月××日已告知被告人有权……

(4) 对于其他人民检察院侦查终结需变更管辖权的案件。应写为：

本案由××××人民检察院侦查终结，以被告人×××（被告单位×××）涉嫌×××罪移送审查起诉，××××人民检察院××××年×月×日转至（交由）本院审查起诉。本院受理后，于××××年×月×日已告知被告人有权……

### (二) 正文

正文是文书的核心内容，包括案件事实、证据、起诉要求和根据。

### 1. 案件事实

案件事实，是指人民检察院根据法律规定，经过审查核实确认的事实，是指控犯罪的基础。这部分内容是起诉书撰写的重点，叙写时应以"经依法审查查明"引出查明的案件情况。

在具体叙写案件事实时,应当根据案件情况,围绕刑法规定的犯罪构成要件、犯罪特征,详细、具体、客观、准确地写明经检察机关审查认定被告人犯罪的事实,包括犯罪时间、地点、动机、目的、手段、经过、危害后果等与定罪量刑有关的事实要素。涉及单位犯罪的案件,在叙述案件事实时,应当突出犯罪主体特殊性的特点,写明单位犯罪构成要件的本质特征。例如,单位犯罪的决策活动、实施犯罪的过程、行为结果等。

叙写案件事实,需要注意以下几个问题:

(1) 对于起诉书指控的犯罪事实,无论是一人一罪、多人一罪,还是一人多罪、多人多罪,都必须逐一叙述。指控犯罪事实的必备要素应当叙写得完整、具体。涉及具体犯罪事实的叙写,应当做到层次分明、条理清晰、用语准确、重点突出、布局合理,既不能有所遗漏,也应当避免将没有证据、证据不足,或者与本案定罪量刑无关事实写入起诉书。

(2) 对于只有一名被告人的案件,被告人实施多次犯罪的,犯罪事实应当逐一叙写。被告人的行为触犯数个罪名的,犯罪事实应当按照主次顺序分别叙写。

(3) 对于共同犯罪的案件,应当先写明共同犯罪的事实,以及各被告人在共同犯罪中的地位、作用等,然后按照被告人的主次顺序,分别写明各被告人单独的犯罪事实。

(4) 对于作案多起且犯罪手段、危害后果大致相同的案件事实,可以先对相同的情节进行概括叙写,然后再逐一列举每起犯罪事实的具体时间、结果等情况,这样就不必详细叙述每一起犯罪事实的过程。

(5) 被告人犯罪后有自首情节的,在叙述清楚犯罪事实后,应当用简要的文字予以写明,包括被告人自首的时间、地点、受理自首的时间、自首过程、自首内容等。如果被告人有立功表现的,也应当一并写明。对于其他涉及对被告人处罚的从重、从轻、减轻以及免除处罚的犯罪情节,也应当在起诉书中叙写清楚。

(6) 对于涉及党和国家机密的案件,在叙写被告人的犯罪事实时,不能将机密的内容按原文抄录,应当尽量采用概括、归纳的方法叙写,目的是保守机密,防止泄漏。

此外,涉及共同犯罪案件,如果实施共同犯罪的被告人有一人或者数人在逃的,在起诉书中,涉及该人姓名时,应当用括号标明"另案处理"。涉及有伤风化的情节,叙写时应考虑社会影响,不做具体叙述。

2. 证据

在叙写清楚犯罪事实后,应当另起一段,以"认定上述事实的证据如下:"引出对证据的列举。在列举证据时,应当写明主要证据的名称、种类,但不必对证据与事实、证据与证据之间的关系进行具体的分析、论证。

列举证据时,主要需要注意以下两个问题:

(1) 在列举方法上,应当采取"一事一证"的方式,即在每一起案件事实后,概括写明主要证据的种类。对于有数个犯罪事实的,应当在每一起犯罪事实后,列举出相关的主要证据。

(2) 对于作案多起的一般刑事案件,如果案件事实是以先总后分的方式概括叙述的,证据的叙写,也可以采取"一罪一证"的方法,即在一种犯罪事实后,概括写明主要证据的种类,而不再指出认定每一起案件事实的证据。

3. 起诉要求和根据

这部分内容是起诉书的结论,由"本院认为"一语引起下文的论述。叙写这部分内容,应当做到准确、清楚。

(1) 起诉要求。应当概括说明被告人的行为特征、触犯的《刑法》条文和涉嫌的罪名。对于行为的特征,应当根据行为性质、危害程度、情节轻重,结合本案的特点和犯罪的构成要件,概括性的予以表述。涉及触犯的法律条文和涉嫌的罪名,叙写时,应当完整、准确、具体地引用法律条文,即在充分阐述起诉理由的基础上,指出被告人行为触犯的法律条款,以及构成的罪名。

根据文书格式的要求,这部分内容的具体表述方式如下:

本院认为,……(概括被告人行为的性质、危害程度、情节轻重),其行为触犯《中华人民共和国刑法》第××条(引用罪状、法定刑条款),犯罪事实清楚,证据确实、充分,应当以×××罪追究其刑事责任。

(2) 起诉根据。应当写明检察机关提起公诉的法律依据和决定事项。具体表述如下:

根据《中华人民共和国刑事诉讼法》第×××条的规定,提起公诉,请依法判处。

(三) 尾部

尾部包括致送法院名称、署名、写明日期并加盖院印、附注等。

1. 致送法院名称

应当写明"此致""××××人民法院"。

2. 署名

应当写明具体承办案件的公诉人的法律职务和姓名。法律职务应当写明检察长、副检察长、检察员、代理检察员等职务,姓名应当写在职务之后。

3. 写明日期并加盖院印

涉及日期,应当具体写明检察长签发起诉书的具体日期。之后,应当加盖制作文书的人民检察院院印。

4. 附注

对于附注事项的叙写,应当列明序号,主要应当写明以下几项内容:

(1) 被告人现在处所。具体包括在押被告人的羁押场所和监视居住、取保候审的处所等。

(2) 证据目录、证人名单和主要证据复印件,并注明数量。

(3) 有关涉案款物情况。

(4) 被害人(单位)附带民事诉讼情况。

(5) 其他需要附注的事项。

### 三、文书写作需要注意问题

(1) 被告人已经委托辩护人的,应当在起诉书中写明辩护人的基本情况,包括姓名、单位、通讯地址等。

(2) 起诉书在叙述犯罪事实时,涉及被害人个人隐私和声誉的,应当注意省略被害人的名字,保留姓氏。

(3) 在一份起诉书中,使用的数字应当前后一致。除文书编号、顺序号、年月日、机械型号、百分比和其他使用阿拉伯数字比较适宜者外,一般要求用汉字书写。引用法律条文时,涉及条、款、项的数字时,应当用汉字书写。

（4）在引用法律条文时，应当写明法律的全称，并用汉字写明法律条文号。在涉及法律条文具体内容引用时，应当按照条、款、项的顺序，准确、具体、完整地引用。

（5）起诉书一般应当一式八份，每增加一名被告人，增加起诉书五份。

**参考格式**

起诉书（自然人犯罪案件适用）

**参考范例**

××××人民检察院起诉书

# 第五节　不起诉决定书

## 一、概念和作用

不起诉决定书，是指人民检察院对公安机关侦查终结移送起诉的案件或者对自侦案件，认为不应当提交人民法院审判，在作出终止诉讼程序决定时，依法制作的法律文书。

我国《刑事诉讼法》第 175 条第 4 款规定：对于二次补充侦查的案件，人民检察院仍然认为证据不足，不符合起诉条件的，应当作出不起诉的决定。第 177 条第 1 款和第 2 款规定：犯罪嫌疑人没有犯罪事实，或者有本法第 16 条规定的情形之一的，人民检察院应当作出不起诉决定。对于犯罪情节轻微，依照刑法规定不需要判处刑罚或者免除刑罚的，人民检察院可以作出不起诉决定。

根据上述法律规定，人民检察院在审查起诉过程中，应当作出不起诉决定的情形，主要包括以下几种：一是绝对不起诉，即被告人没有犯罪事实，或者具有本法第 16 条规定的情形之一的，人民检察院应当作出不起诉决定。二是相对不起诉，即被告人犯罪情节轻微，依照刑法规定不需要判处刑罚或者免除刑罚的，人民检察院应当作出不起诉决定。三是存疑不起诉，即对于二次补充侦查的案件，人民检察院仍然认为证据不足，不符合起诉条件的，应当作出不起诉决定。

人民检察院对案件决定不起诉的，应当制作不起诉决定书。不起诉决定书是人民检察院作出不起诉决定的凭证,具有终止本案刑事诉讼,免于追究被不起诉人刑事责任的法律效力。不起诉决定书一经送达,被不起诉人被羁押的,应当立即释放。

**二、具体写作要求**

不起诉决定书为叙述式文书,由首部、正文和尾部组成。

(一)首部

首部包括标题、文书编号、被不起诉人的基本情况、辩护人的基本情况、案由和案件来源。

1. 标题

标题应当写明人民检察院名称和文书名称,即"××××人民检察院、不起诉决定书"。其中,人民检察院的名称应当写全称。

2. 文书编号

文书编号由制作不起诉决定书的人民检察院名称的简称、办案部门简称、文书简称、年度和文书序号组成,即应当写为:"×检×刑不诉〔××××〕×号"。

3. 被不起诉人的基本情况

叙写被不起诉人的基本情况,应当依次写明被不起诉人的姓名、性别、出生年月日、身份证号码、民族、文化程度、职业或工作单位及职务、住址,是否受过刑事处罚,采取强制措施的种类、时间、决定机关等。

叙写这部分内容,主要需要注意以下几个问题:

(1)涉及职业或工作单位及职务的叙写,如果案件系国家机关工作人员利用职权实施的犯罪,应当写明犯罪期间在何单位任何职。

(2)涉及住址的叙写,一般应写被不起诉人居住地,如果户籍所在地与暂住地不一致的,则应当写明户籍所在地和暂住地。

(3)如果被不起诉人是单位的,则应当写明单位名称、住所地等,并以"被不起诉单位",替代"被不起诉人"。

4. 辩护人的基本情况

主要应当写明辩护人的姓名和单位。

5. 案由和案件来源

涉及案由,应当写明移送审查起诉时或者侦查终结时认定的行为性质,而不是审查起诉部门认定的行为性质。涉及案件来源,应当写明移送审查起诉的时间和本院受理的具体时间。如果案件曾经退回补充侦查的,应当写明退回补充侦查的情况,包括退回补充侦查的日期、次数和再次移送的日期。其中,侦查机关主要包括公安机关、国家安全机关等依法享有侦查权的机关。

根据文书格式的规定,叙写这部分内容,主要应当注意以下两种写法:

(1)公安机关、安全机关等机关侦查终结移送的案件,应写为:

本案由×××(侦查机关名称)侦查终结,以被不起诉人×××涉嫌×××罪,于××××年××月××日移送本院审查起诉。

(2)本院自行侦查终结的案件,应写为:

被不起诉人×××涉嫌×××一案,由本院侦查终结,于××××年××月××日移送审查起诉或者不起诉。

需要注意的是,如果案件是其他人民检察院移送的,在这部分内容中,应当将指定管辖、移送单位以及移送时间等写清楚。如果案件曾经退回补充侦查,应当写明退回补充侦查的日期、次数以及再次移送审查起诉的时间。

(二)正文

正文是文书的核心内容,应当写明案件事实、不起诉的理由、法律依据和决定事项、告知事项。

1. 案件事实

案件事实,是指检察机关对被不起诉人作出不起诉决定依据的事实。由于不起诉决定书分为绝对不起诉、相对不起诉和存疑不起诉三种,因此涉及案件事实内容的叙写,应当根据决定不起诉的案件性质和特点,有针对性地进行叙写。

(1)绝对不起诉情形案件事实的叙写。涉及绝对不起诉的情形,叙写案件事实时,应当根据不同情况,有针对性地叙写。具体叙写方法如下:

一是如果被告人的行为情节显著轻微,危害不大,不认为是犯罪的,即被告人的行为符合《刑事诉讼法》第16条第1项规定的情形,决定不起诉的,应当先概括叙述侦查机关认定的犯罪事实,然后叙写检察机关审查认定的事实和证据。重点叙写情节显著轻微,危害不大的情形。

二是如果被告人的行为已经构成犯罪,应当追究刑事责任,但符合《刑事诉讼法》第16条第2项至第6项不予追究刑事责任的情形,决定不起诉的,应当依据法律规定,重点叙述符合法定不追究刑事责任的案件事实和证据。

三是如果被告人没有犯罪事实,即符合《刑事诉讼法》第177条第1款规定的情形,决定不起诉的,应当重点叙述不存在犯罪事实或者犯罪事实并非被不起诉人所为的情形。

(2)相对不起诉情形案件事实的叙写。对于犯罪情节轻微,依法不需要判处刑罚或者免除刑罚的,即符合《刑事诉讼法》第177条第2款规定,作出不起诉决定的,应当首先概括叙述案件事实,然后重点叙述被不起诉人依法不需要判处刑罚或者免除刑罚的事实和理由。同时,在叙述事实之后,还应当列写证实被不起诉人"犯罪情节轻微"的各项证据。

(3)存疑不起诉情形案件事实的叙写。对于二次补充侦查的案件,人民检察院仍然认为证据不足,不符合起诉条件的,即符合《刑事诉讼法》第175条第4款规定,作出不起诉决定的,应当首先概括写明侦查机关移送审查时认定的事实,然后简要写明经检察机关审查并退回补充侦查,仍然认为事实不清或者证据不足,不符合起诉条件的情况。

2. 不起诉的理由、法律依据和决定事项

根据文书格式的要求,这部分内容的叙写要求如下:

(1)绝对不起诉的,应当写为:

本院认为,×××(被不起诉人的姓名)的上述行为,情节显著轻微、危害不大,不构成犯罪。依照《中华人民共和国刑事诉讼法》第十六条第(一)项和第一百七十七条第一款的规定,决定对×××(被不起诉人的姓名)不起诉。

具体叙写这部分内容时,需要注意以下两个问题:

一是如果是根据《刑事诉讼法》第16条第2项至第6项规定,属于法定不追究刑事责任情形决定不起诉的,应当重点阐述不追究被起诉人刑事责任的理由及法律依据,然后写明不起诉的法律依据。

二是如果是根据《刑事诉讼法》第 177 条第 1 款的规定,即没有犯罪事实决定不起诉的,应当首先指出被不起诉人没有犯罪事实,然后写明不起诉的法律依据。

(2) 相对不起诉的,应当写为:

本院认为,×××实施了《中华人民共和国刑法》第××条规定的行为,但犯罪情节轻微,具有××情节(写明从轻、减轻或者免除刑事处罚具体情节的表现),根据《中华人民共和国刑法》第××条的规定,不需要判处刑罚(或者免除刑罚)。依据《中华人民共和国刑事诉讼法》第一百七十七条第二款的规定,决定对×××(被不起诉人的姓名)不起诉。

(3) 存疑不起诉的,应当写为:

×××(侦查机关名称)移送审查起诉认定……(概括叙述侦查机关认定的事实)经本院审查并退回补充侦查,本院仍然认为×××(侦查机关名称)认定的犯罪事实不清、证据不足(或本案证据不足),不符合起诉条件。依照《中华人民共和国刑事诉讼法》第一百七十五条第四款的规定,决定对×××(被不起诉人的姓名)不起诉。

如果系检察机关直接受理的案件,应当写为:

本案经本院侦查终结后,在审查起诉期间,经两次补充侦查,本院仍然认为本案证据不足,不符合起诉条件。依照《中华人民共和国刑事诉讼法》第一百七十五条第四款的规定,决定对×××(被不起诉人的姓名)不起诉。

3. 告知事项

我国《刑事诉讼法》第 181 条规定:对于人民检察院依照本法第 177 条第 2 款规定作出的不起诉决定,被不起诉人如果不服,可以自收到决定书后 7 日以内向人民检察院申诉。人民检察院应当作出复查决定,通知被不起诉的人,同时抄送公安机关。第 180 条规定:对于有被害人的案件,决定不起诉的,人民检察院应当将不起诉决定书送达被害人。被害人如果不服,可以自收到决定书后 7 日以内向上一级人民检察院申诉,请求提起公诉。人民检察院应当将复查决定告知被害人。对人民检察院维持不起诉决定的,被害人可以向人民法院起诉。被害人也可以不经申诉,直接向人民法院起诉。人民法院受理案件后,人民检察院应当将有关案件材料移送人民法院。

根据上述法律规定,制作不起诉决定书,应当写明向被不起诉人和被害人的告知事项。叙写这部分内容,具体表述方式如下:

一是对被不起诉人的告知事项,表述为:

被不起诉人如不服本决定,可以自收到本决定书后七日内向本院申诉。

二是对被害人的告知事项,表述为:

被害人如不服本决定,可以自收到本决定书后七日以内向×××人民检察院申诉,请求提起公诉;也可以不经申诉,直接向×××人民法院提起自诉。

(三) 尾部

尾部包括署名、写明日期和加盖院印。

1. 署名

应当写明制作不起诉决定书的人民检察院名称。

2. 写明日期

应当写明人民检察院签发不起诉决定书的日期。

3. 加盖院印

### 三、文书写作需要注意的问题

（1）不起诉决定书以被不起诉人或者被不起诉单位为单位制作，每一被不起诉人或被不起诉单位制作一份不起诉决定书。

（2）不起诉决定书有正本、副本之分，其中正本一份归入正卷，副本发送被不起诉人、辩护人及其所在单位、被害人或者其近亲属及其诉讼代理人、侦查机关（部门）。

（3）对于人民检察院决定不起诉的案件，如果在侦查过程中对有关财物采取了查封、扣押、冻结措施的，应予解除。对于公安等侦查机关移送审查起诉的案件，人民检察院应当及时将不起诉决定书送达侦查机关，由其解除扣押、冻结。

（4）人民检察院在作出不起诉决定时，如果认为应对被不起诉人给予行政处罚、行政处分或者需要没收其违法所得的，应当提出检察意见，连同不起诉决定书一并移送有关主管机关处理，并要求有关主管机关及时通报处理情况。

**参考格式**

不起诉决定书

**参考范例**

××××人民检察院不起诉决定书

## 第六节　公诉意见书

### 一、概念和作用

公诉意见书,是指在刑事诉讼中,针对第一审公诉案件,人民检察院指派公诉人出席法庭,在法庭调查结束后,就案件的事实、证据、适用法律等问题集中发表意见时制作的法律文书。

我国《刑事诉讼法》第189条规定:人民法院审判公诉案件,人民检察院应当派员出席法庭支持公诉。第198条第1款、第2款规定:法庭审理过程中,对与定罪、量刑有关的事实、证据都应当进行调查、辩论。经审判长许可,公诉人、当事人和辩护人、诉讼代理人可以对证据和案件情况发表意见并且可以互相辩论。第204条第2项规定:在法庭审判过程中,检察人员发现提起公诉的案件需要补充侦查,提出建议的,可以延期审理。第209条规定:人民检察院发现人民法院审理案件违反法律规定的诉讼程序,有权向人民法院提出纠正意见。

对刑事公诉案件出庭支持公诉,是人民检察院的法定职责。为了保证出庭支持公诉取得良好的效果,在出庭前,公诉人通常需要通过阅读卷宗等对案件情况进行分析研究,事先制作出公诉意见书的草稿,并在法庭审理中根据法庭调查的情况进行必要的修改。公诉意见书的作用主要体现在以下几个方面:一是公诉人在法庭上发表公诉意见,是法庭审理公诉案件的必备内容,公诉意见书是记载公诉意见的文字载体。二是公诉意见是公诉人对起诉书中指控被告人罪行、证据和适用法律等重要问题,进行的进一步阐发和论证。三是公诉人发表公诉意见,是法庭听取公诉人对法庭调查事实的认定、如何定罪量刑等结论性意见的重要方式。四是公诉人发表公诉意见,对旁听群众会产生法制宣传教育的作用。

### 二、具体写作要求

公诉意见书为文字叙述式文书,由首部、正文和尾部组成。

（一）首部

首部包括标题、被告人姓名、案由、起诉书编号、法庭审判人员称谓。

1. 标题

标题应当写明人民检察院的名称和文书的名称,即写为:"××××人民检察院、公诉意见书"。其中,人民检察院的名称应当写全称。由于公诉意见书是用于在法庭上当庭发表的公诉意见,因此无需叙写文书编号。

2. 被告人姓名

应当写明起诉书中指控的被告人的姓名。如果被告人是单位的,应当写明单位的名称。

3. 案由

应当写明被告人涉嫌的罪名。

4. 起诉书编号

应当写为:"×检×刑诉〔××××〕×号"。

5. 法庭审判人员称谓

法庭审判人员的称谓,应当根据合议庭组成人员的具体情况写明。通常写为:"审判长、审判员"或"审判长、人民陪审员"。

(二)正文

正文是文书的核心内容,应当写明出庭任务及法律依据、具体意见和总结性意见。

1. 出庭任务及法律根据

主要应当写明检察人员出席法庭支持公诉的法律依据,在法庭上的身份、职责。根据文书格式内容的要求,这部分内容具体表述如下:

> 根据《中华人民共和国刑事诉讼法》第一百八十九条、第一百九十八条、第二百零四条和第二百零九条的规定,我(们)受××××人民检察院的指派,代表本院,以国家公诉人的身份,出席法庭支持公诉,并依法对刑事诉讼实行法律监督。现对本案证据和案件情况发表如下意见,请法庭注意。

2. 具体意见

具体意见是公诉意见书的核心内容,具体适用时,应当根据案件的具体情况,重点从以下三个方面加以阐述:

(1)根据法庭调查的情况,概述法庭质证的情况、各证据的证明作用,并运用各证据之间的逻辑关系证明被告人的犯罪事实清楚,证据确实充分。

(2)根据被告人的犯罪事实,论证应适用的法律条款,并提出定罪及从重、从轻、减轻处罚等意见。

(3)根据庭审情况,在揭露被告人犯罪行为的社会危害性的基础上,作必要的法制宣传和教育工作。

3. 结论

在论证部分结束后,应当归纳概括阐明人民检察院对本案被告人依法定罪量刑的意见。这部分内容,具体可以表述为:

> 综上所述,起诉书认定本案被告人×××的犯罪事实清楚,证据确实、充分,依法应当认定被告人有罪,并应(从重、从轻、减轻)处罚。

(三)尾部

尾部应当写明公诉人的姓名、写明时间、注明当庭发表。

**三、文书写作需要注意的问题**

(1)在发表公诉意见时,对可能出现争议的问题,应当重点进行论述。例如,涉及犯罪事实认定、定性、情节等问题。

(2)发表公诉意见,应当以法律作为依据。对被告人需要从重处罚的,应当详细、具体地分析被告人犯罪行为的社会危害性,阐明从重处罚的理由和法律依据。对被告人可以从轻或者减轻处罚的,也应当具体分析从轻或者减轻处罚的理由和法律依据。

（3）对未成年人犯罪的案件，或者某些有法制宣传教育意义的案件，应当重点剖析犯罪原因、思想和社会根源，有关单位疏于防范的漏洞等，以便通过公诉意见的发表，起到法制宣传教育的作用。

（4）公诉意见书是对起诉书内容的补充，公诉人应当围绕起诉书的内容，有针对性地发表公诉意见。

**参考格式**

××××人民检察院公诉意见书

**参考范例**

××××人民检察院公诉意见书

# 第七节　刑事抗诉书

## 一、概念和作用

刑事抗诉书，是指人民检察院对人民法院确有错误的刑事判决或裁定，依法提出抗诉时制作的法律文书。

我国《刑事诉讼法》第 228 条规定：地方各级人民检察院认为本级人民法院第一审的判决、裁定确有错误的时候，应当向上一级人民法院提出抗诉。第 254 条规定：各级人民法院院长对本院已经发生法律效力的判决和裁定，如果发现在认定事实上或者在适用法律上确有错误，必须提交审判委员会处理。最高人民法院对各级人民法院已经发生法律效力的判决和裁定，上级人民法院对下级人民法院已经发生法律效力的判决和裁定，如果发现确有错误，有权提审或者指令下级人民法院再审。最高人民检察院对各级人民法院已经发生法律效力的判决和裁定，上级人民检察院对下级人民法院已经发生法律效力的判决和裁定，如果发现确有错误，有权按照审判监督程序向同级人民法院提出抗诉。人民检察院抗诉的案件，接受抗诉的人民法院应当组成合议庭重新审理，对于原判决事实不清楚或者证据不足的，可以指令下级人民法院再审。

根据上述法律规定,刑事抗诉分为二审程序的抗诉和审判监督程序的抗诉两种。人民检察院无论按哪种程序提出抗诉,都应当制作抗诉书,送达人民法院。由此可见,抗诉是国家法律赋予人民检察院的职责,是人民检察院对人民法院的审判工作进行监督的重要手段。抗诉书的作用主要体现在以下几个方面:一是抗诉书是人民检察院行使审判监督职权的重要工具。二是向人民法院送达抗诉书,是人民检察院行使抗诉权的法定方式,可以引起第二审审判程序或者再审审判程序的发生。三是人民检察院通过制作抗诉书、行使抗诉权引起抗诉审程序,可以有效地纠正人民法院确有错误的判决或者裁定,惩罚犯罪,保护公民的合法权益,保证法律的正确实施。

**二、具体写作要求**

(一) 第二审程序适用的刑事抗诉书

第二审程序适用的刑事抗诉书由首部、正文和尾部组成。

1. 首部

首部包括标题和文书编号。

(1) 标题。标题应当写明制作抗诉书的人民检察院的名称和文书的名称,即写为:"×××人民检察院、刑事抗诉书"。其中,人民检察院名称应当写全称;如果是涉外案件,人民检察院名称前还应当冠以"中华人民共和国"字样。

(2) 文书编号。文书编号由制作刑事抗诉书的人民检察院名称的简称、办案部门简称、文书简称、年度和文书序号组成,即应写为:"×检×诉刑抗〔××××〕×号"。

2. 正文

正文是文书的核心内容,包括原判决、裁定的情况、审查意见、抗诉理由、结论性意见、法律根据、决定和请求事项。

(1) 原判决、裁定的情况、审查意见。主要应当简单写明原审人民法院名称、文书名称和案号、被告人姓名、案由、判决或裁定的结果,以及本院审查后的意见等。根据文书格式的要求,具体表述如下:

×××人民法院以×号刑事判决(裁定)书对被告人×××(姓名)××(案由)一案判决(裁定)……(写明判决、裁定结果)。本院依法审查后认为(如果是被害人及其法定代理人不服地方各级人民法院第一审的判决而请求人民检察院提出抗诉的,应当写明这一程序,然后再写'本院依法审查后认为'),该判决(裁定)确有错误(包括认定事实有误、适用法律不当、审判程序严重违法),理由如下:

叙写这部分内容需要注意以下两个问题:一是对于案由,如果人民检察院与人民法院认定的罪名不一致,应当分别表述清楚。二是如果侦查、起诉、审判阶段没有超越办案期限等不法现象,则不必写明公安机关、人民检察院和人民法院的办案经过,只需简单说明人民法院的判决、裁定情况(结果)即可。三是对于审查意见,叙写应当简明扼要,观点鲜明,语言简练,即明确地指出判决、裁定的错误所在,向第二审人民法院明示检察机关抗诉的重点。

(2) 抗诉理由。抗诉理由是抗诉书的核心内容,是证明抗诉意见正确性的论据和基础,应根据案件的不同情况,从认定事实错误、适用法律错误或不当、审判程序违法等几个方面进行阐述,指出一审判决或者裁定的错误所在,论证检察机关抗诉意见的正确性。具体论述内容如下：

一是针对原审判决或裁定认定事实的错误阐述抗诉理由。如果原审人民法院认定案件事实有错误，应当针对原审裁判的错误之处，提出纠正意见。认定事实的错误主要包括：应予认定的事实未认定、认定的事实有出入等。对于被告人有多起犯罪事实，检察机关和人民法院对犯罪事实的认定有争议的抗诉案件，只叙述原判决、裁定认定事实的不当部分，对人民法院认定案件事实没有错误的，可以简要表述为"对……事实的认定无异议"即可，即应当将检察机关与人民法院争议的案件事实作为论述的重点，有针对性地进行论述。对于共同犯罪的案件，只针对原判决或裁定漏定或者错定的部分被告人的犯罪事实进行重点论述，对其他被告人的犯罪事实可简单论述或者不论述。同时需要注意，在论述案件事实时，应当有针对性地列举证据，并说明证据的内容要点及其与犯罪事实的联系。

二是针对原审判决或裁定适用法律的错误阐述抗诉理由。如果原审判决或裁定在适用法律方面存在错误，包括区分罪与非罪的错误、将此罪认定为彼罪的错误、不处罚或者处罚不当等。应当针对犯罪行为的本质特征，论述应当如何认定行为的性质，以正确适用法律。如果原审判决或裁定是由于认定事实存在错误，导致适用法律错误的，应当先写明检察机关查明认定的案件事实和证据，并指出原审判决或裁定适用法律的错误，然后阐明应当如何正确适用法律。

三是针对原审判决或裁定量刑错误或不当阐述抗诉意见。如果原审判决或裁定在量刑方面存在错误或不当，具体包括罪刑不相适应、刑罚畸轻畸重、不当适用缓刑等，应当针对量刑不当阐述抗诉理由。如果原审判决仅是量刑不当，不存在其他的错误，应当着重阐述量刑不当的原因及理由。如果原审判决在认定事实、定性和确定罪名等方面不存在问题，只是量刑畸轻畸重，应当着重从犯罪情节、社会危害性等影响量刑的诸多方面进行分析论述，指出原审判决量刑上的错误，提出准确量刑的抗诉意见。如果原审判决由于认定事实存在错误，导致适用法律错误，进而导致量刑错误或者不当的，应当在阐明案件事实、证据的基础上，论证准确适用法律的意见，并提出正确的量刑建议。

四是针对原审判决或裁定审判程序严重违法的错误阐述抗诉意见。如果人民法院在审判程序上严重违法，将会影响判决或裁定的公正性。在这种情况下，首先应当根据我国《刑事诉讼法》及相关司法解释的规定，论述原审人民法院违反法定诉讼程序的事实情况，然后具体阐明影响公正判决的现实表现或可能性，最后阐明法律规定的正确诉讼程序应当如何运用。

此外，需要注意的是，在具体写作方法上，可以采用以下几种论述方式：一是分段列举，即在写明审查意见后，将抗诉理由按照论点、论据，加序号分几个自然段论述。这种论述方法的特点是：论点明确，论述清楚，条理性强，主要适用于抗诉理由论点较多的案件。二是综合分析，即将抗诉理由分层次地在一个自然段内论述。这种论述方法的特点是：结构紧凑，论点概括集中，主要适用于抗诉理由比较集中，论点较少的案件。三是分人论述，即在同时有几个被告人的抗诉案件中，针对每个被告人的具体情况，参照上述方法，分别论述对各个被告人判决的抗诉理由。这种论述方法的特点是：各被告人的情况与抗诉的理由联系紧密，针对性强，主要适用于抗诉理由各不相同的两名以上被告人的抗诉案件。

（3）结论性意见、法律根据、决定和请求事项。在论述抗诉理由后，应当以抗诉理由作为基础，针对原审判决或裁定的错误，阐述抗诉机关认定的关于被告人的行为性质、危害程度、罪名、量刑等意见，对全文作出概括性的结论。这部分内容的叙写，应当高度概括，简洁

明确。具体表述内容如下:

  综上所述……(概括上述理由),为维护司法公正,准确惩治犯罪,依照《中华人民共和国刑事诉讼法》第二百二十八条的规定,特提出抗诉,请依法判处。

3. 尾部

尾部包括致送人民法院名称、人民检察院署名、写明日期、盖章和附项等。

(1) 致送人民法院名称。应写为:"此致""×××人民法院"。

(2) 人民检察院署名。应写明提出抗诉的人民检察院名称。

(3) 写明日期。应当写明文书制作的年月日。

(4) 盖章。加盖人民检察院院印。

(5) 附项。写明被告人现羁押于×××(或者现住×××);写明新的证人名单或者证据目录。

(二) 审判监督程序适用的刑事抗诉书

审判监督程序适用的刑事抗诉书由首部、正文和尾部组成。

1. 首部

首部包括标题、文书编号、原审被告人的基本情况。

(1) 标题。标题应当写明制作抗诉书的人民检察院的名称和文书的名称,即写为:"××××人民检察院、刑事抗诉书"。其中,人民检察院名称应当写全称;如果是涉外案件,人民检察院名称前还应当冠以"中华人民共和国"字样。

(2) 文书编号。文书编号由制作刑事抗诉书的人民检察院名称的简称、办案部门简称、文书简称、年度和文书序号组成,即应写为:"×检×诉刑抗〔××××〕×号"。

(3) 原审被告人的基本情况。应当写明原审被告人的姓名、性别、出生年月日、身份证号、民族、出生地、职业、单位及职务、住址、服刑情况、刑满释放或者假释的具体日期等。有数名被告人的,依犯罪事实情节由重至轻的顺序分别列出。

2. 正文

正文是文书的核心内容,包括诉讼过程、生效判决或裁定情况,对生效判决或裁定的审查意见,抗诉理由,结论性意见,法律依据,决定和请求事项。

(1) 诉讼过程、生效判决或裁定情况。由于依照审判监督程序抗诉的案件,可能是已经生效的一审判决或者裁定,也可能是终审判决或者裁定,所以涉及诉讼过程、生效判决或裁定的情况,应当根据案件实际情况,有针对性地进行叙写。如果抗诉对象是一审生效的判决或裁定,不仅应当写明一审判决或裁定的主要内容,还要写明一审判决或裁定的生效时间。如果抗诉对象是终审的判决或者裁定,应当分别写明一审和二审判决或者裁定的主要内容。如果是被告人及其法定代理人不服地方各级人民法院的生效判决、裁定,请求人民检察院提出抗诉的,也应当写明此过程。根据文书格式的规定,这部分内容的表述如下:

  ××××人民法院以××号刑事判决书(裁定书)对被告人×××(姓名)××(案由)一案判决(裁定)……(写明生效的一审判决、裁定或者一审及二审判决、裁定情况)经依法审查(如果是被告人及其法定代理人不服地方各级人民法院生效判决、裁定而请求人民检察院提出抗诉的,或者有关人民检察院提请抗诉的,应当写明这一程序,然后再写"经依法审查"),本案的事实如下:

（2）对生效判决或裁定的审查意见。审查意见部分内容是检察机关对原审判决或者裁定的审查意见，要明确指出原审判决或者裁定的错误所在。具体叙写时，应当概括叙述检察机关认定的事实、情节。要根据具体案件事实、证据情况，围绕《刑法》规定该罪的构成要件，特别是争议的问题，简明扼要地加以叙述。一般应当具备时间、地点、动机、目的、关键行为情节、数额、危害后果、作案后表现等有关定罪情节要素。如果一案中涉及数罪，各罪又有数次作案的，应当依由重至轻的顺序或者按照行为发生时间的先后顺序进行叙写。对于原审判决、裁定认定的事实或者新发现的事实、证据，应重点加以介绍。

（3）抗诉理由。抗诉理由是抗诉书的核心内容，是证明抗诉意见正确性的论据和基础，应根据案件的不同情况，从认定事实错误、适用法律错误或不当、审判程序违法等几个方面进行阐述，指出法院判决或者裁定的错误所在，论证检察机关抗诉意见的正确性。具体论述内容如下：

一是如果人民法院认定案件事实确有错误，应当针对原审裁判的错误之处，提出纠正意见，强调抗诉的针对性。对于被告人有多起犯罪事实，检察机关和人民法院对犯罪事实的认定有争议的抗诉案件，只叙述原审判决、裁定认定事实的不当部分，对人民法院认定案件事实没有错误的，可以简要表述为"对……事实的认定无异议"即可。要提出检、法两机关争议的重点，体现抗诉的针对性。对于共同犯罪的案件，只针对原判决或裁定漏定或者错定的部分被告人的犯罪事实进行重点论述，对其他被告人的犯罪事实可简单论述或者不论述。在证据方面，应当在论述事实时有针对性地列举证据，以说明证据的内容要点及其与犯罪事实的联系。

二是如果原审判决或裁定在适用法律方面存在错误，应当针对犯罪行为的本质特征，论述应当如何认定行为的性质，以正确适用法律。在具体论述时，应当注意从罪状、量刑情节等方面分别加以论述。

三是如果人民法院在审判程序上严重违法，将会影响判决或裁定的公正性。在这种情况下，首先应当根据我国《刑事诉讼法》及相关司法解释的规定，逐一论述原审人民法院违反法定诉讼程序的事实情况，然后具体阐明影响公正裁判的现实后果或者可能性，最后阐明法律规定的正确诉讼程序。

（4）结论性意见、法律依据、决定和请求事项。具体表述内容如下：

综上所述……（概括上述理由），为维护司法公正，准确惩治犯罪，依照《中华人民共和国刑事诉讼法》第二百五十四条第三款的规定，对××××法院××号刑事判决（裁定）书，提出抗诉，请依法判处。

3. 尾部

尾部包括致送人民法院名称、人民检察院署名、写明日期、盖章和附项等。

（1）致送人民法院名称。应写为："此致""××××人民法院"。

（2）人民检察院署名。应写明提出抗诉的人民检察院名称。

（3）写明日期。应当写明文书制作的年月日。

（4）盖章。加盖人民检察院院印。

（5）附项。写明被告人现服刑于×××（或者现住×××）；写明新的证人名单或者证据目录。

### 三、文书写作需要注意的问题

（1）抗诉书以案件或被告人为单位制作。

（2）刑事抗诉书中不能追诉起诉书中没有指控的犯罪事实。

（3）根据我国《刑事诉讼法》的规定，按照审判监督程序提出抗诉的，最高人民检察院应当向最高人民法院提出抗诉；作出生效判决或者裁定的人民法院的上一级人民检察院应向同级人民法院提出。因此，审判监督程序抗诉书的尾部，受理抗诉的人民法院应当写同级人民法院名称。

**参考格式**

刑事抗诉书

**参考范例**

××省××市人民检察院刑事抗诉书

## 第八节　纠正审理违法意见书

### 一、概念和作用

纠正审理违法意见书，是指人民检察院在审判活动监督中，发现人民法院或者审判人员审理案件违反法律规定的诉讼程序，向人民法院提出纠正意见时依法制作的法律文书。

我国《刑事诉讼法》第 7 条规定：人民法院、人民检察院和公安机关进行刑事诉讼，应当分工负责，互相配合，互相制约，以保证准确有效地执行法律。第 8 条规定：人民检察院依法对刑事诉讼实行法律监督。第 209 条规定：人民检察院发现人民法院审理案件违反法律规定的诉讼程序，有权向人民法院提出纠正意见。

根据法律规定，如果人民法院在审理刑事案件过程中，存在违反法律规定的诉讼程序情形，不论违法行为是否已经实际影响到了案件审理的结果，人民检察院都应当依法提出纠正意见。纠正审理违法意见书是人民检察院依法提出纠正意见的工具，也是人民法院纠正错误的依据。

**二、具体写作要求**

纠正审理违法意见书属于叙述式文书,由首部、正文和尾部组成。

(一)首部

首部包括标题和文书编号。

1. 标题

标题应当写明制作纠正审理违法意见书的人民检察院的名称和文书的名称,即写为:"××××人民检察院、纠正审理违法意见书"。其中,人民检察院名称应当写全称。

2. 文书编号

文书编号由制作纠正审理违法意见书的人民检察院名称的简称、办案部门简称、文书简称、年度和文书序号组成,即应写为:"×检×纠审〔××××〕×号"。

(二)正文

正文是文书的核心内容,包括发往单位、在审理中发现违法的情况、认定违法的事实和证据、认定违法的理由和法律依据、提出纠正意见。

1. 发往单位

发往单位,指主送达人民法院全称。因此,这部分内容,应当写明主送人民法院的全称。

2. 在审理中发现违法的情况

一般可表述为:"本院在审判活动监督中发现……",以此为提出纠正意见提供立论依据,并引起下文内容。

根据法律规定,审判监督活动主要发现和纠正以下违法行为,即人民法院对刑事案件的受理违反管辖规定的;人民法院审理案件违反法定审理和送达期限的;法庭组成人员不符合法律规定,或者违反规定应当回避而不回避的;法庭审理案件违反法定程序的;侵犯当事人和其他诉讼参与人的诉讼权利和其他合法权利的;法庭审理时对有关程序问题所作的决定违反法律规定的;二审法院违反法律规定裁定发回重审的;故意毁弃、篡改、隐匿、伪造、偷换证据或者其他诉讼材料,或者依据未经法定程序调查、质证的证据定案的;依法应当调查收集相关证据而不收集的;徇私枉法,故意违背事实和法律作枉法裁判的;收受、索取当事人及其近亲属或者其委托的律师等人财物或者其他利益的;违反法律规定采取强制措施或者采取强制措施法定期限届满,不予释放、解除或者变更的;应当退还取保候审保证金不退还的;对与案件无关的财物采取查封、扣押、冻结措施,或者应当解除查封、扣押、冻结不解除的;贪污、挪用、私分、调换、违反规定使用查封、扣押、冻结的财物及其孳息的;其他违反法律规定的审理程序的行为。

3. 认定违法的事实和证据

一般应当写明何单位、何人于何时、在处理什么案件时发现何种性质的违法情况。违法事实是提出纠正意见的事实依据,叙述应当详细、具体、准确、客观、实事求是。必要时,还应当辅以证据,加以说明和证实。如果违法行为已经造成不良后果,还应当如实叙明不良后果的情况。

4. 认定违法的理由和法律依据

认定人民法院在案件审理中存在违反法律规定诉讼程序的事实,首先应当对违法的事实及其性质加以分析概括,然后根据法律规定的要求,写明认定其违法的理由,并引用刑事诉讼法的相应条款作为法律依据。

5. 提出纠正意见

纠正意见，是纠正审理违法意见书的核心内容，一般应包括人民检察院据以提出纠正意见的法律根据和纠正违法的具体意见。涉及法律根据，应引用《刑事诉讼法》第 209 条的法律规定。在提出具体纠正审理违法意见后，可以向受文的人民法院提出具体的要求事项。例如，"请将纠正情况在 10 日内告知我院"等。

（三）尾部

尾部包括发文日期和加盖印章。

1. 发文日期

应当填写发出纠正审理违法意见书的年月日。

2. 加盖印章

在年、月、日上，应当加盖人民检察院院印。

### 三、文书写作需要注意的问题

（1）制作纠正审理违法意见书应当一式两份，正本送达人民法院，副本存卷。如果需要同时上报，可相应增加副本份数送达备案。

（2）向人民法院提出纠正违法意见，不能由检察人员以个人身份提出，只能由人民检察院作为检察机关提出。

（3）出席法庭的检察人员发现法庭审判违反法律规定的诉讼程序，应当在休庭后及时向检察长报告。人民检察院对违反程序的庭审活动提出纠正意见，应当由人民检察院在庭审后提出。

（4）审判活动监督由公诉部门和刑事申诉检察部门承办，对于人民法院审理案件违反法定期限的，由监所检察部门承办。人民检察院可以通过调查、审阅案卷、受理申诉、控告等活动，监督审判活动是否合法。

（5）纠正审理违法意见书一经发出，便具有法律效力，人民法院必须根据要求，纠正违法情况。

（6）纠正审理违法意见书在向人民法院发出以后，人民检察院应当根据人民法院的回复监督落实情况；没有回复的，应当督促人民法院回复，使纠正审理违法意见书真正发挥作用，切实履行法律赋予人民检察院的法律监督职能。

### 参考格式

××××人民检察院纠正审理违法意见书

**参考范例**

×× 市 ×× 区人民检察院纠正审理违法意见书

**思考题**

1. 简述人民检察院法律文书的概念和作用。
2. 简述立案决定书的概念和作用。
3. 简述起诉书的概念和作用。
4. 起诉书的正文部分需要写清哪些内容?
5. 不起诉决定书中的案件事实,应当针对哪几种情况叙述?
6. 公诉意见书的正文部分需要写明哪些内容?
7. 第二审程序适用的刑事抗诉书,抗诉理由应当从哪几方面展开论证?
8. 简述纠正审理违法意见书的概念和作用。

# 第四章

# 人民法院刑事裁判文书

**【学习目的与要求】** 通过本章学习,要求学习者在了解人民法院刑事裁判文书的概念、作用和分类的基础上,具体了解和掌握几种常用文书的概念、作用、具体写作要求、文书写作需要注意的问题,并能达到结合司法实践,能写会用的要求。

## 第一节 概 述

### 一、人民法院刑事裁判文书的概念和作用

人民法院刑事裁判文书,是指人民法院在刑事诉讼中,针对刑事案件的实体问题和程序问题,依法制作的具有法律效力或者法律意义的法律文书。

自1993年1月1日以来,人民法院的刑事裁判文书都是按照最高人民法院制定的《法院诉讼文书样式(试行)》制作。随着我国《刑法》《刑事诉讼法》的修改完善,1999年4月6日,最高人民法院审判委员会第1051次会议讨论通过了《法院诉讼文书样式(样本)》,自1999年7月1日开始施行。这是最高人民法院为全面执行《刑法》《刑事诉讼法》,大力推进控辩式审理方式,加快裁判文书的改革步伐,使裁判文书成为司法公正载体,采取的重要措施,对于从总体上提高裁判文书的质量,具有重要的意义。《法院诉讼文书样式(样本)》包括文书9类164种。其中,裁判文书类45种;决定、命令、布告类文书24种;报告类19种;笔录类13种;证票类5种;书函类16种;通知类27种;其他类8种;书状类7种。为了正确理解和执行文书样式,2001年6月15日,最高人民法院办公厅发文对实施《法院诉讼文书样式(样本)》若干问题进行了解答。

刑事裁判文书是人民法院依法行使审判权,对刑事案件进行审理并作出判决的最终文字载体,是人民法院严格依法办案,正确适用刑事法律,保护人民、惩罚犯罪的有力武器,也是宣传法制、教育公民遵守法律的生动教材。

### 二、人民法院刑事裁判文书的特点和分类

人民法院刑事裁判文书主要具有以下特点:

(1)制作主体的特定性。刑事裁判文书是人民法院具体实施法律的重要文字载体。根据我国法律规定,只有人民法院有权行使审判权,依据事实,适用法律,对案件作出裁决。因此,刑事裁判文书的制作主体只能是人民法院,其他任何机关、单位、团体和个人都无权

制作。

（2）制作内容的合法性。所谓制作内容的合法性，是指人民法院应当遵循"以事实为根据，以法律为准绳"的原则，严格依照法律规定制作刑事裁判文书。不仅文书的内容要合法，即对事实的认定必须客观真实，准确无误，既不能夸大，也不能缩小，而且文书的制作程序也应当符合法律规定。

（3）实施的强制性。人民法院的刑事裁判文书具有实施的强制性，即依靠国家强制力保证实施。人民法院刑事裁判文书实施的强制性，取决于文书的权威性。根据法律规定，刑事裁判文书一经作出，即发生法律效力，具有权威性，除非依照法定程序，否则任何机关和个人都不得变更或者撤销。

人民法院的刑事裁判文书，主要指刑事判决书和刑事裁定书，具体分类如下：

（1）刑事判决书的分类。首先，按照内容的不同，可以分为有罪判决书和无罪判决书；有罪判决书又可以分为科刑的刑事判决书和免刑的刑事判决书。其次，按照审判程序的不同，刑事判决书可以分为第一审刑事判决书（包括适用简易程序的刑事判决书）、第二审刑事判决书、再审刑事判决书和刑事附带民事判决书。

（2）刑事裁定书的分类。刑事裁定书可以分为第一审刑事裁定书、第二审刑事裁定书、死刑复核刑事裁定书、核准法定刑以下判处刑罚的刑事裁定书、再审刑事裁定书、减刑假释裁定书、减免罚金裁定书和中止、终止审理裁定书等。

## 第二节　第一审刑事判决书

### 一、概念和作用

第一审刑事判决书，是指人民法院依照《刑事诉讼法》规定的第一审程序，对刑事公诉案件和自诉案件审理终结后，根据已经查明的事实、证据和法律规定，对案件实体问题作出处理决定时制作的法律文书。

我国《刑事诉讼法》第188条规定：人民法院审判第一审案件应当公开进行。但是有关国家秘密或者个人隐私的案件，不公开审理；涉及商业秘密的案件，当事人申请不公开审理的，可以不公开审理。不公开审理的案件，应当当庭宣布不公开审理的理由。第200条规定：在被告人最后陈述后，审判长宣布休庭，合议庭进行评议，根据已经查明的事实、证据和有关的法律规定，分别作出以下判决：（1）案件事实清楚，证据确实、充分，依据法律认定被告人有罪的，应当作出有罪判决；（2）依据法律认定被告人无罪的，应当作出无罪判决；（3）证据不足，不能认定被告人有罪的，应当作出证据不足、指控的犯罪不能成立的无罪判决。第203条规定：判决书应当由审判人员和书记员署名，并且写明上诉的期限和上诉的法院。

第一审刑事判决书的作用主要体现在以下几个方面：（1）是国家审判机关适用第一审程序对刑事案件进行审理后，依据事实、证据和法律规定作出的结论；（2）是惩罚犯罪的工具；（3）是当事人或法定代理人不服一审判决，在法定期限内，向上一级人民法院提起上诉的依据；（4）是人民检察院在法定期限内提出抗诉的根据。总之，第一审刑事判决书在刑事诉讼中占有重要的地位，对于及时有效地惩罚犯罪分子，保障无罪的人不受法律追究，维护公民的合法权益具有重要意义。

根据适用情况的不同,第一审刑事判决书分为以下几种:第一审公诉案件适用普通程序的刑事判决书,第一审单位犯罪案件的刑事判决书,第一审公诉案件适用普通程序的刑事附带民事诉讼判决书,第一审公诉案件适用简易程序的刑事判决书,第一审自诉案件刑事判决书,第一审自诉案件刑事附带民事诉讼判决书,第一审自诉、反诉并案审理的刑事判决书,第一审公诉案件适用普通程序审理"被告人认罪案件"的刑事判决书,第一审未成年人刑事案件适用普通程序的刑事判决书等。本文主要介绍第一审公诉案件适用普通程序的刑事判决书。

**二、具体写作要求**

第一审刑事判决书由首部、正文和尾部组成。

(一)首部

首部包括标题,案号,公诉机关,被害人,被告人和辩护人的基本情况,案由、审判组织、审判方式和审判经过。

1. 标题

标题应当写明人民法院的名称和文书名称。其中,人民法院的名称,一般应与院印的文字一致,除最高人民法院外,各地方的人民法院名称前,均应写明省、自治区或直辖市的名称。涉及涉外案件时,在各级人民法院名称前,均应写明"中华人民共和国字样"。文书名称,应当写明"刑事判决书"。需要注意的是,叙写文书标题时,法院名称和文书名称应当各占一行,居中排列。

2. 案号

案号由立案年度、制作法院、案件性质、审判程序的代字和案件的顺序号组成,即应写为:"(××××)×刑初字第×号"。叙写案号需要注意以下几点:

(1)年度。应当用公元纪年全称,用阿拉伯数字叙写。

(2)案件性质。用"刑"字表示。

(3)制作法院。应当与行政区划的简称一致。

(4)审判程序的代字。应当用"初"字表示。

(5)案件的顺序号。指按照受理案件的时间编写的顺序号。

综上所述,以北京市海淀区人民法院2017年5月10日受理的第2019号案件为例,案号应当写为:"(2017)海刑初字第2019号"。案号在文书名称下一行的右端书写,其最末一字应与下面正文右端各行看齐。

3. 公诉机关

由人民检察院提起刑事公诉的案件,直接写为"公诉机关××××人民检察院",因为公诉机关指的是代表国家向人民法院提请追究被告人刑事责任的检察机关。在"公诉机关"与"××××人民检察院"之间,不用加标点符号,也不用空格。

4. 被害人

如果在案件审理过程中,被害人、法定代理人和诉讼代理人出席法庭参加诉讼的,在审判经过段的"出庭人员"中写明,未出庭的则不写。

5. 被告人的基本情况

应当依次写明被告人的姓名、性别、出生年月日、民族、出生地、文化程度、职业或工作单位和职务、住址和因本案所受强制措施情况等,现羁押处所。这部分内容的表述,可以在上

述要求的基础上,根据不同情况酌情予以增减。叙写被告人的基本情况,需要注意以下几个问题:

(1) 被告人称谓后,直接写明被告人的姓名,不用标点符号,也不需要空格。如果被告人有与案情有关的别名、化名和绰号的,应当在其姓名后面用括号加以注明。

(2) 被告人的出生年月日,一般应当用公历准确的书写。如果确实查不清出生年月日的,也可以写年龄。但是,如果被告人是未成年人的,必须写明出生年月日。

(3) 被告人的出生地如果与籍贯不一致的,应当写出生所在地。

(4) 被告人的职业,一般写为干部、工人、农民、个体工商户等。如果有工作单位的,应当写明其工作单位和职务。

(5) 被告人的住址,应当写住所所在地;住所所在地与经常居住地不一致的,写经常居住地。

(6) 被告人曾经受过刑事处罚、行政处罚、劳动教养,或者又在以上限制人身自由期间内逃跑等,可能构成累犯或者有法定、酌定从重处罚的情节,应写明其被处罚的事由和时间。

(7) 被告人因本案所受强制措施情况,应当写明被刑事拘留、逮捕等羁押时间的起始日期,以便折抵刑期。在具体行文时,通常表述为:

　　因涉嫌犯××罪于××××年××月××日被刑事拘留、逮捕(或者被采取其他的强制措施)。

(8) 同案被告人有二人以上的,应当按照主犯、从犯的顺序叙写。

(9) 被告人是外国人的,应在其中文译名后用括号写明其外文姓名、护照号码、国籍。

(10) 被告人是未成年人的,应当在写明被告人基本情况之后,另行续写法定代理人的姓名、与被告人的关系、工作单位和职务及住址。

6. 辩护人的基本情况

辩护人,是指接受被告人的委托或者经法院指定参加诉讼,依法维护被告人的合法权益,发表辩护意见的人。辩护人是律师的,只需要写明辩护人的姓名、工作单位和职务即可,即写为:"辩护人×××,××××律师事务所律师";辩护人是由人民团体或者被告人所在单位或者推荐的,或者是经人民法院许可的公民,应当写明辩护人的姓名、工作单位和职务;辩护人是被告人的监护人、亲友的,除应写明其姓名和职务外,还应当写明辩护人与被告人的关系;辩护人是人民法院指定的,应当表述为"指定辩护人"。同案被告二人以上,且各有辩护人的,分别列写在各被告人下一行。

7. 案由、审判组织、审判方式和审判经过

书写这段文字的目的,是为了体现审判程序的合法性。根据文书格式的要求,具体表述如下:

　　××××人民检察院以×检×诉[××××]号起诉书指控被告人×××犯××罪,于××××年××月××日向本院提起公诉。本院依法组成合议庭,公开(或不公开)开庭审理了本案。××××人民检察院指派检察员×××出庭支持公诉,被害人×××及其法定代理人×××、诉讼代理人×××,被告人×××及其法定代理人×××、辩护人×××,证人×××,鉴定人×××,翻译人员×××等到庭参加诉讼。现已审理终结。

叙写这部分内容,需要注意以下几个方面的问题:

(1)起诉日期,应当叙写为法院签收起诉书及主要证据复印件等材料的日期。

(2)对于依法不公开审理的案件,为了体现审理程序的合法性,应当写明不公开审理的理由。

(3)出庭支持公诉的公诉人,如果是检察长、副检察长、检察员、助理检察员的,应当分别表述为"检察长""副检察长""检察员""代理检察员"。

(4)被告人委托辩护人的,应当写明辩护人出庭的情况,因为这是对辩护人在法庭上诉讼地位的确认,也是诉讼参与人诉讼权利依法得到保障的体现。

(5)为了客观反映人民法院审查起诉的立案日期,应当写明审理案件的起始日期,即立案时间。一般叙写时,在"××××人民检察院以×检×诉[××××]号起诉书指控被告人×××犯××罪,于××××年××月××日向本院提起公诉"之后,叙写为"本院于××××年××月××日立案,并依法组成合议庭……"。

(6)如果检察机关提起公诉的案件,属于人民法院作出无罪判决,人民检察院又起诉的,原判决不予撤销,但是在案件审理经过段中,应当在"××××人民检察院以×检×诉[××××]号起诉书"一句前,增写"被告人×××曾于××××年××月××日被××××人民检察院以××罪向××××人民法院提起公诉,因证据不足,指控的犯罪不能成立,被××××人民法院依法判决无罪释放"一段文字。

(7)如果有证人、鉴定人、翻译人员出庭的,应当一并写明。

(二)正文

正文是文书的核心内容,包括事实、理由和判决结果。

1. 事实

事实是判决的基础,是判决理由和判决结果的根据,因此叙写判决书,首先应当将案件事实叙写清楚。

根据文书格式样本的规定,事实部分主要应当写明以下内容,即概述检察院指控的基本内容,写明被告人的供述、辩解和辩护人辩护的要点,写明人民法院经审理查明的事实。同时,为了使事实更具有说服力,在叙写事实时,还应当列举充分、有力的证据。

(1)概述检察院指控的基本内容。在判决书的事实部分,应当先概述检察院指控的基本内容,包括公诉机关指控被告人犯罪的事实、证据和公诉机关对案件适用法律的意见。叙写这部分内容需要注意以下几点:

一是这部分内容的叙写,以"××××人民检察院指控"开头,引出下文。

二是对公诉机关指控的犯罪事实,应当简明概括地进行叙写。

三是指控被告人犯罪的证据,应当以公诉机关起诉时所附的证据目录、证人名单、主要证据复印件等为限。

四是公诉机关对案件适用法律的意见,应当写明对被告人定性、量刑,以及具体适用法律条款的意见。

(2)写明被告人的供述、辩解和辩护人辩护的要点。这部分包含两方面的内容:一是被告人的供述、辩解;二是辩护人辩护的要点。涉及被告人的供述、辩解的叙写,如果被告人的供述与公诉机关的指控完全一致,可以简要地表述为:"被告人对公诉机关的指控供认不讳";如果被告人对公诉机关指控的事实完全否认,或者被告人供述的事实与公诉机关指控的事实存在不一致之处,应当写明被告人供述部分的内容、辩解的内容,自行辩护的意见,以及依据的相关证据。涉及辩护人辩护要点的叙写,应当以辩护人对检察院指控基本内容的

反驳为叙写重点,将辩护人提出的辩护意见简明扼要地叙写清楚,并写明相关证据。总之,叙写这部分内容,应当注意以下几个点:

一是这部分内容的叙写,应当做到全面、准确、言简意赅、没有遗漏。

二是涉及被告人供述、辩解内容的叙写,以"被告人×××辩称……"开头,引出下文。涉及辩护人辩护要点的叙写,以"辩护人×××提出的辩护意见是……"开头,引出下文。

三是叙写这部分内容,应当避免重指控、轻辩护的情况出现,使控、辩双方的意见在判决书中都能得到充分的体现。

(3) 写明人民法院经审理查明的事实。这部分内容的叙写,由"经审理查明……"开头,引出下文。主要应当写明三个方面的事实,即法庭审理查明的事实,经举证、质证定案的证据及其来源,对控辩双方有异议的事实、证据进行分析、认证。叙写这部分内容,需要注意以下几点:

一是叙写经人民法院审理认定的事实,应当写明行为人实施犯罪行为的时间、地点、动机、目的、手段、情节、结果、被告人在案发后的态度等,以犯罪构成要件为重点,兼叙影响定性量刑的各种情节。

二是叙述事实应当做到事实清楚、重点突出。在具体叙写时,可以根据具体案情采用不同的写作方法。例如,最通常采用的叙事方式是,按照时间先后的顺序叙述;一人犯数罪的,按照罪行主次的顺序,主罪详写,由重至轻进行叙述;共同犯罪的案件,应当以主犯的犯罪事实为主线叙述;集团犯罪的案件,可以采用"先总后分"的叙写方法,即先综合叙述共同犯罪的情况,然后再按主犯、从犯、胁从犯的顺序,或者按照重罪、轻罪的顺序,分别叙述各被告人的犯罪事实等。

三是涉及被告人有自首、立功等从轻情节的事实,应当一并予以叙述。

四是对于经过法庭审理,确认指控事实不清、证据不足,宣告无罪的案件,应当通过对犯罪事实、证据进行具体分析,写清案件事实不清、证据不足的情形。

(4) 写明认定案件事实的证据。对于证据的叙写,应当写明经过法庭庭审举证、质证、认证,查证属实的事实。未经公开举证、质证的证据,不能认证作为认定案件事实的依据。

叙写证据内容,主要需要注意以下几点:

一是叙写证据应当明确、具体,不仅应当写明证据来源,即证据是由控方还是辩方提供的,还应当写明具体证明的事实内容。

二是对控辩双方没有争议的证据,在控辩主张中可以不予叙述,只在"经审理查明"的证据部分具体表述即可,以避免不必要的重复。

三是对控辩双方提供的证据,无论采纳与否,都应当通过分析论证得出结论。特别是控辩双方提供的证据相互之间存在矛盾的情形,更应当详细具体地进行叙述。

四是对于控辩双方没有争议,并且经法庭审理查证属实的同种数罪,事实和证据部分可以归纳表述。

此外,需要注意的是,在证据的叙写方法上,应当因案而异。通常的表述方式是,叙写完经法庭审理查明的事实后,另起一段叙写证据,以使运用证据认定的案件事实更加具体明确。如果案情简单或者控辩双方没有异议的,可以集中表述证据。如果案情复杂或者控辩双方有异议的,应当对证据进行分析、认证。如果涉及被告人犯罪次数较多的,可以在叙写每次犯罪事实后,阐述对证据的分析认证情况。如果是共同犯罪的,可以逐人逐罪表述证据,并进行分析认证。

2. 理由

理由是判决书的灵魂,以"本院认为,……"开头,引出下文。理由之前是事实,理由之后是判决结果,理由起着承上启下的作用。判决理由的阐述,应当以判决认定的事实为根据,针对案件的特点,运用犯罪构成的原理,分析论证被告人行为的性质、是否构成犯罪,犯的什么罪,应否从轻、减轻、免除处罚或者从重处罚,检察机关对被告人的指控是否成立,辩护人的辩护意见是否有理,是否应当予以采纳等。对于控辩双方关于适用法律方面的意见,应当有分析地进行论证,表示是否予以采纳,并阐明理由。在充分、具体地阐述理由的基础上,引用相关的法律规定作为依据,为判决结果的作出奠定基础。由此可见,判决书理由部分的内容是将案件事实、法律依据、判决结果紧密联系在一起的中间媒介,是写作判决书的关键。因此,应当全面、充分地予以论证。

叙写判决书的理由部分,主要应当写清以下几个方面的内容:

(1) 依法确定罪名。阐述判决理由,首先应当根据我国刑法总则关于犯罪构成要件的规定、刑法分则关于具体罪名的规定,结合案件事实进行分析论证,确定被告人的行为是否构成犯罪,如果构成犯罪,触犯了何种罪名。如果一人犯数罪,指控的罪名均成立,应当先阐述重罪,后阐述轻罪。如果指控的数罪中,有的罪名成立,有的罪名不成立,应当先论述指控成立的罪名,对于指控不成立的罪名也应当予以论述。如果是共同犯罪的案件,应当根据被告人所处的地位、起的作用的不同,依次确定主犯、从犯、胁从犯、教唆犯的罪名。如果法院认定的罪名与检察机关指控的罪名不一致的,应当详细、具体、有理有据地进行充分的分析论证。

(2) 阐明量刑情节。量刑情节与量刑结果密切相关,在阐述判决理由时,如果被告人实施的行为已经构成了犯罪,在犯罪情节上具有从重、从轻、减轻、免除处罚的情形,应当分别进行论述或者采用综合归纳的方式进行论述,阐明理由,进行认定,以体现我国法律惩办与宽大相结合的政策,促使被告人认罪服法,接受改造。

(3) 评析控辩双方意见。对于公诉机关指控的罪名,应当进行充分的分析论证。公诉机关指控的罪名成立的,应当表示支持;公诉机关指控的罪名不成立,或者指控的罪名存在不当之处的,应当进行充分的分析,阐明理由,作出认定。对于被告人的辩解和辩护人提出的辩护意见,合理的,应当表明予以采纳;不合理的,应予以批驳,并阐明理由。

(4) 写明法律依据。法律依据,是指对被告人定罪量刑应当适用的具体法律条文。是否能够准确地引用法律条文,关系到能够准确地定罪量刑。在具体引用法律依据时,需要注意以下几点:

一是引用法律条文,应当做到准确、完整、具体。所谓准确,是指引用的法律条文应当与判决结果相一致。所谓完整,是指将据以定性量刑的所有法律规定引用齐全。所谓具体,是指引用法律条文外延最小的规定。如果法律条文分为条、款、项的,应当具体写明第几条、第几款、第几项。

二是引用法律条文,涉及法律名称应当使用全称。法律条文的引用,除应当遵循准确、完整、具体的原则外,涉及法律名称的引用,应当注意使用全称,不能用简称。例如,引用我国《刑法》的规定作为法律依据,应当写为"《中华人民共和国刑法》",而不能简写为"《刑法》"。

三是引用法律条文,应当先后有序。在法律条文的引用中,有时既涉及实体法的引用,也涉及程序法的引用;既涉及法律规定的引用,也涉及司法解释规定的引用。为了保证法律适用的规范性,在具体引用法律时,应当做到先后有序,即如果判决书中需要引用两条以上的法律条文,应当先引用有关定罪和确定量刑幅度的条文,后引用从重、从轻、减轻和免除处罚的法律条文;如果判决结果既有主刑的内容,又有附加刑内容的,应当先引用适用主刑的法律条文,后引用适用附加刑的法律条文;如果适用以他罪论处的条文时,应当先引用本条法律条文,再按本条之规定,引用相应的他罪法律条文;如果一人犯数罪时,应当逐罪引用法律条文;如果是共同犯罪的,可以集中引用有关的法律条文,必要时应当逐人逐罪引用法律条文;如果既需要引用实体法又需要引用程序法时,应当先引用实体法的法律规定,后引用程序法的法律规定;如果既需要引用法律规定,又需要引用司法解释规定时,应当先引用法律规定,后引用相关司法解释。

3. 判决结果

判决结果又称"判决主文",是判决书的结论部分。人民法院根据已经查明的事实,适用法律规定,对被告人作出有罪或者无罪的判决,对案件作出处理决定,即是判决结果。因此,判决结果是判决书的实质内容。判决结果通常分为以下三种情况:

第一,定罪判刑的,应当表述为:

一、被告人×××犯××罪,判处……(写明主刑、附加刑)。

(刑期从判决执行之日起计算。判决执行以前先行羁押的,羁押一日折抵刑期一日,即自××××年××月××日起至××××年××月××日止。)

二、被告人×××……(写明决定追缴、退赔或者发还被害人、没收财物的决定,以及这些财物的名称、种类和数额)。

第二,定罪免刑的,应当表述为:

被告人×××犯××罪,免予刑事处罚(如有追缴、退赔或没收财物的,续写第二项)。

第三,宣告无罪的,应当表述为:

被告人×××无罪。

在叙写判决结果时,主要应当注意以下几个问题:

(1)判处的各种刑罚,均应按照法律的规定写明全称。例如,"判处死刑,缓期两年执行"的,不能简写为"判处死缓"。宣告缓刑的,应当写为"判处有期徒刑×年,缓刑×年"。不能写为"缓期×年执行"。

(2)判处有期徒刑的刑罚,应当写明刑种、刑期、主刑的折抵办法和起止时间。例如,判处有期徒刑10年的,应当表述为:

被告人×××犯××罪,判处有期徒刑十年。(刑期从判决执行之日起计算,判决执行以前先行羁押的,羁押一日折抵刑期一日。即自××××年××月××日起至×××年××月××日止。)

(3)根据法律规定,对被告人因不满16周岁不予刑事处罚和被告人是精神病人,在不能辨认或者不能控制自己行为的时候造成危害结果,不予刑事处罚的,应当在判决结果中写明"被告人不负刑事责任";对被告人死亡的案件,根据已经查明的案件事实和认定的证据材料,能够认定被告人无罪的,应当在判决结果中写明"被告人无罪"。

（4）数罪并罚的，应当分别定罪量刑（包括主刑和附加刑），然后按照刑法总则关于数罪并罚的规定，决定执行的刑罚。适用数罪并罚"先减后并"的案件。对前罪"余刑"的起算，可以从犯新罪之日起算。判决结果的刑期起止日期可以表述为：

刑期从判决执行之日起计算，判决执行以前先行羁押的，羁押一日折抵刑期一日。即自××××年××月××日（犯新罪之日）起至××××年××月××日止。

（5）追缴、退赔和发还被害人合法财物的，应当写明其名称、种类、数额。如果财物较多、种类复杂的，可以只在判决书上概括写明财物的种类和总数，然后另列清单作为判决书的附件。

（6）对同一被告人既被判处有期徒刑又并处罚金的，应当在判处有期徒刑和罚金刑之后，分别用括号注明有期徒刑刑期起止的日期和缴纳罚金的期限。

（7）一案多名被告人的，应当以罪责的主次或者所判刑罚的轻重为顺序，逐人分项定罪判处。

（三）尾部

尾部包括交代上诉权、上诉期限和上诉法院，合议庭组成人员署名，写明日期，书记员署名等。

1. 交代上诉权、上诉期限和上诉法院

在主文之后，另起一行写明：

如不服本判决，可在接到判决书的第二日起十日内，通过本院或者直接向××××人民法院提出上诉。书面上诉的，应当提交上诉状正本一份，副本×份。

如果属于依法在法定刑以下判处刑罚的，应当在交代上诉权之后，另起一行写明：

本判决依法报请最高人民法院核准后生效。

2. 合议庭组成人员署名

在判决书的尾部，应当由参加审判案件的合议庭组成人员署名。叙写这部分内容，需要注意以下几点：一是合议庭成员中有陪审员的，署名为："人民陪审员×××"。二是合议庭中有助理审判员的，署名为："代理审判员×××"。三是助理审判员担任合议庭审判长的，与审判员担任合议庭审判长一样，均署名为："审判长×××"。四是院长或庭长参加合议庭的，应当担任审判长，署名为："审判长×××"。

3. 写明日期

判决书尾部写明的日期，应当是当庭宣判的日期或者签发判决书的日期。叙写日期，应当写明××××年××月××日。在年月日上，应当加盖人民法院的院印。

4. 书记员署名

在日期下方，应当由书记员署名。同时，判决书正本制成后，书记员应当将正本与原本进行核对，确认无异后，在日期左下方与书记员署名的左上方，加盖"本件与原本核对无异"的核对章。

三、文书写作需要注意的问题

（1）写入判决书中的事实，必须是经过查证属实、确凿无疑的案件事实。同时，叙写案件事实应当做到重点突出，应当主要围绕证明被告人罪行、明确被告人罪责，以及量刑轻重的实质性事实情节等,进行重点分析论述。对与定罪量刑关系不大或者没有关系的情节,应当略写或不写。

(2) 叙写认定案件事实的证据,应当确凿可靠。主要根据间接证据定案的,证据之间若有矛盾,应当综合分析,去伪存真。列举证据应当明确、具体,不能抽象笼统,证据应当与被证明的案件事实之间存在必然的、有机的联系,证据与证据之间要能够互相印证,环环相扣,形成一个严密的证明体系,并且通过对主要证据的分析论证,应当能够说明判决认定的事实是准确无误的。

(3) 应当正确处理事实、理由、判决结果三者之间的关系。判决理由在判决书中起到承上启下的作用,必须上与已经认定的案件事实、情节相适应,下与判决结果相一致。只有这样,事实、理由、判决结果三者之间才能相互照应,无懈可击。

**参考格式**

**第一审刑事判决书(一审公诉案件适用普通程序用)**

**参考范例**

**第一审刑事判决书**

## 第三节 第二审刑事判决书

### 一、概念和作用

第二审刑事判决书,是指第二审人民法院针对当事人提出上诉或者人民检察院提出抗诉的案件,根据《刑事诉讼法》规定的第二审程序,对第一审人民法院作出的未发生法律效力的判决或者裁定,进行第二次审理,依法作出实体判决时制作的法律文书。

我国《刑事诉讼法》第 227 条规定:被告人、自诉人和他们的法定代理人,不服地方各级人民法院第一审的判决、裁定,有权用书状或者口头向上一级人民法院上诉。被告人的辩护人和近亲属,经被告人同意,可以提出上诉。附带民事诉讼的当事人和他们的法定代理人,可以对地方各级人民法院第一审的判决、裁定中的附带民事诉讼部分,提出上诉。对被告人的上诉权,不得以任何借口加以剥夺。第 228 条规定:地方各级人民检察院认为本级人民法院第一审的判决、裁定确有错误的时候,应当向上一级人民法院提出抗诉。第 236 条规定:第二审人民法院对不服第一审判决的上诉、抗诉案件,经过审理后,应当按照下列情形分别处理:(1) 原判决认定事实和适用法律正确、量刑适当的,应当裁定驳回上诉或者抗诉,维持原判;(2) 原判决认定事实没有错误,但适用法律有错误,或者量刑不当的,应当改判;(3) 原判决事实不清楚或者证据不足的,可以在查清事实后改判;也可以裁定撤销原判,发回原审人民法院重新审判。原审人民法院对于依照前款第三项规定发回重新审判的案件作出判决后,被告人提出上诉或者人民检察院提出抗诉的,第二审人民法院应当依法作出判决或者裁定,不得再发回原审人民法院重新审判。第 238 条规定:第二审人民法院发现第一审人民法院的审理有下列违反法律规定的诉讼程序的情形之一的,应当裁定撤销原判,发回原审人民法院重新审判:(1) 违反本法有关公开审判的规定的;(2) 违反回避制度的;(3) 剥夺或者限制了当事人的法定诉讼权利,可能影响公正审判的;(4) 审判组织的组成不合法的;(5) 其他违反法律规定的诉讼程序,可能影响公正审判的。

第二审刑事判决书的作用主要体现在以下几个方面:(1) 人民法院通过第二审刑事判决,可以及时有效地纠正第一审刑事判决可能发生的错误。第二审刑事判决书是第二审人民法院对上诉或抗诉案件进行全面审查,依法作出的书面处理结论;(2) 第二审刑事判决书是保障法律的正确实施,保证人民法院正确地行使审判权,提高审判质量,有效地保护当事人合法权益的书面凭证。(3) 第二审刑事判决书是上级人民法院监督和指导下级人民法院刑事审判工作的依据。

第二审刑事判决书从判决结果看,包括维持原判、依法改判和撤销原判、发回原审法院重审几种情形,本文主要介绍二审改判用的刑事判决书的写法。

**二、具体写作要求**

第二审刑事判决书由首部、正文和尾部组成。

(一) 首部

首部包括标题、案号、抗诉机关和当事人的基本情况、辩护人的基本情况、案件由来和审判经过。

1. 标题

标题应当写明人民法院的名称和文书名称。其中,人民法院的名称,一般应与院印的文字一致,除最高人民法院外,各地方的人民法院名称前,均应写明省、自治区或直辖市的名称。涉及涉外案件时,在各级人民法院名称前,均应写明"中华人民共和国字样"。文书名称,应当写明"刑事判决书"。需要注意的是,叙写文书标题时,法院名称和文书名称应当各占一行,居中排列。

2. 案号

案号由立案年度、制作法院、案件性质、审判程序的代字和案件的顺序号组成,即应写为:"(××××)×刑终字第×号"。叙写需要注意的事项,同第一审刑事判决书。与第一审刑事判决书不同的是,审判程序的代字,应当用"终"字表示。例如,以北京市中级人民法院 2017 年 9 月 10 日受理的第 201 号案件为例,案号应当写为:"(2017)京中刑终字第 201 号"。案号在文书名称下一行的右端书写,其最末一字应与下面正文右端各行看齐。

3. 抗诉机关和当事人的基本情况

抗诉机关,应当写为:"抗诉机关××××人民检察院"。当事人的基本情况,应当写明上诉人的基本情况,即上诉人的姓名、性别、出生年月日、民族、出生地、文化程度、职业或工作单位和职务、住址和因本案所受强制措施情况,现羁押处所等。并用括号标明其在原审中的诉讼地位。

这部分内容,应当根据不同情况采用不同的写法,具体写法如下:

(1) 被告人提出上诉的,第一项写为:"原公诉机关",第二项写为:"上诉人(原审被告人)。"

(2) 未成年被告人的法定代理人或指定代理人提出上诉的,第一项写为:"原公诉机关",第二项写为:"上诉人",并用括号注明其与被告人的关系,第三项写为:"原审被告人。"

(3) 被告人的辩护人或者近亲属经被告人同意提出上诉的,上诉人仍为原审被告人。但是,应将审理经过段中"原审被告人×××不服,提出上诉"一句改为:"原审被告人×××的近亲属(或者辩护人)×××经征得原审被告人×××同意,提出上诉。"

(4) 检察机关提出抗诉的,第一项"原公诉机关"改为"抗诉机关",第二项改为"原审被告人",第三项为"辩护人"。如果在同一案件中,既有被告人上诉,又有检察机关抗诉的,第一项写为:"抗诉机关",第二项写为:"上诉人(原审被告人)",第三项为:"辩护人。"

(5) 被害人及其法定代理人请求人民检察院提出抗诉,检察机关依法决定抗诉的,应把审理经过段中的"原审被告人×××不服,提出上诉"一句,改写为

被害人(或者其法定代理人)×××不服,请求××××人民检察院提出抗诉。××××人民检察院决定并于××××年××月××日向本院提出抗诉。

(6) 自诉案件的被告人提出上诉的,第一项写为:"上诉人(原审被告人)",第二项写为:"原审自诉人"。自诉人提出上诉的,第一项写为:"上诉人(原审自诉人)",第二项写为:"原审被告人"。自诉人和被告人均上诉的,第一项写为:"上诉人(原审自诉人)",第二项写为:"上诉人(原审被告人)"。

(7) 共同犯罪案件中的数个被告人,有的提出上诉,有的没有提出上诉的,前面列写提出上诉的"上诉人(原审被告人)"项,后面叙写未提出上诉的"原审被告人"项。

4. 辩护人的基本情况

如果被告人委托辩护人参加诉讼的,应当写明辩护人的基本情况,即写明辩护人的姓名、工作单位和职务。

5. 案件由来和审判经过

这部分内容,主要应当写明当事人或者抗诉机关不服原审判决提出上诉或者抗诉后,第二审法院依法对案件进行审理的经过。根据文书格式的规定,公诉案件被告人提出上诉的,具体写作内容如下:

××××人民法院审理××××人民检察院指控原审被告人×××(姓名)犯××罪一案,于××××年××月××日作出(××××)×刑初字第××号刑事判决。原审被告人×××不服,提出上诉。本院依法组成合议庭,公开(或者不公开)开庭审理了本案。××××人民检察院指派检察员×××出庭履行职务。上诉人(原审被告人)×××及其辩护人×××等到庭参加诉讼。现已审理终结。

叙写这部分内容,需要注意以下两点:

(1) 如果公诉机关和主要诉讼参与人项有变动的,案件的由来和审判经过段,以及其他有关各处,应当做相应的改动。

(2) 对于第二审人民法院没有开庭审理的案件,在"本院依法组成合议庭"后,将"公开(或者不公开)开庭审理了本案"改写为:

经过阅卷、讯问被告人,听取其他当事人、辩护人、诉讼代理人的意见,认定事实清楚,决定不开庭审理。

(二) 正文

正文是文书的核心内容,包括事实、理由和判决结果。

1. 事实

事实是判决的基础,主要包括对控辩主张的表述和对法院经审理查明事实的表述。

(1) 对控辩主张的表述。首先,应当概述原判认定的事实、证据、理由和判处结果;其次,应当概述上诉、辩护方的意见;最后,概述检察院在二审中提出的新意见。叙写这部分内容,需要注意以下几点:

一是对原判认定的事实、证据、理由和判处结果的阐述,不能一字不变的照抄原文,应当概括的叙写,同时应注意保持原意。

二是对控辩双方有争议的事实,应当详细具体地叙写。对控辩双方没有争议的事实,可以简要进行叙述。

三是对上诉、抗诉的意见无论是否采纳,都应当进行充分的分析论证,并阐明是否采纳的理由。

四是对检察院在二审中提出的新意见,应当概括性地进行叙述。

(2) 对法院经审理查明事实的表述。这部分内容,以"经审理查明,……"开头,引出下文。首先,写明经二审审理查明的事实;其次,写明二审据以定案的证据;最后,针对上诉理由中与原判认定的事实、证据有异议的问题进行分析、认证。叙写这部分内容,需要注意以下两点:

一是如果二审判决认定事实与原审判决认定事实没有变动或者变动不大,应当重点叙述原审判决认定的事实和证据,对二审经审理查明的事实可以进行概括叙述。

二是如果二审判决认定事实与原审判决认定事实有较大的变动,应当重点叙述二审经审理查明认定的事实和证据与原审判决认定的事实有何不同,并提出证据证明二审认定事实的正确性。

2. 理由

这部分内容,以"本院认为,……"开头,引出下文。应当根据二审查明的事实、证据和有关法律规定,论证原审法院判决认定的事实、证据和适用法律是否正确。对上诉人、辩护人或者出庭履行职务的检察人员等在适用法律、定性处理方面的意见,应当有分析地表示是否采纳,并阐明理由。在针对上述问题具体分析论证后,应当引用相关的法律规定作为依据,为判决结果的作出奠定基础。叙写这部分内容,主要需要注意以下两点:

一是判决理由的阐述,应当详细具体,具有针对性和说服力。

二是凡是改判的案件,均应写明改判的法律依据,在具体写作顺序上,应当先引用程序法,再引用实体法。

3. 判决结果

判决结果,应当写明二审法院对案件审理后作出的处理决定。根据文书格式的规定,主要有以下两种表述方法:

(1) 全部改判的,表述为:

一、撤销××××人民法院(××××)×刑初字第××号刑事判决;

二、上诉人(原审被告人)×××……(写明改判的具体内容)

(刑期从……)。

(2) 部分改判的,表述为:

一、维持××××人民法院(××××)×刑初字第××号刑事判决的第×项,即……(写明维持的具体内容);

二、撤销××××人民法院(××××)×刑初字第××号刑事判决第×项,即……(写明撤销的具体内容);

三、上诉人(原审被告人)×××……(写明部分改判的内容)。

(刑期从……)。

(三) 尾部

尾部包括交代判决的法律效力、合议庭组成人员署名、写明日期、书记员署名等。

1. 交代判决的法律效力

应当写明:"本判决为终审判决"。叙写这部分内容,需要注意以下几个问题:

(1) 公诉机关抗诉的案件,经二审后,改判被告人死刑立即执行的,应当报请最高人民法院核准,即将"本判决为终审判决"改写为"本判决依法报请最高人民法院核准"。

(2) 如果二审法院是高级人民法院,改判结果中,有判处死刑缓期执行的被告人,根据最高人民法院相关的司法解释,在判决书的尾部仍写:"本判决为终审判决"。

(3) 第二审人民法院审理上诉、抗诉案件的判决结果,是在法定刑以下判处刑罚,并且依法应当报请最高人民法院核准的,在尾部应当写明:"本判决报请最高人民法院核准后生效"。

2. 合议庭组成人员署名

在判决书的尾部,应当由参加审判案件的合议庭组成人员署名。叙写这部分内容,需要注意以下几点:一是合议庭中有助理审判员的,署名为:"代理审判员×××"。二是助理审判员担任合议庭审判长的,与审判员担任合议庭审判长一样,均署名为:"审判长×××"。三是院长或庭长参加合议庭的,应当担任审判长,署名为:"审判长×××"。

3. 写明日期

判决书尾部写明的日期,应当是当庭宣判的日期或者签发判决书的日期。叙写日期,应当写明××××年××月××日。在年月日上,应当加盖人民法院的院印。

4. 书记员署名

在日期下方,应当由书记员署名。同时,判决书正本制成后,书记员应当将正本与原本进行核对,确认无异后,在日期左下方与书记员署名的左上方,加盖"本件与原本核对无异"的核对章。

### 三、文书写作需要注意的问题

(1) 在叙写案件事实时,如果上诉或者抗诉对原审判决认定的事实全部予以否认的,应当针对上诉或者抗诉的事实和理由,运用二审审查核实的证据,逐一进行分析论证,写明二审查明的案件事实,并提出认定或者否定原审判决事实的根据和理由。

(2) 对共同犯罪的案件,如果只有部分被告人提出上诉,二审人民法院在决定对上诉部分予以改判的同时,发现没有上诉的部分也有错误应当予以改判的,可以在二审程序中一并改判,无需再发回重审。

**参考格式**

第二审刑事判决书(二审改判用)

**参考范例**

第二审刑事判决书

## 第四节 再审刑事判决书

### 一、概念和作用

再审刑事判决书,是指人民法院对已经发生法律效力、确有错误的刑事判决,依照《刑事诉讼法》规定的再审程序,对案件重新进行审理,就案件的实体问题作出裁决时制作的法律文书。

我国《刑事诉讼法》第 254 条规定:各级人民法院院长对本院已经发生法律效力的判决和裁定,如果发现在认定事实上或者在适用法律上确有错误,必须提交审判委员会处理。最高人民法院对各级人民法院已经发生法律效力的判决和裁定,上级人民法院对下级人民法院已经发生法律效力的判决和裁定,如果发现确有错误,有权提审或者指令下级人民法院再审。最高人民检察院对各级人民法院已经发生法律效力的判决和裁定,上级人民检察院对下级人民法院已经发生法律效力的判决和裁定,如果发现确有错误,有权按照审判监督程序向同级人民法院提出抗诉。人民检察院抗诉的案件,接受抗诉的人民法院应当组成合议庭重新审理,对于原判决事实不清楚或者证据不足的,可以指令下级人民法院再审。第256条规定:人民法院按照审判监督程序重新审判的案件,由原审人民法院审理的,应当另行组成合议庭进行。如果原来是第一审案件,应当依照第一审程序进行审判,所作的判决、裁定,可以上诉、抗诉;如果原来是第二审案件,或者是上级人民法院提审的案件,应当依照第二审程序进行审判,所作的判决、裁定,是终审的判决、裁定。人民法院开庭审理的再审案件,同级人民检察院应当派员出席法庭。

再审刑事判决书的作用主要体现在以下几个方面:(1)是人民法院发挥审判监督职能,保证法律正确实施,维护当事人合法权益的工具。(2)是人民法院依法纠正错误判决,维持正确判决的法律凭证。(3)是人民法院内部加强业务指导,提高审判质量,保障审判权正确行使的依据。

根据审理再审案件适用程序的不同,再审刑事判决书分为三类,即按第一审程序再审用的刑事判决书,按第二审程序再审改判用的刑事判决书,再审后上诉、抗诉案件二审改判用的刑事判决书。本书主要介绍按第一审程序再审用的刑事判决书。

**二、具体写作要求**

再审刑事判决书由首部、正文和尾部组成。

(一)首部

首部包括标题、案号、抗诉机关的称谓和当事人的基本情况、案件由来和审判经过。

1. 标题

标题应当写明人民法院的名称和文书名称。其中,人民法院的名称,一般应与院印的文字一致,除最高人民法院外,各地方的人民法院名称前,均应写明省、自治区或直辖市的名称。涉及涉外案件时,在各级人民法院名称前,均应写明"中华人民共和国"字样。文书名称,应当写明"刑事判决书"。需要注意的是,叙写文书标题时,法院名称和文书名称应当各占一行,居中排列。

2. 案号

案号由立案年度、制作法院、案件性质、审判程序的代字和案件的顺序号组成,即应写为:"(××××)×刑再初字第×号"。叙写需要注意的事项,同第一审刑事判决书。与第一审刑事判决书不同的是,审判程序的代字,应当用"再初"字表示。

3. 抗诉机关和当事人的基本情况

抗诉机关,应当写为:"抗诉机关××××人民检察院"。当事人的基本情况,应当写明原审被告人的基本情况,即原审被告人的姓名、性别、出生年月日、民族、出生地、文化程度、职业或工作单位和职务、住址和因本案所受强制措施情况,现羁押处所等。

这部分内容,应当根据不同情况采用不同的写法,具体写法如下:

(1)由检察机关提出抗诉的,第一项写"抗诉机关",第二项写"原审被告人"。

(2)原审是公诉案件,再审是由本院审判委员会决定再审、上级人民检察院提审或者指令下级人民法院再审的,第一项写"原公诉机关",第二项写"原审被告人"。

(3)原审是自诉案件的,再审时,第一项写:"原审自诉人",第二项写:"原审被告人"。

(4)再审时,原审被告人委托辩护人的,应当在"原审被告人"项下,列写"辩护人"。原审自诉人如果委托诉讼代理人的,在"原审自诉人"项下,列写"委托诉讼代理人"项。

4. 案件由来和审判经过

这部分内容,需要写明原审案件是公诉案件,还是自诉案件,原判决是何时作出的,提起再审的根据和审判过程。

(1) 如果是公诉案件,表述为:

××××人民检察院指控被告人×××犯××罪一案,本院于××××年×月×日作出(××××)×刑初字第×号刑事判决。该判决发生法律效力后,……(写明提起再审的依据)。本院依法另行组成合议庭,公开(或者不公开)开庭审理了本案。××××人民检察院检察员×××出庭履行职务。被害人×××、原审被告人×××及其辩护人×××等到庭参加了诉讼。现已审理终结。

(2) 如果是自诉案件,表述为:

原审自诉人×××以原审被告人×××犯××罪提出控诉,本院于××××年×月×日作出(××××)×刑初字第×号刑事判决。该判决发生法律效力后,……(写明提起再审的依据)。本院依法另行组成合议庭,公开(或者不公开)开庭审理了本案。原审自诉人×××、原审被告人×××及其辩护人×××等到庭参加了诉讼。现已审理终结。

(3) "提起再审的根据"有以下两种情况:

第一,第一审人民法院决定再审的,表述为:

本院又于××××年××月××日作出(××××)×刑监字第××号刑事再审决定,对本案提起再审。

第二,上级人民法院指令再审的,表述为:

××××人民法院于××××年××月××日作出(××××)×刑监字第××号再审决定,指令本院对本案进行再审。

(二) 正文

正文是文书的核心内容,包括事实、理由和判决结果。

1. 事实

事实是裁判的基础,这部分内容的叙写,以"经审理查明,……"开头,引出下文,具体主要需要写清以下内容:

(1) 概述原审生效判决认定的事实、证据、判决的理由和判决的结果。

(2) 概述再审中原审被告人的辩解和辩护人的辩护意见。对于人民检察院在再审中提出的意见,也应当一并写明。

(3) 写明再审查明的事实、证据。并就诉讼双方对原判有异议的事实、证据作出分析、认证。

叙写事实部分的内容,需要注意以下几点:

(1) 如果原审判决认定的事实全部错误,应当列举相应的证据,全部否定原审判决认定的事实。

(2) 如果原审判决认定的事实部分错误,可以简要写明控辩双方没有争议的事实,然后详细叙写再审查明的新的事实和证据,指出原审判决认定事实的错误,说明抗诉机关、原审被告人提出异议的正确性。

(3) 如果原审判决认定事实没有错误,但是情节显著轻微,危害不大,不构成犯罪的,仍然需要对原审判决认定的事实进行叙写。

2. 理由

理由部分内容的叙写,以"本院认为,……"开头,引出下文,具体主要需要写清以下内容:

(1) 根据再审查明的事实、证据和有关法律规定,对原判和诉讼各方的主要意见作出分析,阐明再审改判的理由。

(2) 引用相应的法律条款,作为判决的法律依据。

叙写理由部分的内容,需要注意以下几点:

(1) 宣告无罪的,分为绝对无罪和存疑无罪两种情况:

一是依据法律认定被告人无罪的,应当根据再审认定的事实、证据、有关的法律规定,通过分析、论证,具体说明被告人的行为不构成犯罪,原判错误,并对被告人的辩解和辩护人的辩护意见表示是否予以采纳。

二是证据不足,不能认定被告人有罪的,应当根据再审认定的事实、证据和有关法律规定,通过分析论证,具体说明原判认定被告人构成犯罪的证据不足,犯罪不能成立。

(2) 定罪正确,量刑不当的,应当根据再审认定的事实、证据和有关法律规定,通过分析、论证,具体阐明原判定罪正确,但量刑不当,以及被告人应当从轻、减轻、免除处罚或者从重处罚的理由,并针对被告人的辩解和辩护人的辩护意见表示是否予以采纳。

(3) 变更罪名的,应当根据再审认定的事实、证据和有关的法律规定,通过分析、论证,具体阐明原判定性有误,但被告人的行为仍构成犯罪,以及犯何罪,应否从轻、减轻、免除处罚或者从重处罚的理由;并针对被告人的辩解和辩护人的辩护意见表示是否予以采纳。

(4) 对于人民检察院在再审中提出的意见,在理由部分,应当表示是否予以采纳。如果是自诉案件,对于自诉人的意见,在理由部分,也当应表示是否予以采纳。

3. 判决结果

根据文书格式的要求,判决结果的具体叙写如下:

(1) 全部改判的,表述为:

一、撤销本院(××××)×刑初字第××号刑事判决;

二、原审被告人×××……(写明改判的内容)。

(2) 部分改判的,表述为:

一、维持本院(××××)×刑初字第××号刑事判决的第×项,即……(写明维持的具体内容);

二、撤销本院(××××)×刑初字第××号刑事判决的第×项,即……(写明撤销的具体内容);

三、原审被告人×××……(写明部分改判内容)。

### (三)尾部

尾部包括交代上诉权、上诉期限和上诉法院,合议庭组成人员署名、写明日期、书记员署名等。

1. 交代上诉权、上诉期限和上诉法院

在主文之后,另起一行写明:"如不服本判决,可在接到判决书的第二日起十日内,通过本院或者直接向××××人民法院提出上诉。书面上诉的,应当提交上诉状正本一份,副本×份。"

2. 合议庭组成人员署名

在判决书的尾部,应当由参加审判案件的合议庭组成人员署名。叙写这部分内容,需要注意以下几点:一是合议庭成员中有陪审员的,署名为:"人民陪审员×××"。二是合议庭中有助理审判员的,署名为:"代理审判员×××"。三是助理审判员担任合议庭审判长的,与审判员担任合议庭审判长一样,均署名为:"审判长×××"。四是院长或庭长参加合议庭的,应当担任审判长,署名为:"审判长×××"。

3. 写明日期

判决书尾部写明的日期,应当是当庭宣判的日期或者签发判决书的日期。叙写日期,应当写明××××年××月××日。在年月日上,应当加盖人民法院的院印。

4. 书记员署名

在日期下方,应当由书记员署名。同时,判决书正本制成后,书记员应当将正本与原本进行核对,确认无异后,在日期左下方与书记员署名的左上方,加盖"本件与原本核对无异"的核对章。

### 三、文书写作需要注意的问题

(1)在叙写案件事实时,对于控辩双方没有异议的内容,可以进行简单的叙述和论证,重点放在控辩双方有异议,以及原审与再审有重大分歧部分内容的叙述。

(2)阐述再审判决书的理由,应当重点围绕事实、证据、适用法律、量刑几个方面,阐述再审改判的理由。

(3)对于非因事实和证据方面的原因进行再审的,在叙写"事实和证据"部分时,可以详述原审认定的事实和证据,略述再审认定的事实和证据。

**参考格式**

**再审刑事判决书(按一审程序再审用)**

> **参考范例**
>
> 再审刑事判决书
>
>

# 第五节 刑事裁定书

## 一、概念和作用

刑事裁定书,是指人民法院在审理和执行刑事案件过程中,根据我国刑事法律的规定,依法针对诉讼程序问题和部分实体问题作出处理决定时制作的法律文书。

刑事裁定书与刑事判决书的区别,主要体现在以下几个方面:(1)针对对象不同。刑事裁定书针对的对象是案件程序问题和部分实体问题;刑事判决书针对的对象是案件实体问题。(2)写作内容不同。刑事裁定书的格式、写法等与判决书大体相同,但是与判决书相比,内容相对比较简单;判决书的写作内容比较复杂。(3)使用次数不同。在一个案件中,发生法律效力并被执行的判决只有一个;发生法律效力的裁定可以有若干个。(4)表现形式不同。裁定既可以采用书面形式,也可以采用口头形式。采用口头形式作出的裁定,记入笔录即可;判决必须采用书面的形式,并且必须要制作成判决书,不能采用口头的形式。(5)上诉、抗诉期限不同。不服第一审刑事判决的上诉、抗诉期限为10日;不服第一审裁定的上诉、抗诉期限为5日。(6)救济方法不同。第一审未生效的判决,准许上诉;第一审裁定有的可以上诉,有的不准上诉。

在刑事诉讼和执行过程中,随时都会出现各种问题,如果不及时解决,将会使法庭审理和执行活动受阻。针对这些问题作出处理决定,依法制作刑事裁定书,有利于及时排除诉讼障碍,保证审判和执行工作的顺利进行。

依据不同的标准,刑事裁定书可以进行不同的分类:(1)依裁定内容的不同,可以分为处理程序问题的裁定书和处理实体问题的裁定书。处理程序问题的裁定书包括驳回刑事自诉、准许撤诉和按撤诉处理、终止审理、中止审理、补正裁判文书等。处理实体问题的裁定书包括减刑、假释、减免罚金、核准死刑等。(2)依适用程序的不同,可以分为第一审刑事裁定书、第二审刑事裁定书、死刑复核刑事裁定书、再审刑事裁定书、中止审理刑事裁定书、终止审理刑事裁定书等。本书主要介绍驳回自诉用第一审刑事裁定书和维持原判用第二审刑事裁定书。

## 二、具体写作要求

刑事裁定书由首部、正文和尾部组成。

(一)第一审刑事裁定书(驳回自诉用)

1. 首部

首部包括标题、案号、当事人的基本情况、案件来源。

(1)标题。标题应当写明人民法院的名称和文书名称。其中,人民法院的名称,一般应与院印的文字一致,除最高人民法院外,各地方的人民法院名称前,均应写明省、自治区或直辖市的名称。文书名称,应当写明"刑事裁定书"。需要注意的是,叙写文书标题时,法院名称和文书名称应当各占一行,居中排列。

(2)案号。案号由立案年度、制作法院、案件性质、审判程序的代字和案件的顺序号组成,即应写为:"(××××)×刑初字第×号"。

(3)当事人的基本情况。应当写明自诉人和被告人的基本情况,即自诉人和被告人的姓名、性别、出生年月日、民族、出生地、文化程度、职业或工作单位和职务、住址等。

(4)案件来源。应当写为:

自诉人×××以被告人×××犯××罪,于××××年××月××日向本院提起控诉。

2. 正文

正文包括事实、理由和裁决结果。

(1)事实。驳回自诉用刑事裁定一般不写事实。但是,如果是因为缺乏主要证据且自诉人不能补充的,或者当事人要求写明事实和证据的,应当据实写明控辩双方当事人主张的事实根据和相关证据,并写明人民法院对事实和证据的认定情况。

(2)理由。制作驳回自诉用刑事裁定书,应当以犯罪构成要件为基准,具体、有针对性地阐明被告人的行为不构成犯罪,不应当追究刑事责任的理由,以使裁决结果有说服力,使当事人信服。同时,应当写明作出裁决的法律依据。

(3)裁决结果。应当表述为:

驳回自诉人×××对被告人×××的起诉。

3. 尾部

尾部包括交代上诉事项、审判人员署名、写明年月日、书记员署名。

(1)交代上诉事项。在裁决结果之后,另起一行写明:

如不服本判决,可在接到判决书的第二日起五日内,通过本院或者直接向××××人民法院提出上诉。书面上诉的,应当提交上诉状正本一份,副本×份。

(2)审判人员署名。在判决书的尾部,应当由参加审判案件的合议庭组成人员署名。

(3)写明日期。应当写明××××年××月××日,并在年月日上加盖人民法院的院印。

(4)书记员署名。在日期下方,应当由书记员署名。

(二)第二审刑事裁定书(维持原判用)

1. 首部

首部包括标题、案号、公诉机关和当事人的基本情况、辩护人的基本情况、案件由来和审判经过。

（1）标题。标题应当写明人民法院的名称和文书名称。其中，人民法院的名称，一般应与院印的文字一致，除最高人民法院外，各地方的人民法院名称前，均应写明省、自治区或直辖市的名称。涉及涉外案件时，在各级人民法院名称前，均应写明"中华人民共和国"字样。文书名称，应当写明"刑事裁定书"。需要注意的是，叙写文书标题时，法院名称和文书名称应当各占一行，居中排列。

（2）案号。案号由立案年度、制作法院、案件性质、审判程序的代字和案件的顺序号组成，即应写为："（××××）×刑终字第×号"。

（3）公诉机关和当事人的基本情况。公诉机关，应当写为："原公诉机关××××人民检察院"。当事人的基本情况，应当写明上诉人的基本情况，即上诉人的姓名、性别、出生年月日、民族、出生地、文化程度、职业或工作单位和职务、住址和因本案所受强制措施情况，现羁押处所等。并用括号标明其在原审中的诉讼地位。

（4）辩护人的基本情况。如果被告人委托辩护人参加诉讼的，应当写明辩护人的基本情况，即写明辩护人的姓名、工作单位和职务。

（5）案件由来和审判经过。

这部分内容，主要应当写明当事人不服原审判决提出上诉后，第二审法院依法对案件进行审理的经过。根据文书格式的规定，公诉案件被告人提出上诉的，具体写作内容如下：

××××人民法院审理××××人民检察院指控原审被告人×××（姓名）犯××罪一案，于××××年××月××日作出（××××）×刑初字第××号刑事判决。原审被告人×××不服，提出上诉。本院依法组成合议庭，公开（或者不公开）开庭审理了本案。××××人民检察院指派检察员×××出庭履行职务。上诉人（原审被告人）×××及其辩护人×××等到庭参加诉讼。现已审理终结。

2. 正文

正文是文书的核心内容，应当写明事实、理由和裁决结果。

（1）事实。维持原判用刑事裁定书的事实部分，主要应当写明以下内容：一是概述原判决认定的事实、证据、理由和判决结果；二是概述上诉、辩护的意见；三是概述检察院在二审过程中提出的新意见；四是写明人民法院经审查认定的事实。叙写这部分内容，需要注意以下几个问题：

一是对抗诉机关的抗诉理由、上诉人的上诉理由，以及辩护人的辩护意见应当逐一进行列举，以使控辩主张和意见清楚、明确。

二是人民法院经审查认定事实部分的叙写，以"经审理查明，……"开头，引出下文，具体主要需要写清以下内容：首先，写明经二审审理查明的事实；其次，写明二审据以定案的证据；最后，针对上诉理由中与原判认定的事实、证据有异议的问题进行分析、认证。

三是人民法院经审查认定事实部分的叙写，涉及叙述原判、二审认定的事实和证据时，应当尽量避免文字重复，应当重点围绕上诉、辩护等对原审判决认定的事实、情节等提出异议的内容，进行阐述分析。

（2）理由。理由部分的叙写，以"本院认为，……"开头，引出下文，具体主要需要写清以下内容：

一是根据二审查明的事实、证据和有关法律规定,论证原审法院认定事实、证据和适用法律的正确性。

二是对于上诉人、辩护人或者出庭履行职务的检察人员等在适用法律、定性处理方面的意见,应当逐一进行回答,说明不予采纳的理由。

三是应当明确、具体地写明作出裁定的法律依据。

(3) 裁决结果。应当写明:"驳回上诉,维持原判。"

3. 尾部

尾部包括交代裁定的法律效力、合议庭组成人员署名、写明日期、书记员署名等。

(1) 交代裁定的法律效力。应当写明:"本裁定为终审判决"。

(2) 合议庭组成人员署名。在裁定书的尾部,应当由参加审判案件的合议庭组成人员署名。叙写这部分内容,需要注意以下几点:一是合议庭中有助理审判员的,署名为:"代理审判员×××"。二是助理审判员担任合议庭审判长的,与审判员担任合议庭审判长一样,均署名为:"审判长×××"。三是院长或庭长参加合议庭的,应当担任审判长,署名为:"审判长×××"。

(3) 写明日期。裁定书尾部写明的日期,应当是当庭宣判的日期或者签发裁定书的日期。叙写日期,应当写明××××年××月××日。在年月日上,应当加盖人民法院的院印。

(4) 书记员署名。在日期下方,应当由书记员署名。同时,裁定书正本制成后,书记员应当将正本与原本进行核对,确认无异后,在日期左下方与书记员署名的左上方,加盖"本件与原本核对无异"的核对章。

### 三、文书写作需要注意的问题

(1) 制作驳回自诉用刑事裁定书时,如果有附带民事诉讼的内容,自诉人的称谓改为"自诉人及附带民事诉讼原告人"。如果是反诉案件,则应当在"自诉人"和"被告人"之后,分别用括号注明"反诉被告人""反诉自诉人"。

(2) 制作二审维持原判用刑事裁定书时,如果是检察机关提起抗诉的案件,在称谓上要将"原公诉机关××××人民检察院"变更为:"抗诉机关××××人民检察院。"裁定结果表述为:"驳回抗诉,维持原判。"

**参考格式**

**刑事裁定书**

**参考范例**

××省××市人民检察院刑事裁定书

 **思考题**

1. 简述刑事裁判文书的概念和分类。
2. 第一审刑事判决书的事实部分应当写明哪些内容？
3. 叙写第一审刑事判决书的理由部分，应当写清哪些内容？
4. 简述刑事裁定书与刑事判决书的区别。
5. 简述第二审刑事判决书的概念和作用。
6. 第二审改判用的刑事判决书，判决结果部分的叙写有哪几种情形？
7. 再审刑事判决书的事实部分需要写清哪些内容？
8. 简述刑事裁定书的概念和作用。

# 第五章

# 人民法院民事裁判文书

**【学习目的与要求】** 通过本章学习,要求学习者在了解民事裁判文书的概念、特点、种类和作用的基础上,具体了解和掌握各种常用民事裁判文书的概念、作用、具体写作要求、文书写作需要注意的问题,并能够结合司法实践,达到能写会用的要求。

## 第一节 概 述

### 一、人民法院民事裁判文书的概念和特点

人民法院民事裁判文书,是指人民法院在民事诉讼中,为解决诉讼当事人之间的民事权利义务争议,就案件的实体问题和程序问题依法作出裁决时制作的法律文书。

人民法院独立公正地行使审判权,是《宪法》和法律赋予的神圣职责。裁判权是审判权的核心,裁判文书是人民法院依法行使审判权的重要表现形式。民事裁判文书的制作主要具有以下特点:

(1)规范性。民事裁判文书是法官公正审理案件,依法作出裁决,维护当事人合法权益的重要载体,要求制作必须符合规范性的要求。为了保证文书制作的规范性,1992年最高人民法院印发了《法院诉讼文书样式(试行)》,实现了民事裁判文书的规范化、统一化。为了适应民事审判发展的新需要,2016年2月22日,最高人民法院审判委员会第1679次会议审议通过了《人民法院民事裁判文书制作规范》和《民事诉讼文书样式》,于2016年8月1日开始施行。在民事诉讼文书样式中,既包括法院制作的诉讼文书样式,也包括当事人参考使用的诉讼文书样式。最高人民法院统一裁判文书制作样式,为全国四级法院和广大法官提供了统一标准的文书样本,既是严格公正司法的要求,也是司法活动、司法行为规范化、公开化的最好体现。当事人参考诉讼文书样式,是当事人在诉讼过程中依法处分自己的民事实体权利、程序权利,以及承担民事义务的重要凭证。法院为当事人提供参考诉讼文书样式,帮助当事人解决了制作诉讼文书的困难,是司法为民、便民、利民的重要举措。由此可见,为了保证文书制作的规范性,最高人民法院做了大量的工作。因此,无论是人民法院,还是诉讼当事人,在文书制作中,都应当严格按照法院民事诉讼文书样式的要求,遵循格式规范要求,依法制作出符合规范性要求的法律文书。

(2)合法性。民事裁判文书,是人民法院对当事人的诉讼请求、诉讼争论作出的回应和判断,对当事人民权利义务进行司法确认、调整和分配的凭据,是法官对民事案件依法审

判的结论,是司法公正的载体,是为具体实施法律制作的。因此,文书制作具有合法性的特点。为了保证文书制作的合法性,我国《民事诉讼法》及其相关的司法解释,对民事裁判文书的制作进行了规范性的要求。最高人民法院依据法律和司法解释,对民事裁判文书的格式也作出了明确的规定。文书制作的合法性,不仅要求裁判文书的制作符合文书格式规范的要求,还要求文书内容符合实体法规范和程序法规范的要求。符合合法性和规范性要求的裁判文书,应当做到要素齐全、结构完整、格式统一、逻辑严密、条理清晰、文字规范、繁简得当。一份内容客观、说理透彻、形式规范、裁判正确的民事裁判文书,能够以看得见的方式,向人民群众展示司法正义,体现司法公正。因此,民事裁判文书的制作具有合法性的特点。

(3)实效性。民事裁判文书是为具体实施法律制作的,具有法律效力。发生法律效力的民事裁判文书,义务人不履行裁判文书中载明的义务,权利人可以依法向人民法院申请强制执行。为了保障民事裁判文书的执行,我国《刑法》还规定了拒不执行判决、裁定罪。因此,民事裁判文书具有实施的实效性特点。为了保证民事裁判文书发挥应有的效应,2016年,最高人民法院发布施行的民事诉讼文书样式和规范,对民事裁判文书制作内容提出了具体的要求,包括优化裁判文书体例结构、增强文书说理、实行裁判文书繁简分流、突出不同审级的特点等。主要目的是为了提高民事裁判文书的制作质量,突出民事裁判文书实效性的特点,使民事裁判文书不仅是全部诉讼活动的展现,也成为审判结果的结晶、司法公正的载体,以保证民事裁判文书在司法实践中得以切实的施行。

**二、人民法院民事裁判文书的种类和作用**

2016年2月22日,最高人民法院发布的《民事诉讼文书样式》共有568个,其中人民法院制作诉讼文书样式463个,当事人参考民事诉讼文书样式105个。以民事诉讼程序为标准,划分为22类,包括管辖、回避、诉讼参与人、证据、期间和送达、调解、保全和先予执行、对妨碍民事诉讼的强制措施、诉讼费用、第一审普通程序、简易程序、小额诉讼案件、公益诉讼、第三人撤销之诉、执行异议之诉、第二审程序、非讼程序、审判监督程序、督促程序、公示催告程序、执行程序、涉外民事诉讼程序等适用的诉讼文书。

涉及民事裁判文书,按照不同的标准可以进行不同的分类:(1)按照案件审结方式的不同,可以分为民事判决书、民事裁定书、民事调解书和民事决定书。(2)按照适用审判程序的不同,可以分为第一审民事判决书、第一审民事裁定书、第一审民事调解书、第二审民事判决书、第二审民事裁定书、第二审民事调解书、再审民事判决书、再审民事裁定书、再审民事调解书。此外,还包括适用督促程序、公示催告程序、非讼程序、涉外民事诉讼程序等审理案件制作的民事裁判文书等。

民事裁判文书是人民法院行使国家审判权的体现,是司法公正的最终载体,其作用主要体现在以下几个方面:

(1)保证文书制作质量。作为司法公正的载体,民事裁判文书不仅将诉讼过程呈现给当事人,而且是宣告诉讼结果的法律凭证,更是链接、沟通法院和社会公众的桥梁和纽带。民事裁判文书最大的价值,在于被当事人、社会认可、信服和接受,前提是保证文书的制作质量。保证文书的制作质量,在于保证民事裁判的公正性,包括实体公正和程序公正。一方面要求法官在制作文书时,符合最高人民法院发布的《人民法院民事裁判文书制作规范》的要求;另一方面,要求法官在民事裁判文书中,准确体现案件审理过程,包括认定事实、适用法律、辨析事理等。说理充分的文书,在司法实践中容易被当事人接受,也容易被社会公众认可。

（2）实现案件的繁简分流。随着我国经济的快速发展，各种矛盾频发，法院诉讼案件呈现"诉讼爆炸"趋势。民事审判案件数量多、范围广，加之法院内部现有资源的配置与案多人少不相适应的结构性矛盾，导致审判运行效力低下。2016年最高人民法院发布的《民事诉讼文书样式》，根据案件类型和不同审级的要求，实现裁判文书繁简分流，以减轻办案法官制作文书的工作量，缓解"案多人少"的压力。具体做法是，根据案件类型，分别制定普通程序、简易程序、小额诉讼案件适用的裁判文书样式。对于适用普通程序审理的新型、典型、复杂、疑难、有争议、有示范价值的案件，强调说理的详细、深入、透彻；对于适用简易程序和小额诉讼案件的审理，设计了要素式、令状式和表格式的简单裁判文书样式。同时，根据不同审级，对民事裁判文书提出了不同的要求。

（3）实现司法公正。推进审判公开，依法及时公开生效的法律文书，加强法律文书的释法说理，建立生效法律文书统一上网和公开查询制度，是中共十八届四中全会决定对人民法院确保公正司法、提高司法公信力提出的明确要求。施行裁判文书上网和公开查询制度，主要是为了实现阳光下的司法，保证司法的公正性。要想达到这一目的，必须保证裁判文书的质量，强化民事裁判文书的说理。裁判文书的说理，是法官对证据采信、事实认定内心确信的阐述，是对法律适用根据的公开展示。近年来，裁判文书成为了社会传播的热点，一些优秀的裁判文书，很好地阐释了法治精神，弘扬了公序良俗，引领了社会风尚，为司法公正的实现提供了保障。

## 第二节　第一审民事判决书

### 一、概念和作用

第一审民事判决书，是指第一审人民法院依照我国《民事诉讼法》规定的第一审程序，对审理终结的第一审民事案件，就实体问题作出处理决定时制作的具有法律效力的法律文书。

我国《民事诉讼法》第152条规定：判决书应当写明判决结果和作出该判决的理由。判决书内容包括：(1)案由、诉讼请求、争议的事实和理由；(2)判决认定的事实和理由、适用的法律和理由；(3)判决结果和诉讼费用的负担；(4)上诉期间和上诉的法院。判决书由审判人员、书记员署名，加盖人民法院印章。

根据我国《民事诉讼法》规定，第一审程序包括第一审普通程序和第一审简易程序。第一审普通程序，是指人民法院审理第一审民事案件通常适用的基础程序。简易程序，是指基层人民法院及其派出法庭审理简单的民事案件，以及非简单之民事案件当事人基于程序选择权所适用的简便易行的诉讼程序。我国《民事诉讼法》第157条第1款规定：基层人民法院和它派出的法庭审理事实清楚、权利义务关系明确、争议不大的简单的民事案件时，适用简易程序。为了提高审判效率，减轻审判人员制作文书的压力，实行案件的繁简分流，我国《民事诉讼文书样式》对适用简易程序审理案件判决书的制作，在具体内容写作要求上，作出了相对简略的规定。

第一审民事判决书的作用主要体现在以下几个方面：(1)是人民法院依法行使审判权，对当事人之间的实体争议作出的书面评判。(2)是确认当事人之间的民事权利义务关系，制裁民事违法行为，保护公民、法人和其他组织合法权益的工具。(3)是教育公民自觉遵守法律的生动教材。

**二、普通程序适用的第一审民事判决书**

（一）具体写作要求

适用第一审普通程序审理案件,制作的第一审民事判决书由首部、正文和尾部组成。

1. 首部

首部包括标题、案号、当事人的基本情况、诉讼代理人的身份事项,以及案由、审判组织、审判方式和开庭审理经过。

（1）标题。应当分两行书写为:"××××人民法院""民事判决书"。

（2）案号。由立案年度、法院简称、案件性质、审判程序和案件顺序号组成。应当写为:"(20××)×民初字第×号"。例如,北京市朝阳区人民法院2016年立案的第56号民事案件,应当写为:"(2016)朝民初字第56号"。其中,"2016"是立案年度;"朝"是朝阳区法院的简称;"民"指案件性质;"初"指审级;"56"指案件的顺序号。

（3）当事人的基本情况。应当写明原告、被告、第三人的基本情况。叙写当事人基本情况,需要注意以下几点:

一是如果当事人是自然人的,应当写明姓名、性别、出生年月日、民族、工作单位和职务或者职业、住所。

二是如果当事人是外国人的,应当写明国籍;无国籍人,应当写明"无国籍"。

三是如果当事人是港澳台地区的居民的,应当分别写明:"香港特别行政区居民""澳门特别行政区居民""台湾地区居民"。

四是如果涉及共同诉讼代表人参加诉讼的,按照当事人是自然人的基本信息内容写明。

五是如果当事人是法人或者其他组织的,应当写明名称、住所。另起一行写明法定代表人或者主要负责人的姓名、职务。

（4）诉讼代理人的身份事项。当事人是无民事行为能力人或者限制民事行为能力人的,应当写明法定代理人或者指定代理人的姓名、住所,并在姓名后括注与当事人的关系。

当事人及其法定代理人委托诉讼代理人的,应当写明委托诉讼代理人的诉讼地位、姓名。在叙写委托诉讼代理人的身份事项时,需要注意以下几点:

一是委托诉讼代理人是当事人近亲属的,近亲属姓名后括注其与当事人的关系,写明住所。

二是委托诉讼代理人是当事人本单位工作人员的,应当写明姓名、性别和工作人员身份。

三是委托诉讼代理人是律师的,应当写明姓名、律师事务所的名称和律师执业身份。

四是委托诉讼代理人是基层法律服务工作者的,应当写明姓名、法律服务所名称和基层法律服务工作者执业身份。

五是委托诉讼代理人是当事人所在社区、单位以及有关社会团体推荐的公民的,应当写明姓名、性别、住所和推荐的社区、单位或有关社会团体名称。

有关上述委托诉讼代理人的排列顺序,近亲属或者本单位工作人员在前,律师、法律工作者、被推荐公民在后。委托诉讼代理人为当事人共同委托的,可以合并写明。

（5）案由、审判组织、审判方式和开庭审理经过。根据法院诉讼文书样式的要求,这一部分应当表述为:

原告×××与被告×××、第三人×××……(写明案由)一案,本院于××××年××月××日立案后,依法适用普通程序,公开/因涉及……(写明不公开开庭的理由)不公开开庭进行了审理。原告×××、被告×××、第三人×××(写明当事人和其他诉讼参加人的诉讼地位和姓名或者名称)到庭参加诉讼。本案现已审理终结。

当事人及其诉讼代理人均到庭的,可以合并写明:"原告×××及其委托诉讼代理人×××、被告×××、第三人×××到庭参加诉讼。"诉讼参加人均到庭参加诉讼的,可以合并写明:"本案当事人和委托诉讼代理人均到庭参加诉讼。"当事人经合法传唤未到庭参加诉讼的,写明:"×××经传票传唤无正当理由拒不到庭参加诉讼。"或者"×××经公告送达开庭传票,未到庭参加诉讼。"

当事人未经法庭许可中途退庭的,写明:"×××未经法庭许可中途退庭。"诉讼过程中,如果存在指定管辖、移送管辖、程序转化、审判人员变更、中止诉讼等情形,应当同时写明。

2. 正文

正文是文书的核心内容,应当写明事实、理由、裁判依据和判决主文。

(1)事实。事实部分主要包括:原告起诉的诉讼请求、事实和理由,被告答辩的事实和理由,人民法院认定的证据和事实。具体叙写要求如下:

第一,当事人的诉辩意见。应当写明原告起诉的诉讼请求、事实和理由,被告答辩的事实和理由。如果有第三人的,还应当写明第三人的主张、事实和理由。

关于原告起诉的诉讼请求、事实和理由。应当先写明诉讼请求,然后写明事实和理由。叙写这部分内容需要注意以下两点:

一是诉讼请求为两项以上的,应当用阿拉伯数字加点号分项写明。

二是诉讼过程中增加、变更、放弃诉讼请求的,应当连续写明。其中,增加诉讼请求的,写明:"诉讼过程中,×××增加诉讼请求:……。"变更诉讼请求的,写明:"诉讼过程中,×××变更……诉讼请求为:……。"放弃诉讼请求的,写明:"诉讼过程中,×××放弃……的诉讼请求。"

关于被告答辩的事实和理由。叙写这部分内容需要注意以下几点:

一是被告承认原告主张的全部事实的,写明:"×××承认×××主张的事实。"

二是被告承认原告主张的部分事实的,先写明:"×××承认×××主张的……事实。"后写明有争议的事实。

三是被告承认全部诉讼请求的,写明:"×××承认×××的全部诉讼请求。"

四是被告承认部分诉讼请求的,写明被告承认原告的部分诉讼请求的具体内容。

五是被告提出反诉的,写明:"×××向本院提出反诉请求:1……;2……。"后接反诉的事实和理由。再另段写明:"×××对×××的反诉辩称,……。"

六是被告未作答辩的,写明:"×××未作答辩。"

关于第三人主张、事实和理由。叙写这部分内容需要注意以下几点:

一是如果是有独立请求权的第三人,应当先写明:"×××向本院提出诉讼请求:……。"后接第三人请求的事实和理由。再另段写明原告、被告对第三人的诉讼请求的答辩意见:"×××对×××的诉讼请求辩称,……。"

二是如果是无独立请求权第三人,应当写明:"×××述称,……。"第三人未作陈述的,应当写明:"×××未作陈述。"

三是如果原告、被告或者第三人有多名,且意见一致的,可以合并写明;意见不同的,应当分别写明。

第二,人民法院认定的证据和事实。叙写这部分内容需要注意以下几点:

一是对当事人提交的证据和人民法院调查收集的证据数量较多的,原则上不一一列举,可以附证据目录清单。对当事人没有争议的证据,写明:"对当事人无异议的证据,本院予以确认并在卷佐证。"对有争议的证据,应当写明争议证据的名称及法院对争议证据的认定意见和理由。

二是对争议的事实,应当写明事实认定意见和理由。争议的事实较多的,可以对争议事实分别认定;针对同一事实有较多争议证据的,可以对争议的证据分别认定。对争议的证据和事实,可以一并叙写;也可以先单独对争议证据进行认定后,另段概括写明认定的案件基本事实,即"根据当事人陈述和经审查确认的证据,本院认定事实如下:……。"

三是对于人民法院调取的证据、鉴定意见,经庭审质证后,按照是否有争议分别写明。召开庭前会议或者在庭审时归纳争议焦点的,应当写明争议焦点。争议焦点的摆放位置,可以根据争议的内容处理。争议焦点中有证据和事实内容的,可以在当事人诉辩意见之后写明。争议焦点主要是法律适用问题的,可以在本院认为部分,先写明争议焦点,再进行说理。

(2) 理由。理由应当围绕当事人的诉讼请求,根据认定的事实和相关法律,逐一评判并说明理由。叙写这部分内容需要注意以下几点:

一是理由部分有争议焦点的,先列争议焦点,再分别分析认定,后综合分析认定。

二是没有列争议焦点的,直接写明裁判理由。

三是被告承认原告全部诉讼请求,且不违反法律规定的,只写明:"被告承认原告的诉讼请求,不违反法律规定。"

四是法院就一部分事实先行判决的,写明:"本院对已经清楚的部分事实,先行判决。"

五是案件经审判委员会讨论决定的,在法律依据引用前写明:"经本院审判委员会讨论决定,……。"

(3) 裁判依据。在说理之后,作出判决前,应当援引法律依据。叙写这部分内容需要注意以下几点:

一是分项说理的,在说理后,可以另起一段,综述对当事人诉讼请求是否支持的总结评价,后接法律依据,直接引出判决主文。

二是如果说理部分已经完成,无需再对诉讼请求进行总结评价的,可以直接另段援引法律依据,写明判决主文。

三是援引法律依据,应当依照《最高人民法院关于裁判文书引用法律、法规等规范性法律文件的规定》处理。法律文件引用顺序,先基本法律,后其他法律;先法律,后行政法规和司法解释;先实体法,后程序法。实体法的司法解释可以放在被解释的实体法之后。

(4) 判决主文。叙写这部分内容需要注意以下几点:

一是判决主文两项以上的,各项前依次使用汉字数字分段写明。单项判决主文和末项判决主文句末用句号,其余判决主文句末用分号。如果一项判决主文句中有分号或者句号的,各项判决主文后均用句号。

二是判决主文中可以用括注,对判项予以说明。括注应当紧跟被注释的判决主文。例如(已给付……元,尚需给付……元);(已给付……元,应返还……元);(已履行);(按双方订立的《××借款合同》约定的标准执行);(内容须事先经本院审查);(清单详见附件)等等。

三是判决主文中当事人姓名或者名称应当用全称,不得用简称。金额,用阿拉伯数字。金额前不加"人民币";人民币以外的其他种类货币的,金额前加货币种类。有两种以上货币的,金额前要加货币种类。

3. 尾部

尾部包括迟延履行责任告知、诉讼费用负担、上诉权利告知和落款。

(1) 迟延履行责任告知。判决主文包括给付金钱义务的,在判决主文后另起一段写明:"如果未按本判决指定的期间履行给付金钱义务,应当依照《中华人民共和国民事诉讼法》第二百五十三条规定,加倍支付迟延履行期间的债务利息。"

(2) 诉讼费用负担。根据《诉讼费用交纳办法》决定。案件受理费,写明:"案件受理费……元"。减免费用的,写明:"减交……元"或者"免予收取"。单方负担案件受理费的,写明:"由×××负担"。分别负担案件受理费的,写明:"由×××负担……元,×××负担……元。"

(3) 上诉权利告知。当事人上诉期为15日。在中华人民共和国领域内没有住所的当事人上诉期为30日。同一案件当事人的上诉期既有15日,又有30日的,写明:"×××可以在判决书送达之日起十五日内,×××可以在判决书送达之日起三十日内,……。"

(4) 落款。落款包括合议庭署名、日期、书记员署名、院印。合议庭的审判长,不论审判职务,均署名为"审判长";合议庭成员有审判员的,署名为"审判员";有助理审判员的,署名为"代理审判员";有陪审员的,署名为"人民陪审员"。书记员,署名为"书记员"。合议庭按照审判长、审判员、代理审判员、人民陪审员的顺序分行署名。

落款日期为作出判决的日期,即判决书的签发日期。当庭宣判的,应当写宣判的日期。两名以上书记员的,分行署名。落款应当在同一页上,不得分页。落款所在页无其他正文内容的,应当调整行距,不写"本页无正文"。

院印加盖在审判人员和日期上,要求骑年盖月、朱在墨上。加盖"本件与原本核对无异"印戳。

(二) 文书写作需要注意的问题

(1) 理由部分内容的阐述,由"本院认为,……"引出,应当写明争议焦点,根据认定的事实和相关法律,对当事人的诉讼请求作出分析评判,说明理由。

(2) 裁判依据部分内容的叙写,由"综上所述,……"引出,应当首先对当事人的诉讼请求是否支持进行总结评述。然后写明依照《中华人民共和国……法》第×条、……(写明法律文件名称及其条款项序号)规定,判决如下:……

(3) 上诉权利的告知。应当写明:

如不服本判决,可以在判决书送达之日起十五日内,向本院递交上诉状,并按照对方当事人或者代表人的人数提出副本,上诉于××××人民法院。

(4) 如果确有必要的,可以在判决书后另页添加附录。

### 三、简易程序适用的第一审民事判决书

(一) 具体写作要求

适用简易程序审理案件制作的第一审民事判决书,由首部、正文和尾部组成。简易程序是普通程序的简化,是与普通程序并存的独立审判程序。设置简易程序的目的主要是:实现

审判程序的多元化;有利于当事人诉讼;有利于人民法院行使审判权。简易程序第一审民事判决书与普通程序第一审民事判决书的区别主要在于正文部分。

根据2015年《最高人民法院关于适用〈中华人民共和国民事诉讼法〉的解释》第270条规定:适用简易程序审理的案件,有下列情形之一的,人民法院在制作判决书、裁定书、调解书时,对认定事实或者裁判理由部分可以适当简化:当事人达成调解协议并需要制作民事调解书的;一方当事人明确表示承认对方全部或者部分诉讼请求的;涉及商业秘密、个人隐私的案件,当事人一方要求简化裁判文书中的相关内容,人民法院认为理由正当的;当事人双方同意简化的。

根据《民事诉讼文书样式》的要求,适用简易程序审理的案件,第一审民事判决书正文部分的具体写作要求如下:

(1) 当事人对案件事实没有争议的,应当首先写明原告主张的事实和理由,概括被告对法律适用、责任承担的意见;然后对当事人诉讼请求进行简要评判;最后依据法律作出裁决。具体文书格式写作要求如下:

×××向本院提出诉讼请求:1……;2……(明确原告的诉讼请求)。事实和理由……(阐述原告主张的事实和理由)。

×××承认原告在本案中所主张的事实,但认为,……(概括被告对法律适用、责任承担的意见)。

本院认为,×××承认×××在本案中主张的事实,故对×××主张的事实予以确认。……(对当事人诉讼请求进行简要评判)。

依照《中华人民共和国……法》第×条、……(写明法律文件名称及其条款项序号)规定,判决如下:

……(写明判决结果)。

(2) 当事人对案件事实有争议的,应当首先写明原告主张的事实和理由,概括被告答辩意见,概括当事人有争议的事实的质证和认定情况;然后对当事人诉讼请求进行简要评判,写明对当事人诉讼请求是否支持的评述;最后依据法律作出裁决。具体文书格式写作要求如下:

×××向本院提出诉讼请求:1……;2……(明确原告的诉讼请求)。事实和理由……(阐述原告主张的事实和理由)。

×××辩称,……(概括被告答辩意见)。

本院经审理认定事实如下:对于双方当事人没有争议的事实,本院予以确认。……(概括当事人有争议的事实的质证和认定情况)。

本院认为,被告承认原告诉讼请求的事实部分,不违反法律规定,本院予以支持。……(对当事人诉讼请求进行简要评判)。

综上所述,……(写明对当事人诉讼请求是否支持进行评述)。依照《中华人民共和国……法》第×条、……(写明法律文件名称及其条款项序号)规定,判决如下:

……(写明判决结果)。

(3) 被告承认原告全部诉讼请求的,应当首先写明原告主张的事实和理由,写明原告承认被告提出的全部诉讼请求;然后写明当事人有权在法律规定的范围内处分自己的民事权利和诉讼权利,被告承认原告的诉讼请求,不违反法律规定;最后依据法律作出裁决。具体

格式写作要求如下:

×××向本院提出诉讼请求:1……;2……(明确原告的诉讼请求)。事实和理由……(阐述原告主张的事实和理由)。

×××承认×××提出的全部诉讼请求。

本院认为,当事人有权在法律规定的范围内处分自己的民事权利和诉讼权利。被告承认原告的诉讼请求,不违反法律规定。

依照《中华人民共和国……法》第××条第×款规定,判决如下:

……(写明判决结果)。

(二)文书写作需要注意的问题

(1)适用简易程序审理的案件,实行独任制,由审判员一人独任审判案件。因此,在文书首部,应当予以写明。

(2)文书尾部审判人员署名,写明"审判员×××"即可。

(3)上诉权利的告知。应当写明:

如不服本判决,可以在判决书送达之日起十五日内,向本院递交上诉状,并按照对方当事人的人数提出副本,上诉于××××人民法院。

**参考格式**

**第一审民事判决书(普通程序用)**

**参考范例**

**第一审民事判决书**

## 第三节 第二审民事判决书

一、概念和作用

第二审民事判决书,是指第二审人民法院依照我国《民事诉讼法》的规定,对当事人不服第一审人民法院民事判决提起上诉的民事案件,进行审理后,制作的具有法律效力的法律文书。

我国《民事诉讼法》第164条规定:当事人不服地方人民法院第一审判决的,有权在判决书送达之日起15日内向上一级人民法院提起上诉。当事人不服地方人民法院第一审裁定的,有权在裁定书送达之日起10日内向上一级人民法院提起上诉。

第二审民事判决书的作用主要体现在以下几个方面:(1)是第二审人民法院对二审案件进行审理,作出裁判的书面凭证;(2)是当事人对案件申请再审的依据;(3)是二审法院发现一审裁判错误,及时予以纠正的体现。

**二、具体写作要求**

第二审民事判决书由首部、正文和尾部组成。

(一)首部

首部包括标题、案号、当事人的基本情况、诉讼代理人的身份事项,以及案由、审判组织、审判方式和开庭审理经过。

1. 标题

应当分两行书写为:"××××人民法院""民事判决书"。

2. 案号

案号由立案年度、法院简称、案件性质、审判程序和案件顺序号组成。应当写为:"(20××)×民终字第 ×号"。例如,北京市第二中级人民法院2017年立案的第6号民事案件,应当写为:"(2017)二中民终字第6号"。其中,"2017"是立案年度;"二中"是北京市第二中级人民法院的简称;"民"指案件性质;"终"指审级;"6"指案件的顺序号。

3. 当事人的基本情况

应当写明上诉人、被上诉人的基本情况及原审地位。从总的方面看,叙写这部分内容需要注意以下几点:

一是当事人是自然人的,应当写明姓名、性别、出生年月日、民族、工作单位和职务或者职业、住所。

二是当事人是法人或者其他组织的,应当写明名称、住所。另起一行写明法定代表人或者主要负责人的姓名、职务。

三是在上诉人和被上诉人之后,要注明其在原审中的地位,即"原审原告""原审被告""原审第三人"。

在具体叙写过程中,还需要注意,在二审中,上诉人是指不服一审法院判决提起上诉的当事人;被上诉人一般是上诉人在一审程序中的对方当事人。列举当事人时,需要注意以下问题:

(1)双方当事人和第三人都提出上诉的,均列为上诉人。

(2)在必要共同诉讼中,必要共同诉讼人中的一人或者部分人提出上诉的,按下列情况处理:一是该上诉是对与对方当事人之间的权利义务分担有意见,不涉及其他共同诉讼人利益的,对方当事人为被上诉人,未上诉的同一方当事人依原审诉讼地位列明。二是该上诉仅对共同诉讼人之间权利义务分担有意见,不涉及对方当事人利益的,未上诉的同一方当事人为被上诉人,对方当事人依原审诉讼地位列明。三是该上诉对双方当事人之间以及共同诉讼人之间权利义务分担有意见的,未提出上诉的其他当事人均为被上诉人。

4. 诉讼代理人的身份事项

具体写作要求,与第一审民事判决书相同。

5. 案由、审判组织、审判方式和开庭审理经过

我国《民事诉讼法》第169条第1款规定：第二审人民法院对上诉案件，应当组成合议庭，开庭审理。经过阅卷、调查和询问当事人，对没有提出新的事实、证据或者理由，合议庭认为不需要开庭审理的，可以不开庭审理。根据上述法律规定，第二审法院审理民事案件以开庭审理为原则，不开庭审理为例外。因此，案由、审判组织、审判方式和开庭审理经过的叙写也存在区别。

(1) 开庭审理的，这部分内容应当表述为：

上诉人×××因与被上诉人×××/上诉人×××及原审原告/被告/第三人×××……(写明案由)一案，不服××××人民法院(××××)×民初字第××号民事判决，向本院提起上诉。本院于××××年××月××日立案后，依法组成合议庭，开庭/因涉及……(写明不公开开庭的理由)不公开开庭进行了审理。上诉人×××、被上诉人×××、原审原告/被告/第三人×××(写明当事人和其他诉讼参加人的诉讼地位和姓名或者名称)到庭参加诉讼。本案现已审理终结。

(2) 不开庭审理的，在"向本院提起上诉"之后，写为：

本院依法组成合议庭审理了本案。现已审理终结。

(二) 正文

正文部分是文书的核心内容，主要包括事实、理由和判决结果。

1. 事实

我国《民事诉讼法》第168条规定：第二审人民法院应当对上诉请求的有关事实和适用法律进行审查。根据上述法律规定，第二审民事判决书是针对第一审民事判决书认定的事实和适用法律作出的。因此，事实部分主要应当写明以下内容：上诉人提起上诉的诉讼请求、事实和理由；被上诉人的答辩意见；原审原告、被告和第三人的陈述意见；一审起诉和判决情况；二审认定的事实和证据。

(1) 双方当事人争议的事实。包括上诉人提起上诉的诉讼请求、事实和理由；被上诉人的答辩意见；原审原告、被告和第三人的陈述意见。这部分内容的叙写应当概括、简明扼要，力求反映当事人的愿意，主要是为了阐述清楚当事人不同的主张、意见和理由。

(2) 一审起诉和判决情况。这部分内容的叙写，不需要详细地重叙，只需要对一审判决的事实进行概括的介绍，并写明原判的判决结果即可。如果原判的判决结果较多，只需要写清楚主要判决内容。叙写这部分内容的目的主要是：一是客观反映一审判决的情况；二是使一审、二审相互衔接，为后续二审判决叙写事实和阐述理由奠定基础。

(3) 二审认定的事实和证据。二审认定的事实，是法院作出裁决的基础。针对上诉人的上诉请求，二审法院应当围绕上诉请求对一审法院认定的事实进行审查。叙写这部分内容，主要应当写明二审法院采信证据、认定事实的意见和理由，对一审查明相关事实的评判。

在文书制作过程中，针对不同的情形，叙写二审事实时，主要应当注意以下几点：

一是原判决认定事实清楚，上诉人无异议的，二审判决中，只需概括地予以确认即可。

二是原审认定的主要事实有错误，或者部分事实有错误，二审判决中，对于改判认定的事实应当详细具体地叙述，并运用证据加以说明，指出原判认定事实的不当之处。对于原判认定事实正确的部分，只需简要写明即可。

三是原判认定的事实有遗漏,二审判决中,对遗漏部分的事实,应当加以补充。

四是原判认定的事实没有错误,上诉人提出了异议,二审判决中,应当将上诉人有异议部分的事实叙写清楚,并列举相关的证据予以证明,对原判事实加以确定,论证上诉人的异议不能成立。

在二审过程中,如果当事人围绕上诉请求提交了证据,二审判决中,应当写明法院组织当事人进行证据交换和质证的情况。如果当事人没有提交新的证据的,二审判决中,应当写明当事人没有提交新的证据。

2. 理由

事实和理由是法院依法作出裁决的基础。第二审民事判决书的理由部分,主要应当根据二审认定的事实和法律规定,对当事人的上诉请求进行分析评判,说明理由。

(1) 围绕原判决是否正确、上诉是否有理进行分析、论证,阐明理由。上诉人提起上诉,是因为不服一审法院作出的裁决,认为一审法院在认定事实、适用法律等方面存在错误。二审法院围绕当事人的上诉请求,对一审判决认定事实和适用法律进行审查。如果一审判决是正确的,二审判决应当阐明正确的理由;如果一审判决部分或者全部错误的,二审判决应当阐明错误之处,以及产生错误的原因。对上诉人提出的上诉请求正确的,予以支持;错误的,予以反驳。同时,应当具体阐明理由。涉及具体的判决结果,如果原判正确,判决维持原判,应当阐明维持原判的理由;如果原判错误,需要改判,应当阐明改判的理由,以为判决结果的作出奠定基础。

(2) 引用与判决结果相适应的法律条文。引用法律条文应当明确、具体,具有针对性。

如果二审判决维持原判,只需援引《民事诉讼法》第 170 条第 1 款第(一)项;全部改判、部分改判的,除了应当援引《民事诉讼法》第 170 条第 1 款的有关条款外,还应当援引改判所依据的实体法的有关条款。具体表述要求如下:

一是驳回上诉,维持原判的,应当区分两种情形叙写:

第一种情形,一审判决认定事实清楚,适用法律正确,维持原判的,写明:

综上所述,×××的上诉请求不能成立,应予驳回;一审判决认定事实清楚,适用法律正确,应予维持。依照《中华人民共和国民事诉讼法》第一百七十条第一款第一项规定,判决如下:

第二种情形,一审判决认定事实或者适用法律虽有瑕疵,但裁判结果正确,维持原判的,写明:

综上所述,一审判决认定事实……(对一审认定事实作出概括评价,如存在瑕疵应指出)、适用法律……(对一审适用法律作出概括评价,如存在瑕疵应指出),但裁判结果正确,故对×××的上诉请求不予支持。依照《中华人民共和国×××法》第×条(适用法律错误的,应当引用实体法)、《中华人民共和国民事诉讼法》第一百七十条第一款第一项、《最高人民法院关于适用〈中华人民共和国民事诉讼法〉的解释》第三百三十四条规定,判决如下:

二是依法改判的,应当写为:

综上所述,×××的上诉请求成立,予以支持。依照《中华人民共和国×××法》第×条(适用法律错误的,应当引用实体法)、《中华人民共和国民事诉讼法》第一百七十条

第一款第×项规定,判决如下:

3. 判决主文

第二审民事判决书的判决主文,是对当事人争议的实体问题作出的终审结论。判决主文不同,具体的写作要求也不同,具体内容如下:

(1) 维持原判的,表述为:

驳回上诉,维持原判。

(2) 全部改判的,表述为:

一、撤销××××人民法院(××××)……民初……号民事判决;

二、……(写明改判内容)。

(3) 部分改判的,表述为:

一、维持××××人民法院(××××)……民初……号民事判决第×项(对一审维持判项逐一写明);

二、撤销××××人民法院(××××)……民初……号民事判决第×项(将一审判决错误判项逐一撤销);

三、变更××××人民法院(××××)……民初……号民事判决第×项为……;

四、……(写明新增判项)。

(三) 尾部

尾部写明诉讼费用的负担、判决的法律效力、合议庭组成人员署名、日期和书记员署名。

1. 诉讼费用的负担

在判决结果之后,应当另起一行写明诉讼费用的负担。具体写作方法区分为两种不同的情形:第一种情形,驳回上诉,维持原判的,对一审诉讼费用不需调整的,不必重复一审诉讼费用的负担,只需要写明二审诉讼费用的负担即可。如果一审诉讼费负担错误需要调整的,应当予以纠正。第二种情形,依法改判的,除应写明当事人对二审诉讼费用的负担外,还应将变更一审诉讼费用负担的决定一并写明。

2. 判决的法律效力

应当写明:"本判决为终审判决"。

3. 合议庭组成人员署名、日期和书记员署名

写法同第一审普通程序适用的民事判决书。

**三、文书写作需要注意的问题**

(1) 第二审民事判决书一经送达当事人,立即发生法律效力,当事人不得再以上诉的方式表示不服,只能在法定期间内依照审判监督程序的相关规定,向人民法院申请再审。

(2) 第二审判决作出后,当事人不得就同一标的,以同一事实和理由再提起诉讼。

(3) 具有给付内容的裁判,如果义务人不履行发生法律效力裁判确定的义务,权利人可以向有管辖权的法院申请强制执行。

**参考格式**

第二审民事判决书(二审改判用)

**参考范例**

第二审民事判决书

## 第四节　再审民事判决书

### 一、概念和作用

再审民事判决书,是指人民法院对已经发生法律效力的判决、裁定和调解书,发现符合法定再审事由,对案件再次进行审理后,针对当事人之间的权利义务争议作出裁决时制作的具有法律效力的法律文书。

根据我国《民事诉讼法》第198条、第199条、第201条和第208条的规定,各级人民法院院长对本院已经发生法律效力的判决、裁定、调解书,发现确有错误,认为需要再审的,应当提交审判委员会讨论决定。最高人民法院对地方各级人民法院已经发生法律效力的判决、裁定、调解书,上级人民法院对下级人民法院已经发生法律效力的判决、裁定、调解书,发现确有错误的,有权提审或者指令下级人民法院再审。

当事人对已经发生法律效力的判决、裁定,认为有错误的,可以向上一级人民法院申请再审;当事人一方人数众多或者当事人双方为公民的案件,也可以向原审人民法院申请再审。当事人申请再审的,不停止判决、裁定的执行。当事人对已经发生法律效力的调解书,提出证据证明调解违反自愿原则或者调解协议的内容违反法律的,可以申请再审。经人民法院审查属实的,应当再审。

最高人民检察院对各级人民法院已经发生法律效力的判决、裁定,上级人民检察院对下级人民法院已经发生法律效力的判决、裁定,发现有《民事诉讼法》第200条规定情形之一的,或者发现调解书损害国家利益、社会公共利益的,应当提出抗诉。地方各级人民检察院对同级人民法院已经发生法律效力的判决、裁定,发现有《民事诉讼法》第200条规定情形之一的,或者发现调解书损害国家利益、社会公共利益的,可以向同级人民法院提出检察建议,并报上级人民检察院备案;也可以提请上级人民检察院向同级人民法院提出抗诉。各级人民检察院对审判监督程序以外的其他审判程序中审判人员的违法行为,有权向同级人民法院提出检察建议。

民事再审判决书的作用主要体现在以下两个方面:(1)实现司法公正的载体。我国实行两审终审制,再审程序属于非正常的审判程序,是为了防止已经发生法律效力的判决、裁定、调解书存在错误,对当事人权益予以的事后救济,目的是为了实现司法公正,再审民事判决书是司法公正的载体。(2)维护当事人的合法权益的手段。已经发生法律效力的判决、裁定、调解书存在瑕疵,最终损害的是当事人的合法权益。对案件进行再审,依法作出裁决,有利于维护当事人的合法权益。因此,再审民事判决书是维护当事人合法权益的手段。

**二、具体写作要求**

再审民事判决书由首部、正文和尾部组成。

（一）首部

首部包括标题、案号、当事人的基本情况、诉讼代理人的身份事项,以及案由、审判组织、审判方式和开庭审理经过。

1. 标题和案号

再审民事判决书中,标题的写法与第一审、第二审民事判决书基本相同。但是,涉及案号的写法与一审、二审民事判决书有所不同,主要是审级代字,应当写为:"再初"或者"再终"。例如,北京市高级人民法院2017年再审的第10号民事案件,应当写为:"(2017)京高民再终(或再初)字第10号"。

2. 当事人的基本情况

应当写明再审申请人、被申请人的基本情况及原审地位。当事人是自然人的,应当写明姓名、性别、出生年月日、民族、工作单位和职务或者职业、住所。

当事人是法人或者其他组织的,应当写明名称、住所。另起一行写明法定代表人或者主要负责人的姓名、职务。叙写当事人的基本情况需要注意以下几个问题:

(1)在再审申请人和被申请人之后,要注明其在一审或者二审中的诉讼地位。其他当事人按原审诉讼地位表述,例如,一审终审的,列为"原审原告""原审被告""原审第三人"。二审终审的,列为"二审上诉人(一审原告)""二审被上诉人(一审被告)"等。

(2)如果原审遗漏了共同诉讼人,再审将其追加为当事人的,其诉讼地位直接写为:"原告""被告",不必表述为"再审原告"或者"追加原告"等。

(3)如果再审是检察机关抗诉引起的,应当在当事人前,先写明"抗诉机关××××人民检察院";然后写明申诉人和被申诉人的基本情况。

3. 诉讼代理人的身份事项

写法与第一审民事判决书基本相同。

4. 案由、审判组织、审判方式和开庭审理经过

根据我国《民事诉讼法》规定,已经发生法律效力的判决、裁定和调解书有错误,引起再审的方式主要有三种:一是经原审法院决定,或者上级法院指令或提审引起再审;二是由当事人申请引起再审;三是人民检察院抗诉引起再审。因此,这部分内容,根据再审案件的来源不同,叙写方式也存在区别。具体内容如下:

(1) 依当事人申请而提审,经审理后作出实体处理的,写为:

　　再审申请人×××因与被申请人×××/再审申请人及×××……(写明案由)一案,不服××××人民法院(××××)……号民事判决/民事调解书,向本院申请再审。本院于××××年××月××日作出(××××)……号民事裁定,提审本案。本院依法组成合议庭,开庭审理了本案。再审申请人×××、被申请人×××(写明当事人和其他诉讼参加人的诉讼地位和姓名或者名称)到庭参加诉讼(未开庭的,写明:本院依法组成合议庭审理了本案)。本案现已审理终结。

(2) 依当事人申请,受指令或者受指定再审,按照第一审程序审理后,作出实体判决的,写为:

　　再审申请人×××因与被申请人×××/再审申请人×××……(写明案由)一案,不服本院/××××人民法院(××××)……民×……号民事判决/民事调解书,向×××人民法院申请再审。××××人民法院于××××年××月××日作出(××××)……民×……号民事裁定,指令/指定本院再审本案。本院依法另行/依法组成合议庭(指定再审的不写另行),开庭审理了本案。再审申请人×××、被申请人×××(写明当事人和其他诉讼参加人的诉讼地位和姓名或者名称)到庭参加诉讼。本案现已审理终结。

(3) 依当事人申请,受指令或者受指定再审,按照第二审程序审理后,作出实体判决的,写为:

　　再审申请人×××因与被申请人×××/再审申请人×××……(写明案由)一案,不服本院/××××人民法院(××××)……号民事判决/民事调解书,向××××人民法院申请再审。××××人民法院于××××年××月××日作出(××××)……号民事裁定,指令/指定本院再审本案。本院依法另行/依法组成合议庭(指定再审的不写另行),开庭审理了本案。再审申请人×××、被申请人×××(写明当事人和其他诉讼参加人的诉讼地位和姓名或者名称)到庭参加诉讼(未开庭的,写明:本院依法组成合议庭审理了本案)本案现已审理终结。

(4) 原审法院依当事人申请裁定再审,按照第一审程序审理后,作出实体判决的,写为:

　　再审申请人×××因与被申请人×××/再审申请人×××……(写明案由)一案,不服本院/××××人民法院(××××)……民×……号民事判决/民事调解书,向本院申请再审。本院于××××年××月××日作出(××××)……民×……号民事裁定再审本案。本院依法另行组成合议庭,开庭审理了本案。再审申请人×××、被申请人×××(写明当事人和其他诉讼参加人的诉讼地位和姓名或者名称)到庭参加诉讼。本案现已审理终结。

(5) 原审法院依当事人申请裁定再审,按照第二审程序审理后,作出实体判决的,写为:

　　再审申请人×××因与被申请人×××/再审申请人×××……(写明案由)一案,不服本院(××××)……民×……号民事判决/民事调解书,向本院申请再审。本院于××××年××月××日作出(××××)……民×……号民事裁定再审本案。本院依法另行组成合议庭,开庭审理了本案。再审申请人×××、被申请人×××(写明当事人和其他诉讼参加人的诉讼地位和姓名或者名称)到庭参加诉讼。本案现已审理终结。

(6) 检察机关抗诉引起再审的,按照第一审程序审理后,作出实体判决的,写为:

申诉人×××因与被申诉人×××及×××(写明原审其他当事人诉讼地位、姓名和名称)……(写明案由)一案,不服本院(××××)……号民事判决/民事裁定,向××××人民检察院提出申诉。××××人民检察院作出……号民事抗诉书,向××××人民法院提出抗诉。××××人民法院作出(××××)……号民事裁定,指令本院再审案件。本院依法另行组成合议庭,开庭审理了本案。××××人民检察院指派检察员×××出庭。申诉人×××、被申诉人×××(写明当事人和其他诉讼参加人的诉讼地位和姓名或者名称)到庭参加诉讼。本案现已审理终结。

(7) 检察机关抗诉引起再审的,按照第二审程序审理后,作出实体判决的,写为:

申诉人×××因与被申诉人×××及×××(写明原审其他当事人诉讼地位、姓名和名称)……(写明案由)一案,不服本院(××××)……号民事判决/民事裁定,向××××人民检察院提出申诉。××××人民检察院作出……号民事抗诉书,向××××人民法院提出抗诉。××××人民法院作出(××××)……号民事裁定,指令本院再审案件。本院依法另行组成合议庭,开庭审理了本案。××××人民检察院指派检察员×××出庭。申诉人×××、被申诉人×××(写明当事人和其他诉讼参加人的诉讼地位和姓名或者名称)到庭参加诉讼(未开庭的,写明:本院依法组成合议庭审理了本案)。本案现已审理终结。

(二) 正文

正文部分是文书的核心内容,主要包括事实、理由和判决主文。

1. 事实

包括双方当事人争议的事实;原审判决认定的事实、理由和判决结果;经人民法院再审认定的事实和证据。

(1) 双方当事人争议的事实。首先,应当写明申请人申请再审的请求、事实和理由;其次,概述写明被申请人的答辩意见;最后,写明原审其他当事人的意见。如果案件是由检察机关抗诉引起再审的,在阐明当事人双方意见之前,首先应当阐明检察机关抗诉的意见。这部分内容,只需要简明扼要地叙写清楚即可。

(2) 原审判决认定的事实、理由和判决结果。当事人申请再审,是认为已经发生法律效力的判决、裁定有错误,或者是调解违反自愿原则、调解协议的内容违法。再审主要是纠正原审法院判决、裁定、调解的错误。因此,在再审判决书中,应当将原审判决认定的事实、理由和判决结果,简单扼要地进行介绍,以为再审判决奠定基础。

(3) 经人民法院再审认定的事实和证据。这部分内容是再审裁决作出的基础,应当对一审、二审认定的事实进行评判,是文书叙写的重点内容。尤其是对双方当事人有争议的事实,应当重点加以分析、论证。需要注意的是,如果原审判决认定事实清楚,事实部分可以简单叙述,重点叙述改判所依据的事实;如果原审判决确实存在认定事实错误,再审认定事实部分的内容,应当详细、具体的叙写。同时,应当写明再审法院采信的证据。

2. 理由

包括依事论理和依法论理。

（1）依事论理。应当围绕当事人的再审理由是否成立，再审请求是否应予支持，进行评判。同时，对原审相关结论是否正确进行评价。如果原审认定事实错误，在阐述理由时，主要应当指出由于原审认定事实的错误，导致适用法律和判决结果的错误。如果原审认定事实正确，只是适用法律错误，应当指出由于原审适用法律的错误，导致判决结果的不正确。如果检察机关的抗诉和当事人申请再审的理由全部是正确的，应当予以采纳；如果部分正确部分错误的，对正确的部分予以采纳，对错误的部分予以批驳。

（2）依法论理。依法论理既是引用法律依据说明理由。再审民事判决书阐述理由需要具有针对性。既针对原审判决，也针对检察机关的抗诉和当事人提出的再审申请主张。同时，应当注意法律条文的引用。再审民事判决书引用法律条文要求具有针对性，应当全面。再审维持原判的，一般只引用程序法条文。再审改判的，不仅需要引用程序法，也需要引用实体法。

3. 判决主文

这部分内容的写作，可以参照第一审民事判决书、第二审民事判决书判决结果的写法。

（三）尾部

尾部写明诉讼费用的负担、判决的法律效力、合议庭组成人员署名、日期和书记员署名。

我国《民事诉讼法》第 207 条规定：人民法院按照审判监督程序再审的案件，发生法律效力的判决、裁定是由第一审法院作出的，按照第一审程序审理，所作的判决、裁定，当事人可以上诉；发生法律效力的判决、裁定是由第二审法院作出的，按照第二审程序审理，所作的判决、裁定，是发生法律效力的判决、裁定；上级人民法院按照审判监督程序提审的，按照第二审程序审理，所作的判决、裁定是发生法律效力的判决、裁定。人民法院审理再审案件，应当另行组成合议庭。根据上述法律规定，再审民事判决书尾部的写法，可以参照第一审民事判决书和第二审民事判决书尾部的写法。

按照第一审程序再审的，在判决书的尾部写明上诉事项，写法参照第一审民事判决书。按照第二审程序再审的，应当写明"本判决为终审判决"。

### 三、文书写作需要注意的问题

（1）上级法院提审的案件，审判组织写明"组成合议庭"，不写"另行组成合议庭"。

（2）判决主文应当对当事人的全部诉讼请求作出明确、具体的裁判，表达应当完整、准确，以便于执行。

（3）再审维持原判，且有再审诉讼费用的，只写明再审诉讼费用的负担。再审改判的，应当对一、二审以及本次再审诉讼费用的负担一并作出决定。

**参考格式**

**再审民事判决书**

> **参考范例**
>
> 再审民事判决书
>
>

# 第五节　民事调解书

## 一、概念和作用

民事调解书,是指人民法院在审理民事案件过程中,根据自愿合法原则,依法对案件进行调解,依据当事人自愿达成的调解协议审结案件时,制作的具有法律效力的法律文书。

我国《民事诉讼法》第9条规定:人民法院审理民事案件,应当根据自愿和合法的原则进行调解;调解不成的,应当及时判决。第97条规定:调解达成协议,人民法院应当制作调解书。调解书应当写明诉讼请求、案件的事实和调解结果。调解书由审判人员、书记员署名,加盖人民法院印章,送达双方当事人。调解书经双方当事人签收后,即具有法律效力。

第98条规定:下列案件调解达成协议,人民法院可以不制作调解书:(1)调解和好的离婚案件;(2)调解维持收养关系的案件;(3)能够即时履行的案件;(4)其他不需要制作调解书的案件。对不需要制作调解书的协议,应当记入笔录,由双方当事人、审判人员、书记员签名或者盖章后,即具有法律效力。

根据法律规定,调解书的适用范围非常广泛,一审可以适用,二审可以适用,再审也可以适用。所以民事调解书包括:第一审民事调解书、第二审民事调解书和再审民事调解书几类。

民事调解书与民事判决书的区别主要体现在以下几个方面:(1)适用条件不同。调解和判决虽然都是人民法院行使审判权,解决民事案件的方式。但是,适用条件存在差别。调解书是双方当事人自愿达成调解协议时,制作和使用的法律文书;判决书是人民法院依法对案件作出裁决时,制作和使用的法律文书。(2)体现的意志不同。制作民事调解书的前提,是当事人自愿合法地达成调解协议,注重当事人意志的尊重;制作民事判决书更多的是体现国家意志,是人民法院依法行使审判权的表现。(3)文书格式和内容不同。调解书与判决书相比,格式和内容相对比较简单;判决书的格式和内容相对比较复杂。(4)文书效力不同。民事调解书经双方当事人签收后,即具有法律效力。第一审民事判决书除法定一审终审的案件外,送达当事人后不立即生效,只有超过法定的上诉期限,当事人不上诉的,才发生法律效力。第二审民事判决书一经作出,即具有法律效力。

民事调解书的作用,主要体现在以下两个方面:(1)通过调解达成协议,是人民法院审理民事案件的一种结案方式,民事调解书是具体审结案件的体现。(2)人民法院制作的民事调解书,经双方当事人签收,即具有法律效力。一方当事人不履行义务,权利人可以向人民法院申请强制执行。民事调解书是当事人申请执行的根据。

**二、具体写作要求**

民事调解书由首部、正文和尾部组成。

（一）首部

首部包括标题、案号、当事人的基本情况、诉讼代理人的身份事项，以及案由、审判组织、审判方式和开庭审理经过。

1. 标题

应当分两行书写为："××××人民法院""民事调解书"。

2. 案号

案号由立案年度、法院简称、案件性质、审判程序和案件顺序号组成。应当写为："（20××）×民×字第 ×号"。例如，北京市海淀区人民法院2017年立案的第12号民事案件，应当写为："（2017）海民初字第12号"。需要注意的是，如果是二审达成调解协议的，审判程序的代字应当写为"终"字。如果是再审达成调解协议的，审判程序的代字应当写为"再"字。

3. 当事人的基本情况

当事人是自然人的，应当写明姓名、性别、出生年月日、民族、工作单位和职务或者职业、住所。当事人是法人或者其他组织的，应当写明名称、住所。另起一行写明法定代表人或者主要负责人的姓名、职务。

叙写当事人的基本情况需要注意以下几个问题：

（1）第一审民事调解书，应当写明原告、被告和其他诉讼参加人的姓名或者名称等基本信息。

（2）第二审民事调解书，应当写明上诉人、被上诉人和其他诉讼参加人的姓名或者名称等基本信息。同时，应当注明当事人在原审的诉讼地位。

（3）再审民事调解书，应当写明再审申请人、被申请人和其他诉讼参加人的姓名或者名称等基本信息。同时，应当注明当事人在原审的诉讼地位。

4. 诉讼代理人的身份事项

写法与第一审民事判决书相同。

5. 案由、审判组织、审判方式和开庭审理经过

（1）第一审民事调解书，写为：

原告×××与被告×××、第三人×××……（写明案由）一案，本院于××××年××月××日立案后，依法适用普通程序/简易程序，公开/因涉及……（写明不公开开庭的理由）不公开开庭进行了审理（开庭前调解的，不写开庭情况）。

（2）第二审民事调解书，写为：

上诉人×××因与被上诉人×××/上诉人×××、第三人×××……（写明案由）一案，不服××××人民法院（××××）……民初……号民事判决，向本院提起上诉。本院于××××年××月××日立案后，依法组成合议庭审理了本案（开庭前调解的，不写开庭情况。）

（3）再审民事调解书，写为：

再审申请人×××因与被申请人×××/再审申请人×××及原审×××……（写

明案由)一案,不服××××人民法院(××××)……号民事判决/民事裁定/民事调解书,申请再审。××××年××月××日,本院/××××人民法院作出(××××)……号民事裁定,本案由本院再审。本院依法组成合议庭审理了本案。

(二) 正文

正文是文书的核心内容,包括当事人的诉讼请求和案件事实、调解结果、法院对协议内容的确认和诉讼费用的负担。

1. 当事人的诉讼请求和案件事实

我国《民事诉讼法》第93条规定:人民法院审理民事案件,根据当事人自愿的原则,在事实清楚的基础上,分清是非,进行调解。根据上述法律规定,调解书中应当写清当事人的请求和案件事实。根据《民事诉讼文书样式》的规定,这部分内容的写作,第一审民事调解书,应当写明当事人的诉讼请求、事实和理由。第二审民事调解书,应当写明上诉人的上诉请求、事实和理由。再审民事调解书,应当写明当事人的再审请求、事实和理由,被申请人的答辩意见。同时,应当概括案件事实,写明原审裁判结果。

2. 调解结果

调解结果,即调解协议的内容,是调解书的核心内容,是双方当事人针对民事权利义务争议,在自愿、合法的前提下,互谅互让,依法达成的解决纠纷的一致意见。通常由以下文字引出:

(1) 第一审民事调解书,写为:

本案审理过程中,经本院主持调解,当事人自愿达成如下协议/当事人自愿和解达成如下协议,请求人民法院确认/经本院委托……(写明受委托单位)主持调解,当事人自愿达成如下协议:

一、……;

二、……。

(分项写明调解协议的内容)

(2) 第二审民事调解书,写为:

本案审理过程中,经本院主持调解,当事人自愿达成如下协议/当事人自愿和解达成如下协议,请求人民法院确认:

一、……;

二、……。

(分项写明调解协议的内容)

(3) 再审民事调解书,写为:

本案再审审理过程中,经本院主持调解,当事人自愿达成如下协议/当事人自愿和解达成如下协议,请求人民法院确认:

一、……;

二、……。

(分项写明调解协议的内容)

3. 法院对协议内容的确认

根据我国法律规定,当事人达成调解协议,申请人民法院制作民事调解书时,人民法院应当依法对调解协议的内容进行审查,审查内容包括:调解协议的内容是否违法、是否侵害国家利益或社会公共利益等,如果有上述情形存在,人民法院对调解协议的内容将不予确认。只有符合法律规定的调解协议,人民法院才依法予以确认,经人民法院依法确认的调解协议,才具有法律效力。

人民法院依法予以确认的调解协议,在调解协议内容之后,应当写明:"上述协议,不违反法律规定,本院予以确认。"

4. 诉讼费用的负担

根据《诉讼费用缴纳办法》的规定,经人民法院调解达成协议的案件,诉讼费用的负担由双方当事人协商解决;协商不成的,由人民法院决定。以调解方式结案或者当事人申请撤诉的,减半交纳案件受理费。诉讼费用的负担,如果是由双方当事人协商解决的,可以作为调解协议内容的最后一项书写;如果是由人民法院决定的,应当在写完法院对双方调解协议确认的一段后,另起一行书写,写明当事人的姓名或者名称,以及负担的金额。

(三)尾部

尾部包括调解书生效的条件和时间、合议庭组成人员署名、注明日期和加盖人民法院印章、书记员署名。

1. 调解书生效的条件和时间

在民事调解书的尾部,应当将调解书生效的条件和时间告知双方当事人,即明确写明:"本调解书经各方当事人签收后,即具有法律效力。"

2. 合议庭组成人员署名、写明日期并加盖人民法院印章、书记员署名

写法同第一审民事判决书。

### 三、文书写作需要注意的问题

(1)调解协议的内容应当写得明确具体,以便于当事人履行。

(2)适用特别程序、督促程序、公示催告程序的案件,婚姻等身份关系确认案件以及其他根据案件性质不能进行调解的案件,不得调解。

(3)当事人自行和解或者调解达成协议后,请求人民法院按照和解协议或者调解协议的内容制作判决书的,人民法院不予准许。无民事行为能力人的离婚案件,由其法定代理人进行诉讼。法定代理人与对方达成协议要求发给判决书的,可根据协议内容制作判决书。

(4)调解书需经当事人签收后才发生法律效力的,应当以最后收到调解书的当事人签收的日期为调解书生效日期。

**参考格式**

民事调解书(第一审普通程序用)

**参考范例**

××省××县人民法院民事调解书

# 第六节 民事裁定书

## 一、概念和作用

民事裁定书,是指人民法院在诉讼过程中,对程序问题进行处理时,依法制作的法律文书。

我国《民事诉讼法》第154条规定:裁定适用于下列范围:(1)不予受理;(2)对管辖权有异议的;(3)驳回起诉;(4)保全和先予执行;(5)准许或者不准许撤诉;(6)中止或者终结诉讼;(7)补正判决书中的笔误;(8)中止或者终结执行;(9)撤销或者不予执行仲裁裁决;(10)不予执行公证机关赋予强制执行效力的债权文书;(11)其他需要裁定解决的事项。对前款第一项至第三项裁定,可以上诉。裁定书应当写明裁定结果和作出该裁定的理由。裁定书由审判人员、书记员署名,加盖人民法院印章。口头裁定的,记入笔录。根据上述法律规定,需要注意以下两个问题:

(1)保全和先予执行裁定。保全和先予执行涉及对当事人实体权利的处分,但是这两种对实体权利的处分不是终局性的,仅具有暂时性和程序保障性。这两种裁定对实体权利的暂时处分仅是手段,其目的是为了使审判程序更具有实效性,使判决的执行更具有保障性。从本质上看,这两种裁定解决的仍然是程序问题。

(2)其他需要裁定解决的事项。其他需要裁定解决的事项,是一项弹性条款,是为了诉讼需要作出的相应规定。根据法律规定,在诉讼中,适用民事裁定的情形还包括:用简易程序审理的案件改为普通程序审理、确认司法协议有效、依职权对本院案件再审后发回重审、督促程序驳回申请人申请、终结公示催告程序、二审发回重审、二审撤回上诉、裁定驳回再审申请等。

民事裁定书适用的范围非常广泛,包括第一审程序、第二审程序、再审程序、督促程序、公示催告程序、非讼程序、执行程序等。本文主要介绍几种常用的民事裁定书。

民事裁定书的作用主要体现在以下几个方面:(1)民事裁定书主要是针对诉讼过程中的程序问题依法作出的裁决,目的是为了解决诉讼过程中出现的各种特殊情形,以保证诉讼的顺利进行。(2)有的民事裁定书可以成为法院的一种结案方式,例如,不予受理裁定、驳回起诉裁定、终结诉讼裁定等。(3)民事裁定书具有法律效力,一经依法生效,必须严格执行。

**二、具体写作要求**

民事裁定书由首部、正文和尾部组成。

(一) 首部

首部包括标题、案号、当事人的基本情况、诉讼代理人的身份事项等。

1. 标题

应当分两行书写为:"××××人民法院""民事裁定书"。

2. 案号

案号由立案年度、法院简称、案件性质、审判程序和案件顺序号组成。应当写为:"(20××)×民×字第×号"。

3. 当事人的基本情况

当事人是自然人的,应当写明姓名、性别、出生年月日、民族、工作单位和职务或者职业、住所。当事人是法人或者其他组织的,应当写明名称、住所。另起一行写明法定代表人或者主要负责人的姓名、职务。

叙写当事人的基本情况时需要注意:不予受理起诉的,当事人称为"起诉人";诉前财产保全的,当事人称为"申请人""被申请人"。

4. 诉讼代理人的身份事项

写法与第一审民事判决书相同。

(二) 正文

正文是文书的核心内容,主要包括案由和案件来源,当事人的诉讼请求、事实和理由;法院经审查认定的理由和适用的法律以及裁决结果等。以下介绍几种常用民事裁定书的正文格式写作要求。

1. 第一审民事裁定书

(1) 起诉不予受理用。不予受理,是指人民法院依据《民事诉讼法》的规定,对原告的起诉进行审查后,认为不符合法定受理条件,从程序上裁定不予立案受理的司法行为。

不予受理民事裁定书的正文部分,主要应当写明原告起诉的请求、事实和理由,法院经审查对起诉不予受理的理由,以及不予受理的决定。具体格式写作要求如下:

××××年××月××日,本院收到×××的起诉状。起诉人×××向本院提出诉讼请求:1.……;2.……(明确原告的诉讼请求)。事实和理由:……(概括原告主张的事实和理由)。

本院经审查认为,……(写明对起诉不予受理的理由)。

依照《中华人民共和国民事诉讼法》第一百一十九条、第一百二十三条规定,裁定如下:

对×××的起诉,不予受理。

(2) 驳回起诉用。驳回起诉,是指人民法院受理案件后,发现原告的起诉不符合法定受理情形,依照法定程序裁定予以驳回的司法行为。

驳回起诉民事裁定书的正文部分,主要应当写明当事人的姓名或者名称和案由,原告起诉的请求、事实和理由,法院经审查驳回起诉的理由,以及驳回起诉的决定。具体格式写作要求如下:

原告×××与被告×××……(写明案由),本院于××××年××月××日立案后,依法进行审理。

×××向本院提出诉讼请求:1.……;2.……(明确原告的诉讼请求)。事实和理由:……(概括原告主张的事实和理由)。

本院经审查认为,……(写明驳回起诉的理由)。

依照《中华人民共和国民事诉讼法》第一百一十九条/第一百二十四条第×项、第一百五十四条第一款第三项、《最高人民法院关于适用〈中华人民共和国民事诉讼法〉的解释》第二百零八条第三款规定,裁定如下:

驳回×××的起诉。

叙写驳回起诉民事裁定书需要注意以下几点:一是该裁定书适用于第一审人民法院受理案件后,发现当事人的起诉不符合《民事诉讼法》第119条规定的起诉条件,或者具有《民事诉讼法》第124条规定的特殊情形。二是驳回起诉是从程序上以裁定的方式作出的处理,不涉及当事人的实体权利。三是驳回起诉,应当针对当事人的诉讼主张,进行充分说理。

(3)准许或者不准许撤诉用。撤诉,是指人民法院立案后宣判前,当事人将已经成立之诉撤销。民事撤诉裁定书的正文部分,主要应当写明当事人的姓名或者名称和案由,原告申请撤诉的要求及时间,裁定理由、法律依据和结果。具体格式写作要求如下:

……(写明当事人及案由)一案,本院于××××年××月××日立案。原告×××于××××年××月××日向本院提出撤诉申请。

本院认为,……(写明准予/不准许撤诉的理由)。

依照《中华人民共和国民事诉讼法》第一百四十五条第一款规定,裁定如下:

准许×××撤诉。

(不准许撤诉的,写明:依照《中华人民共和国民事诉讼法》第一百四十五条第一款、《最高人民法院关于适用〈中华人民共和国民事诉讼法〉的解释》第二百三十八条第×款规定,裁定如下:不准许×××撤诉。)

叙写准许或不准许撤诉民事裁定书需要注意以下几点:一是当事人的行为有损害国家、集体和其他公民利益的,人民法院不准许当事人撤诉。二是当事人有违反法律的行为需要依法处理的,人民法院可以不准许撤诉。三是在法庭辩论终结后原告申请撤诉,被告不同意的,人民法院可以不准许。

(4)中止、终结诉讼用。诉讼终止,是指在诉讼进行过程中,如果出现一些法定特殊原因,使诉讼程序暂时难以继续进行时,人民法院裁定暂停诉讼程序,等特殊原因消失以后,再行恢复诉讼程序的法律制度。诉讼终结,是指在诉讼进行过程中,因发生某种法定特殊原因,使诉讼程序无法继续进行或者继续进行已经没有必要时,由人民法院裁定终结诉讼程序的法律制度。

中止或终结诉讼民事裁定书的正文部分,主要应当写明当事人的姓名或者名称和案由,中止或终结诉讼的事实根据、理由、法律依据和裁决结果。具体格式写作要求如下:

……(写明当事人及案由)一案,本院于××××年××月××日立案。

本案在审理过程中,……(写明中止/终结诉讼的事实根据)。

本院经审查认为,……(写明中止/终结诉讼的理由)。

依照《中华人民共和国民事诉讼法》第一百五十条第一款第×项、第一百五十四条第一款第六项规定,裁定如下:

本案中止诉讼。

(如果是终结诉讼的,写明:依照《中华人民共和国民事诉讼法》第一百五十一条第×项、第一百五十四条第一款第六项规定,裁定如下:本案终结诉讼。)

(5) 管辖权异议用。管辖权异议,是指人民法院受理案件后,当事人认为受诉人民法院对该案件没有管辖权,向受诉人民法院提出的不服该法院管辖的意见和主张。

管辖权异议民事裁定书的正文部分,主要应当写明当事人的姓名或者名称和案由,原告的诉讼请求、事实和理由,异议的内容和理由,法律依据和裁决结果。具体格式写作要求如下:

原告×××与被告×××、第三人×××……(写明案由)一案,本院于××××年××月××日立案。

×××诉称,……(概括原告的诉讼请求、事实和理由)。

×××在提交答辩状期间,对管辖权提出异议认为,……(概括异议内容和理由)。

依照《中华人民共和国民事诉讼法》第×条、第一百二十七条第一款规定,裁定如下:

(异议成立的,写明:)×××对本案提出的管辖权异议成立,本案移送××××人民法院处理。

(异议不成立的,写明:驳回×××对本案管辖权提出的异议。)

案件受理费……元,由……负担(写明当事人姓名或者名称、负担金额)。

(6) 诉讼前的财产保全用。诉前财产保全,是指利害关系人在起诉前,人民法院根据利害关系人的申请,对被申请人的财产采取强制性保护措施的保全制度。

诉前财产保全民事裁定书的正文部分,主要应当写明申请人申请财产保全的时间、请求采取保全措施的具体内容、是否提供担保,以及法院采取保全措施的理由、法律依据和结果。具体格式写作要求如下:

申请人×××于××××年××月××日向本院申请诉前财产保全,请求对被申请人×××……(写明申请财产保全措施的具体内容)。申请人×××/担保人×××以……(写明担保财产的名称、数量或者数额、所在地点等)。提供担保。

本院经审查认为,……(写明采取保全措施的理由)。依照《中华人民共和国民事诉讼法》第一百零一条、第一百零二条、第一百零三条第一款规定,裁定如下:

查封/扣押/冻结被申请人×××的……(写明保全财产的名称、数量或者数额、所在地点等),期限为……年/月/日(写明保全的期限)。

案件受理费……元,由……负担(写明当事人姓名或者名称、负担金额)。

本裁定立即开始执行。

(7) 诉讼中的财产保全用。诉讼中的财产保全,是指人民法院受理案件后,为保证将来生效判决的执行,依据当事人的申请或者依职权,对当事人的财产或争议的标的物采取强制性保护措施的保全制度。

诉讼中财产保全民事裁定书的正文部分,主要应当写明当事人申请财产保全的时间、请

求采取保全措施的具体内容,是否提供担保,以及法院采取保全措施的理由、法律依据和结果。具体格式写作要求如下:

……(写明当事人及案由)一案,申请人×××于××××年××月××日向本院申请诉前财产保全,请求对被申请人×××……(写明申请财产保全措施的具体内容)。申请人×××/担保人×××以……(写明担保财产的名称、数量或者数额、所在地点等)提供担保。

本院经审查认为,……(写明采取保全措施的理由)。依照《中华人民共和国民事诉讼法》第一百条、第一百零二条、第一百零三条第一款规定,裁定如下:

查封/扣押/冻结被申请人×××的……(写明保全财产的名称、数量或者数额、所在地点等),期限为……年/月/日(写明保全的期限)。

案件受理费……元,由……负担(写明当事人姓名或者名称、负担金额)。

本裁定立即开始执行。

(8)先予执行用。先予执行,是指人民法院在诉讼过程中,为解决一方当事人生活或生产的紧迫需要,根据当事人的申请,裁定对方当事人预先给付申请一方当事人一定数额的金钱或其他财产,或者实施或停止某种行为,并立即付诸执行的法律制度。

先予执行民事裁定书的正文部分,主要应当写明当事人申请先予执行的时间、请求先予执行的具体内容,是否提供担保,以及法院作出先予执行裁定的理由、法律依据和结果。具体格式写作要求如下:

……(写明当事人及案由)一案,申请人×××于××××年××月××日向本院申请先予执行,请求……(写明先予执行的内容)。申请人×××/担保人×××向本院提供(写明担保财产的名称、数量或数额、所在地点等)作为担保(不提供担保的,不写)。

本院经审查认为,申请人×××的申请符合法律规定。依照《中华人民共和国民事诉讼法》第一百零六条、第一百零七条的规定,裁定如下:

(写明先予执行的内容)

案件申请费……元,由……负担(写明当事人姓名或者名称、负担金额)。

(9)补正判决书笔误用。补正判决书笔误用民事裁定书正文部分,具体格式写作要求如下:

本院于××××年××月××日对……(写明当事人及案由)一案作出(××××)……民×……号……(写明被补正的法律文书名称),存在笔误,应予补正。

依照《中华人民共和国民事诉讼法》第一百五十四条第一款第七项、《最高人民法院关于适用〈中华人民共和国民事诉讼法〉的解释》第二百四十五条规定,裁定如下:

(××××)……民×……号……(写明被补正的法律文书名称)中,"……"(写明法律文书误写、误算,诉讼费用漏写、误算和其他笔误)补正为"……"(写明补正后的内容)。

2. 第二审民事裁定书

(1)二审发回重审用。二审发回重审民事裁定书正文部分,具体格式写作要求如下:

上诉人×××因与被上诉人×××/上诉人×××及原审原告/被告/第三人××

×······(写明案由)一案,不服××××人民法院(××××)······民初······号民事判决,向本院提起上诉。本院依法组成合议庭对本案进行了审理。

本院认为,······(写明原判认定基本事实不清或者严重违反法定程序的问题)。依照《中华人民共和国民事诉讼法》第一百七十四条第一款第×项的规定,裁决如下:

一、撤销××××人民法院(××××)······民初······号民事判决;

二、本案发回××××人民法院重新审理。

上诉人×××预交的二审案件受理费······元予以退回。

制作二审发回重审民事裁定书需要注意,第二审人民法院对上诉案件经过审理后,裁定撤销原判,发回重审适用于以下两种情形:一是原判决认定基本事实不清;二是原判决遗漏当事人或者违法缺席判决等严重违反法定程序的。

(2) 二审驳回起诉用。人民法院对二审案件进行审理时,发现该案件依法不应当由人民法院受理,应当驳回当事人的起诉时,制作二审驳回起诉民事裁定书。

二审驳回起诉民事裁定书正文部分,具体格式写作要求如下:

上诉人×××因与被上诉人×××/上诉人×××及原审原告/被告/第三人×××······(写明案由)一案,不服××××人民法院······民初······号民事判决,向本院提起上诉。本院依法组成合议庭对本案进行了审理。本案现已审理终结。

×××上诉请求:······(写明上诉请求)。事实和理由:(概述上诉人主张的事实和理由)。

×××辩称,······(概述被上诉人的答辩意见)。

×××述称,······(概述原审原告/被告/第三人陈述意见)。

×××向一审法院起诉请求:······(写明原告/反诉原告/有独立请求权的第三人的诉讼请求)。

一审法院认定事实:······(概述一审认定的事实)。一审法院认为,······(概述一审裁判理由)。判决:······(写明一审判决主文)。

本院审理查明,······(写明与驳回起诉有关的事实)。

本院认为,······(写明驳回起诉的理由)。依照《最高人民法院关于适用〈中华人民共和国民事诉讼法〉的解释》第三百三十条规定,裁定如下:

一、撤销××××人民法院(××××)······民初······号民事判决;

二、驳回×××(写明一审原告的姓名和名称)的起诉。

一审案件受理费······元,退还(一审原告)×××;上诉人×××预交的二审案件受理费······元予以退还。

本裁定为终审裁定。

(三) 尾部

民事裁定书尾部的写法,可以参照第一审民事判决书和第二审民事判决书。但是,需要注意以下几个问题:

(1) 根据我国《民事诉讼法》的规定,涉及不予受理、驳回起诉、管辖权异议的裁定,当事人不服,可以依法提起上诉。因此,涉及不予受理、驳回起诉、管辖权异议的民事裁定书,在尾部应当交代上诉权,即写为:

> 如不服本裁定,可以在裁定书送达之日起十日内,向本院递交上诉状,上诉于××××人民法院。

(2) 涉及财产保全和先予执行的民事裁定,当事人不服,可以依法申请复议。因此,财产保全和先予执行的民事裁定书,在尾部应当交代申请复议权,即写为:

> 如不服本裁定,可以自收到裁定书之日起五日内向本院申请复议一次。复议期间不停止裁定的执行。

(3) 申请诉前财产保全的,在民事裁定书中,交代申请复议权之后,还应当写明:

> 申请人在人民法院采取保全措施后三十日内不依法提起诉讼或者申请仲裁的,本院将依法解除保全。

### 三、文书写作需要注意的问题

(1) 与民事判决书的写作相比较,民事裁定书的案由、事实部分的阐述,相对要简略一些。涉及法院认定事实的理由和适用的法律依据,应当写得明确。

(2) 涉及保全的民事裁定,如果没有担保人的,在民事裁定书中,不需要依照格式规范中的要求写明这部分内容。

(3) 在民事诉讼中,民事裁定书的适用范围非常广泛。对此,《民事诉讼文书样式》中,对各种不同类型的民事裁定书的制作格式作出了详细具体的规定,本书限于篇幅的关系,不能一一介绍,文书制作者可以参照使用。

**参考格式**

民事裁定书

**参考范例**

民事裁定书

**思考题**

1. 简述民事裁判文书的概念、种类和作用。
2. 第一审民事判决书的正文部分应当写明哪些内容？
3. 简述第二审民事判决书的概念和作用。
4. 第二审民事判决书的事实部分应当写明哪些内容？
5. 简述民事调解书与民事判决书的区别。
6. 民事调解书的正文部分应当写清哪些内容？
7. 简述民事裁定书的概念和作用。
8. 叙写民事裁定书的尾部应当注意哪些问题？

# 第六章

# 人民法院行政裁判文书

**【学习目的与要求】** 通过本章学习,要求学习者在全面了解人民法院行政裁判文书的概念、特点、种类和作用的基础上,具体了解和掌握几种常用的行政裁判文书的概念、作用、具体写作要求和文书写作需要注意的问题,并达到结合司法实践,能写会用的要求。

## 第一节 概　　述

### 一、行政裁判文书的概念和特点

人民法院行政裁判文书,是指人民法院根据国家法律、行政法规和地方法规的规定,参照有关行政规章,审理当事人之间因具体行政行为产生的争议,处理和解决有关实体问题或程序问题时制作的法律文书的总称。

我国《行政诉讼法》第2条第1款规定:"公民、法人或者其他组织认为行政机关和行政机关工作人员的行政行为侵犯其合法权益,有权依照本法向人民法院提起诉讼。"

人民法院是依法行使审判权的国家法定机关,行政裁判文书是人民法院依法审判案件的忠实文字记录,是司法公正的载体。人民法院行政裁判文书主要具有以下几个方面的特点:

(1) 诉讼主体的特定性。行政诉讼是行政管理相对人,即公民、法人或者其他组织,认为行政机关或法律、法规授权的组织实施的具体行政行为,侵犯其合法权益,依法向人民法院起诉,人民法院对行政机关行政行为的合法性进行审查,依法作出裁决的活动。由此可见,行政诉讼的诉讼主体具有特定性,即原告是行政管理相对人,包括公民、法人或者其他组织,被告只能是实施了具体行政行为的行政机关,人民法院在审理行政案件,制作行政裁判文书时,需要注意行政诉讼的这一特征。

(2) 审查对象的特殊性。根据法律规定,人民法院审理行政案件,主要针对行政机关实施的具体行政行为的合法性进行审查并作出裁决。因此,人民法院在制作行政裁判文书时,应当始终围绕被诉行政机关实施的行政行为的合法性进行论述,包括事实的阐述,说理的说明,法律的引用,以使文书最终得出的裁决结果令人信服,体现司法的公正性。

(3) 适用法律的广泛性。从我国目前情况看,行政法律法规的制定主体呈现多元化状态,且涉及范围广泛,等级、效力存在差别。因此,在制作行政裁判文书时,涉及法律适用相对比较复杂,应当引起注意。根据我国《行政诉讼法》和相关司法解释的规定,人民法院审判行政案件适用的法律主要包括以下几类,即法律、法规、行政规章、规范性文件和相关的司法解释。

(4)裁决结果的多样性。根据我国《行政诉讼法》的规定,人民法院审理行政案件,裁决结果主要有以下几种情形:一是认为具体行政行为证据确凿,适用法律、法规正确,符合法定程序的,判决维持;二是认为具体行政行为主要证据不足的,适用法律、法规错误的,违反法定程序的,超越职权或者滥用职权的,判决撤销或者部分撤销,并可以判决被告重新作出具体行政行为;三是被告行政机关不履行或者拖延履行法定职责的,判决其在一定期限内履行;四是行政处罚显失公正的,可以判决变更;五是确认具体行政行为合法有效或者违法无效;六是驳回当事人诉讼请求。

**二、人民法院行政裁判文书的种类**

自1992年《法院诉讼文书样式(试行)》公布以来,随着法制的不断健全,各项法律制度不断发展完善,最高人民法院为了保障法律的确实施行,不断修改完善相应的文书格式样本。涉及法院行政法律文书部分,2015年4月29日,最高人民法院发出了《关于印发〈行政诉讼文书样式(试行)〉的通知》,要求全国各级人民法院全面贯彻修改后的《行政诉讼法》,进一步规范和完善行政诉讼文书制作,不断提高行政审判工作水平。新的行政诉讼文书样式严格按照新《行政诉讼法》的规定,共132个。其中,指导当事人诉讼行为的起诉状、答辩状、上诉状、再审申请书等各类文书21个;规范人民法院司法行为的通知书、决定书和各类函件等66个;判决书和裁定书42个,调解书3个。为了适应修改后的《行政诉讼法》的规定,新的行政诉讼文书样式中,还新增加了一审行政协议类行政案件用判决书、复议机关作共同被告类一审行政案件用判决书、行政调解书、简易程序转普通程序行政裁定书以及对规范性文件提出处理建议用的处理建议书等。上述文书格式样本的修改完善,对人民法院依法审判行政案件提供了保障。针对上述纷繁复杂的法律文书样式,本章主要介绍司法实践中人民法院常用的几类行政裁判文书。

人民法院行政裁判文书按照不同的标准,可以进行不同的分类。(1)按照案件审结方式的不同,可以分为行政判决书、行政裁定书、行政调解书、行政赔偿判决书、行政赔偿调解书等。(2)按照适用审判程序的不同,可以分为第一审行政裁判书、第二审行政裁判文书、再审行政裁判文书。(3)按照裁决结果的内容不同,可以分为撤销或部分撤销具体行政行为判决书、限期履行法定职责判决书、驳回诉讼请求判决书、变更行政处罚判决书、确认被诉具体行政行为违法或无效判决书等。

**三、行政裁判文书的作用**

行政裁判文书是人民法院行使国家审判权的体现,是司法公正的最终载体,其作用主要体现在以下几个方面:

(1)监督行政机关依法行使职权。防止权力滥用和防止腐败的最好办法是以权力制约权力,行政诉讼就是人民法院运用国家审判权监督行政权的行使。人民法院依法、独立地运用司法审查权,对行政诉讼案件进行审理,依法作出裁决,制作行政裁决书,对行政机关实施的具体行政行为,正确的予以维持,错误的予以纠正,并将裁决结果公之于众,既是对行政机关行政行为的监督,也有利于促使行政机关依法行政。

(2)维护行政执法性对人的合法权益。行政机关行使行政权力,直接关系公民、法人和其他组织的切身利益。当行政机关及其工作人员在行使职权时出现滥用职权、以权谋私，草率执法等违法或失职行为，必然会损害公共利益，侵犯公民、法人和其他组织的合法权益。人民法院通过对行政诉讼案件的审理，查明事实，分清是非，不仅有利于促使行政机关依法行使行政权，而且有利于维护行政执法性对人的合法权益。

(3) 增强人民群众和行政机关及其工作人员的法制观念。近年来，我国实行生效法律文书统一上网和公开查询制度，广大的社会公众、行政机关工作人员，通过阅读质量优良的行政裁决法律文书，不仅可以增强法制观念，促使行政机关依法行政，教育行政执法相对人遵守法律，而且可以使人民政府与人民群众的关系更密切，促进社会和谐稳定发展。

## 第二节　第一审行政判决书

### 一、概述

(一) 概念和特点

第一审行政判决书，是指第一审人民法院在受理行政诉讼案件后，依照我国《行政诉讼法》的规定，对审理终结的第一审行政案件，依照法律、行政法规和地方法规，参照有关行政规章，就案件的实体问题作出处理决定时，制作和使用的法律文书。

第一审行政判决书主要具有以下两个特点：(1) 遵守法律规定。第一审行政判决书应当依法制作。根据我国《行政诉讼法》的规定，第一审行政判决书解决的是当事人之间争议的实体性问题，即被诉的具体行政行为是否合法。如果是解决案件审理中的某些程序问题，不能使用行政判决书，只能使用行政裁定书。(2) 符合格式要求。最高人民法院行政诉讼文书格式样本中，对第一审行政判决书的制作规定了详细、具体的文书格式，文书制作者应当严格按照文书格式要求制作文书。

(二) 作用和种类

第一审行政判决书的作用主要体现在以下几个方面：(1) 是对国家行政机关作出的具体行政行为是否合法，作出的公正评判；(2) 是确定当事人之间的行政权利义务关系，纠正行政违法行为，调整行政法律关系的工具；(3) 是监督行政机关依法行政，维护当事人合法权益的载体。

根据最高人民法院行政文书样式的规定，第一审行政判决书包括请求撤销、变更行政行为类、请求履行法定职责类、请求给付类、请求确认违法或无效类、复议机关作为共同被告类、行政裁决类、一并审理民事案件类、行政协议类、行政赔偿类几类文书，鉴于文书在写作方法和要求上大同小异，只是因为案件类型不同，在事实、理由、法律依据、判决结果的叙写上略有差异。因此，本书主要以请求撤销、变更行政行为类第一审行政判决书叙写为例，提纲挈领予以介绍。

### 二、具体写作要求

第一审行政判决书由首部、正文和尾部组成。

(一) 首部

首部包括标题、案号、当事人的基本情况、诉讼代理人的身份事项以及案由、审判组织、审判方式和开庭审理经过。

1. 标题

应当分两行书写为："××××人民法院""行政判决书"。

2. 案号

案号由立案年度、法院简称、案件性质、审判程序和案件顺序号组成。应当写为："（年度）×行初字第 ×号"。例如，北京市西城区人民法院2016年立案的第6号行政案件，应当写为："（2016）西行初字第6号"。

3. 当事人的基本情况

应当写明原告、被告的基本情况。叙写原告基本情况时需要注意以下几点：一是当事人是自然人的，应当写明姓名、性别、出生年月日、民族、工作单位和职务或者职业、住所。二是当事人是法人或者其他组织的，应当写明名称、住所。另起一行写明法定代表人或者主要负责人的姓名、职务。三是如果有第三人的，也应当写明第三人的基本情况。

叙写被告基本情况时需要注意，在行政诉讼中，被诉的主体只能是行政机关。因此，在被告基本情况中，应当写明被告行政机关的名称、所在地址、法定代表人的姓名和职务。

4. 诉讼代理人的身份事项

当事人是无民事行为能力人或者限制民事行为能力人的，应当写明法定代理人或者指定代理人的姓名、住所，并在姓名后括注与当事人的关系。当事人及其法定代理人委托诉讼代理人的，应当写明委托诉讼代理人的诉讼地位、姓名。

5. 案由、审判组织、审判方式和开庭审理经过

根据法院诉讼文书样式的要求，这一部分应当表述为：

原告×××不服被告×××（行政主体名称）……（行政行为），于××××年××月××日向本院提起行政诉讼。本院于××××年××月××日立案后，于××××年××月××日向被告送达了起诉状副本及应诉通知书。本院依法组成合议庭，于××××年××月××日公开（或不公开）开庭审理了本案。……（写明到庭参加庭审活动的当事人、行政机关负责人、诉讼代理人、证人、鉴定人、勘验人和翻译人员等）到庭参加诉讼。……（写明发生的其他重要程序活动，如：被批准延长本案审理期限等情况）。本案现已审理终结。

叙写这部分内容，需要注意以下几点：

一是如果有第三人参加诉讼的，可以选择使用：因×××与本案被诉行政行为或与案件处理有利害关系，本院依法通知其为第三人参加诉讼。如果是公民、法人或者其他组织申请作为第三人参加诉讼的，应写为：因×××与本案被诉行政行为有利害关系，经×××申请，本院依法准许其为第三人参加诉讼。

二是如果当事人经合法传唤无正当理由未到庭的，应当写明：×××告×××经本院合法传唤，无正当理由拒不到庭。

三是进行证据交换或召开庭前会议的，应写明：本院于××××年××月××日组织原、被告及第三人进行了证据交换（或召开庭前会议），并送达了证据清单副本。

四是如果有被批准延长审理期限情况，应当写明批准延长审理期限批复的文号。

五是涉及不公开开庭审理的，应当写明不予公开的理由。

（二）正文

正文是文书的核心内容，应当写明事实、理由、裁判依据和判决结果。

1. 事实

事实部分主要由以下几部分组成:行政行为的叙述部分、当事人诉辩意见部分、当事人举证、质证和法庭认证部分、法庭"经审理查明"部分。这些不同的部分既可以互相独立,自成段落;也可以根据案情和证据、事实和当事人争议的具体内容,互相融合,无需使用固定的相互独立样式。特别需要注意的是,要灵活区分当事人有争议的事实和无争议的事实;事实问题是当事人争议焦点的,也可采取灵活方式处理,留待"本院认为"部分再予认定。

叙写事实部分,应当注意以下几个问题:

(1)行政行为的叙述部分。行政行为的叙述部分,应当注意详略得当。一般应当写明行政行为认定的主要事实、定性依据以及处理结果等核心内容,通过简洁的表述说明案件的诉讼标的;行政行为内容较为简单的,也可以全文引用;行政行为理由表述有歧义,被告在答辩中已经予以明确的,也可以被告明确后的理由为准。

(2)当事人诉辩意见部分。当事人诉辩意见部分内容的叙写,与当事人提供的证据相关联。当事人诉辩意见与当事人提供证据的撰写,次序应当注意逻辑关系,因案而定。当事人的诉辩意见部分,既要尊重当事人原意,也要注意归纳总结;既避免照抄起诉状、答辩状或者第三人的陈述,又不宜删减当事人的理由要点。对于原告、被告以及第三人诉讼请求的记载,应当准确、完整。

证据部分内容的撰写应当注意以下几个方面的问题:

一是一般情况下,写明当事人的诉辩意见后,即可写明其提供的相关证据。如果当事人提供的证据有较强的关联性,合并叙述更有利于综合反映案件证据情况的,也可酌情将当事人的证据合并叙述。总之,对证据的列举可以结合案情,既可以分别逐一列举证据,写明证据的名称、内容以及证明目的;也可以综合分类列举证据,并归纳证明目的。当事人提供的证据浩繁的,也可以概括说明。

二是对于当事人超过法定举证期限提供的证据,人民法院予以采纳的,应当列明于判决并说明理由。当事人在法定期限内未提交证据的,应当予以说明。

三是对法院根据原告、第三人的申请调取的证据,可以作为原告、第三人提交的证据予以载明;对法院依职权调取的证据,则应当单独予以说明。对于当事人在诉讼中申请调取证据,法院决定不予调取的,应当在判决书中予以记载。

四是申请调取的证据较多,难以一一列举的,也可以概括说明。

五是对于根据原告(或者第三人、被告)的申请,委托鉴定部门进行鉴定的,需写明鉴定部门、鉴定事项和鉴定结论以及当事人的意见。

(3)当事人举证、质证和法庭认证部分。这部分内容的叙写,需要注意以下几点:

一是"经庭审质证"和"认证如下"部分,应当注意因案而异、繁简得当。既可以一证"一质一认",也可以按不同分类综合举证、质证和认证。

二是对于当事人无争议的证据或者与案件明显无关联的证据,可以通过归纳概括等方式,简要写明当事人的质证意见;对于证据浩繁的案件,可以归纳概括当事人的主要质证意见。

三是法院对证据的认证意见应当明确,对于当事人有争议的证据,特别是对行政行为的合法性有影响的证据,应当写明采纳或者不予采纳的理由。

四是案件的争议主要集中在事实问题的,也可将对证据的具体质证、认证意见与案件的争议焦点结合起来,置于"本院认为"部分论述。

(4)法庭"经审理查明"事实部分。这部分内容在叙写时,需要注意以下几点:

一是生效裁判文书确认的事实一般具有法定的证明力,因此事实部分应当准确、清晰。认定的事实应当是法官基于全案的证据能够形成内心确信的事实;通过推定确认事实必须要有依据,符合证据法则。

二是事实的叙述可以根据具体案情采用时间顺序,也可以灵活采用其他叙述方式,以能够逻辑清晰地反映案件情况为原则。

三是避免事无巨细的罗列,或者简单地记流水账,应当结合案件的争议焦点等,做到繁简适当,与案件裁判结果无关的事实,可以不认定。

四是可以根据具体案情以及争议焦点,采取灵活多样的方式记载案件事实。例如,必要时可以摘抄证据内容;对于内容繁杂的,也可以在事实部分采用指引证据目录或证据名称等方式予以说明。

五是要通过组织当事人庭前交换证据或召开庭前会议等方式,及时确定当事人无争议的案件事实,发现当事人有争议的事实和法律适用等。

根据2015年《最高人民法院关于适用〈中华人民共和国民事诉讼法〉的解释》第225条规定:根据案件具体情况,庭前会议可以包括下列内容:① 明确原告的诉讼请求和被告的答辩意见;② 审查处理当事人增加、变更诉讼请求的申请和提出的反诉,以及第三人提出的与本案有关的诉讼请求;③ 根据当事人的申请决定调查收集证据,委托鉴定,要求当事人提供证据,进行勘验,进行证据保全;④ 组织交换证据;⑤ 归纳争议焦点;⑥ 进行调解。

如果庭审前经过证据交换或者庭前会议,或者在庭审辩论时,当事人对合议庭归纳的无争议事实均认可,那么事实部分可以分为两个层次叙写:第一个层次写:"对以下事实,各方当事人均无异议,本院依法予以确认";第二个层次写:"本院另认定以下事实",主要写当事人可能有异议、本院依法认定的案件事实。

(5)表述案件事实,应注意保守国家秘密,保护当事人的商业秘密和个人隐私。

2. 理由

判决书在查明事实的基础上,应当阐述判决的理由,以为判决结果的确定奠定基础。因此,理由部分要根据查明的事实和有关法律、法规和法学理论,就行政主体所作的行政行为是否合法、原告的诉讼请求是否成立等进行分析论证,阐明判决的理由。理由部分的叙写,主要需要注意以下几个问题:

(1)理由部分内容的阐述,由"本院认为"……引出,这部分内容的阐述应当注意主次分明、重点突出、详略得当。对于争议焦点,应当详细论述;对于无争议的部分,可以简写。

(2)阐述理由时,应当注意加强对法律规定以及相关法理的阐释,除非法律规定十分明确,一般应当避免援引规定就直接给出结论的简单论述方式。

(3)原告请求对行政行为所依据的规范性文件一并进行合法性审查的,在对规范性文件进行审查后,应依照《行政诉讼法》及司法解释的规定,对规范性文件的合法性以及能否作为认定被诉行政行为合法性的依据予以阐明。

3. 裁判依据

根据案件的不同需要,理由部分在援引法律依据时,需要注意以下几个问题:

(1)既可以写明整个条文的内容,也可以摘抄与案件相关的内容。

(2)条文内容较多的,也可以只援引法律条款,将具体内容附在判决书的附录部分,兼顾表述的准确性和文书的可读性。

(3) 对于在理由部分已经论述过的实体法律规范,在"判决如下"前可以不再重复援引。

(4) 直接作为判决结果依据的法律规范,一般应当按照先《行政诉讼法》、后司法解释的次序排列,并写明具体规定的条、款、项、目。

**4. 判决结果**

判决结果,亦称为判决主文,是指人民法院对当事人之间的行政争议作出的实体处理结论。判决结果部分内容的叙写,应当做到明确、具体、完整。根据我国《行政诉讼法》的规定,判决结果的写法,主要有以下几种情形:

第一,维持被诉具体行政行为的,写为:

维持被告×××(行政主体名称)作出的(××××)……字第×××号……(行政行为名称)。

第二,驳回原告诉讼请求的,写为:

驳回原告×××的诉讼请求。

第三,撤销被诉行政行为的,写为:

一、撤销被告×××(行政主体名称)作出的(××××)……字第×××号……(行政行为名称);

二、责令被告×××(行政主体名称)在××日内重新作出行政行为(不需要重作的,此项不写;不宜限定期限的,期限不写)。

第四,部分撤销被诉行政行为的,写为:

一、撤销被告×××(行政主体名称)作出的(××××)……字第××号……(行政行为名称)的第××项,即……(写明撤销的具体内容);

二、责令被告×××(行政主体名称)在××日内重新作出行政行为(不需要重作的,此项不写;不宜限定期限的,期限不写);

三、驳回原告×××的其他诉讼请求。

第五,根据《行政诉讼法》第77条的规定,判决变更行政行为的,写为:

变更被告×××(行政主体名称)作出的(××××)……字第××号……(写明行政行为内容或者具体项),改为……(写明变更内容)。

**(三)尾部**

尾部应依次写明诉讼费用的负担,交代上诉的权利、方法、期限和上诉审法院,合议庭成员署名,判决日期、书记员署名、附录等内容。

**1. 诉讼费用的负担**

案件受理费,写明:"案件受理费……元"。单方负担案件受理费的,写明:"由×××负担"。分别负担案件受理费的,写明:"由×××负担……元,×××负担……元。"

**2. 交代上诉权利**

应当写明:

如不服本判决,可以在判决书送达之日起十五日内向本院递交上诉状,并按对方当事人的人数提交副本,上诉于××××人民法院。

3. 署名和日期

包括合议庭署名、日期、书记员署名、院印。审理行政案件,一律实行合议制,不存在独任审判员署名问题。合议庭的审判长,不论审判职务,均署名为"审判长";合议庭成员有审判员的,署名为"审判员";有助理审判员的,署名为"代理审判员";有陪审员的,署名为"人民陪审员"。书记员,署名为"书记员"。合议庭按照审判长、审判员、代理审判员、人民陪审员的顺序分行署名。日期为作出判决的日期,即判决书的签发日期。

4. 附录

根据案件的不同需要,可将判决书中的有关内容载入附录部分。例如,将判决书中所提到的法律规范条文附上,以供当事人全面了解有关法律规定的内容。一般应当按照先实体法律规范,后程序法律规范;先上位法律规范,后下位法律规范;先法律,后司法解释等次序排列,并按1、2、3、4序号列明。另外,群体诉讼案件中原告名单及其身份情况、知识产权案件中的图案等均可以列入此部分。

### 三、文书写作需要注意的问题

(1) 第一审行政判决书的制作主体是第一审人民法院。根据我国《行政诉讼法》的规定,基层人民法院管辖第一审行政案件。中级人民法院管辖下列第一审行政案件:对国务院部门或者县级以上地方人民政府所作的行政行为提起诉讼的案件;海关处理的案件;本辖区内重大、复杂的案件;其他法律规定由中级人民法院管辖的案件。高级人民法院管辖本辖区内重大、复杂的第一审行政案件。最高人民法院管辖全国范围内重大、复杂的第一审行政案件。各级人民法院适用第一审程序审理行政案件,依法作出裁决,都需要制作第一审行政判决书。

(2) 人民法院审理行政案件实行合议制。合议制是合议原则的具体体现,合议原则是人民法院在行政审判工作中,实行民主集中制原则的具体体现。由于行政案件案情一般都比较复杂,审理难度大,法律规定案件审判不适用独任制,需要组成合议庭进行审判。采用合议制审判行政案件,可以依靠集体的智慧,集思广益,保证办案质量。因此,人民法院审判行政案件的组织形式只有合议制一种,第一审行政判决书的署名应当是合议庭组成人员。

### 参考格式

**第一审行政判决书(一审行政裁决类案件用)**

**参考范例**

第一审行政判决书

## 第三节　第二审行政判决书

### 一、概述

第二审行政判决书,是指第二审人民法院在收到当事人不服一审判决提起上诉的行政案件后,按照第二审程序审理终结,就案件的实体问题依法作出维持原判或者改判的决定时,制作和使用的法律文书。

我国《行政诉讼法》第85条规定:当事人不服人民法院第一审判决的,有权在判决书送达之日起15日内向上一级人民法院提起上诉。当事人不服人民法院第一审裁定的,有权在裁定书送达之日起10日内向上一级人民法院提起上诉。逾期不提起上诉的,人民法院的第一审判决或者裁定发生法律效力。第87条规定:人民法院审理上诉案件,应当对原审人民法院的判决、裁定和被诉行政行为进行全面审查。

第二审行政判决书的作用主要体现在以下几个方面:(1)有利于纠正第一审行政判决书中可能发生的错误。(2)有利于维护当事人的合法权益。(3)有利于上级人民法院对下级人民法院的行政审判工作进行监督。

### 二、具体写作要求

第二审行政判决书由首部、正文和尾部组成。

（一）首部

首部包括标题、案号、当事人的基本情况、诉讼代理人的身份事项,以及案由、审判组织、审判方式和开庭审理经过。

1. 标题

应当分两行书写为:"××××人民法院""行政判决书"。

2. 案号

由立案年度、法院简称、案件性质、审判程序和案件顺序号组成。应当写为:"（年度）×行终字第×号"。例如,北京市第二中级人民法院2017年立案的第10号行政案件,应当写为:"（2017）二中行终字第10号"。

3. 当事人的基本情况

应当写明上诉人、被上诉人的基本情况及原审地位。叙写这部分内容需要注意以下几点:

（1）原告、被告和第三人都提出上诉的,可并列为"上诉人"。

（2）当事人中一人或者部分人提出上诉，上诉后是可分之诉的，未上诉的当事人在法律文书中可以不列；上诉后仍是不可分之诉的，未上诉的当事人可以列为被上诉人。

（3）上诉案件当事人中的代表人、诉讼代理人等，分别在该当事人项下另起一行列项书写。

4. 诉讼代理人的身份事项

具体写作要求，与第一审行政判决书相同。

5. 案由、审判组织、审判方式和开庭审理经过

我国《行政诉讼法》第 86 条规定：人民法院对上诉案件，应当组成合议庭，开庭审理。经过阅卷、调查和询问当事人，对没有提出新的事实、证据或者理由，合议庭认为不需要开庭审理的，也可以不开庭审理。根据上述法律规定，第二审法院审理民事案件以开庭审理为原则，不开庭审理为例外。因此，案由、审判组织、审判方式和开庭审理经过的叙写也存在区别。具体写作格式要求如下：

上诉人×××因……（写明案由）一案，不服××××人民法院（××××）×行初字第××号行政判决，向本院提起上诉。本院依法组成合议庭，公开（或不公开）开庭审理了本案。……（写明到庭的当事人、诉讼代理人等）到庭参加诉讼。本案现已审理终结（未开庭的，写"本院依法组成合议庭，对本案进行了审理，现已审理终结"。）

（二）正文

正文部分是文书的核心内容，主要包括事实、理由和判决结果。

1. 事实

第二审行政判决书的事实部分，由二部分内容组成，即双方当事人争议的事实和人民法院经审查认定的事实。

（1）双方当事人争议的事实。应当概括写明原审认定的事实、理由和判决结果，简述上诉人的上诉请求及其主要理由和被上诉人的主要答辩的内容以及原审第三人的陈述意见。叙写这部分内容需要注意的是，应当概括、简练，抓住争执焦点，防止照抄原判决书、上诉状和答辩状的内容，又使阐述不失原意。

如果当事人在二审期间又提出新证据的，应当写明二审是否采纳以及质证的情况，并说明理由。如果没有提出新证据，则不用叙写。

（2）人民法院经审查认定的事实。这部分内容的叙写，应当由"经审理查明，……"引出，写明二审认定的事实和证据。一般情况下，如果二审认定事实与一审一致的，可写为"本院经审理查明的事实与一审判决认定的事实一致，本院予以确认"。如果与一审认定的主要事实基本一致，但在个别事实作出新的认定的，可写为"本院经审理查明的事实与一审判决认定的事实基本一致。但一审认定的……事实不当，应认定为……"。如果二审认定的事实是一审未认定的，可写为"本院另查明，……"。叙写这部分内容需要注意以下几点：

一是如果原审判决事实清楚，上诉人亦无异议，只需简要的确认原判认定的事实即可。

二是如果原判事实认定清楚，但上诉人提出异议的，则应当对有异议的问题进行重点论述，表明是否确认。

三是如果原审判决认定事实不清、证据不足，经二审查明事实后改判的，则应具体叙述查明的事实和有关证据，予以澄清。

2. 理由

理由是判决书的核心内容，这部分内容的叙写，应当由"本院认为，……"引出，写明法院

作出判决的理由和判决依据的法律条款。

（1）法院作出判决的理由。这部分内容的阐述，要有针对性和说服力，要注重事理分析和法理分析，兼顾全面审查和重点突出。针对上诉请求和理由，重点围绕争议焦点，就原审判决及被诉行政行为是否合法，上诉理由是否成立，上诉请求是否应予支持等，阐明维持原判或者撤销原判予以改判的理由。

（2）判决依据的法律条款。引用法律条文应当明确、具体，具有针对性。除引用程序法的条款外，还需要引用实体法的条款作为法律依据。

3. 判决结果

我国《行政诉讼法》第89条规定：人民法院审理上诉案件，按照下列情形，分别处理：（一）原判决、裁定认定事实清楚，适用法律、法规正确的，判决或者裁定驳回上诉，维持原判决、裁定；（二）原判决、裁定认定事实错误或者适用法律、法规错误的，依法改判、撤销或者变更；（三）原判决认定基本事实不清、证据不足的，发回原审人民法院重审，或者查清事实后改判；（四）原判决遗漏当事人或者违法缺席判决等严重违反法定程序的，裁定撤销原判决，发回原审人民法院重审。原审人民法院对发回重审的案件作出判决后，当事人提起上诉的，第二审人民法院不得再次发回重审。人民法院审理上诉案件，需要改变原审判决的，应当同时对被诉行政行为作出判决。

根据上述法律规定，第二审人民法院作出的判决，判决结果主要分为以下几种情形：

第一，维持原审判决的，写为：

　　驳回上诉，维持原判。

第二，对原审判决部分维持、部分撤销的，写为：

　　一、维持××××人民法院（××××）×行初字第××号行政判决第×项，即……（写明维持的具体内容）；

　　二、撤销××××人民法院（××××）×行初字第××号行政判决第×项，即……（写明撤销的具体内容）；

　　三、……（写明对撤销部分作出的改判内容。如无需作出改判的此项不写）。

第三，撤销原审判决，驳回原审原告的诉讼请求的，写为：

　　一、撤销××××人民法院（××××）×行初字第××号行政判决；

　　二、驳回×××（当事人姓名）的诉讼请求。

第四，撤销原审判决，同时撤销或变更行政机关的行政行为的，写为：

　　一、撤销××××人民法院（××××）×行初字第××号行政判决；

　　二、撤销（或变更）××××（行政主体名称）××××年××月××日（××××）×××字第××号……（写明具体行政行为或者复议决定名称或其他行政行为）；

　　三、……（写明二审法院改判结果的内容。如无需作出改判的，此项不写）。

（三）尾部

尾部应依次写明诉讼费用的负担，判决书的效力，合议庭成员署名、判决日期、书记员署名、附录等内容。

1. 诉讼费用的负担

关于二审诉讼费用的负担，要区别情况作出决定。对驳回上诉，维持原判的案件，二审诉讼费用由上诉人承担;双方当事人都提出上诉的,由双方分担。对撤销原判,依法改判的案件,应同时对一、二两审的各项诉讼费用由谁负担,或者共同分担的问题作出决定,相应地变更一审法院对诉讼费用负担的决定。

2. 判决书的效力

应当写明:本判决为终审判决。

3. 署名和日期

包括合议庭署名、日期、书记员署名、院印。合议庭的审判长,不论审判职务,均署名为"审判长×××";合议庭成员有审判员的,署名为"审判员×××"。书记员,署名为"书记员×××"。合议庭按照审判长、审判员的顺序分行署名。日期为作出判决的日期,即判决书的签发日期。

4. 附录

根据案件的不同需要,可将判决书中的有关内容载入附录部分。

### 三、文书写作需要注意的问题

（1）第二审行政判决书与第一审行政判决书的区别。两者之间的区别,主要体现在以下两个方面:一是适用的法律程序不同。第一审行政判决书适用第一审程序;第二审行政判决书适用第二审程序。二是针对的对象不同。第一审行政判决书针对被诉具体行政行为是否合法进行审查裁决;第二审行政判决书针对第一审判决的内容是否正确合法进行全面审查裁决。

（2）根据我国《行政诉讼法》的规定,人民法院审理上诉案件,应当在收到上诉状之日起3个月内作出终审判决。有特殊情况需要延长的,由高级人民法院批准,高级人民法院审理上诉案件需要延长的,由最高人民法院批准。

**参考格式**

**第二审行政判决书(二审维持原判或改判用)**

**参考范例**

**第二审行政判决书**

# 第四节 再审行政判决书

## 一、概念和作用

再审行政判决书,是指人民法院根据我国《行政诉讼法》的规定,按照审判监督程序,对已经发生法律效力的行政判决、裁定,发现有违反法律、法规规定的情形,依法进行重新审理后,就案件的实体问题作出处理决定时制作的法律文书。

我国《行政诉讼法》第90条规定:"当事人对已经发生法律效力的判决、裁定,认为确有错误的,可以向上一级人民法院申请再审,但判决、裁定不停止执行。"第91条规定:"当事人的申请符合下列情形之一的,人民法院应当再审:(1)不予立案或者驳回起诉确有错误的;(2)有新的证据,足以推翻原判决、裁定的;(3)原判决、裁定认定事实的主要证据不足、未经质证或者系伪造的;(4)原判决、裁定适用法律、法规确有错误的;(5)违反法律规定的诉讼程序,可能影响公正审判的;(6)原判决、裁定遗漏诉讼请求的;(7)据以作出原判决、裁定的法律文书被撤销或者变更的;(8)审判人员在审理该案件时有贪污受贿、徇私舞弊、枉法裁判行为的。"第93条规定:"最高人民检察院对各级人民法院已经发生法律效力的判决、裁定,上级人民检察院对人民法院已经发生法律效力的判决、裁定,发现有本法第91条规定情形之一,或者发现调解书损害国家利益、社会公共利益的,应当提出抗诉。地方各级人民检察院对同级人民法院已经发生法律效力的判决、裁定,发现有本法第91条规定情形之一,或者发现调解书损害国家利益、社会公共利益的,可以向同级人民法院提出检察建议,并报上级人民检察院备案;也可以提请上级人民检察院向同级人民法院提出抗诉。各级人民检察院对审判监督程序以外的其他审判程序中审判人员的违法行为,有权向同级人民法院提出检察建议。"

再审行政判决书的作用主要体现在以下几个方面:一是人民法院依法行使审判权的具体体现。制作再审行政判决书,应当贯彻实事求是、有错必纠的原则,以体现再审程序的特点。二是人民法院依照法定程序,依法纠正已经生效的判决、裁定错误的书面文字记载。三是维护公民、法人和其他组织的合法权益,保证国家法律统一适用的工具。

## 二、具体写作要求

再审行政判决书由首部、正文和尾部组成。

(一)首部

首部包括标题、案号、当事人的基本情况、诉讼代理人的身份事项,以及案由、审判组织、审判方式和开庭审理经过。

1. 标题、案号、当事人及其诉讼代理人的基本情况

上述各项具体内容的写法,参见再审民事判决书。

2. 案件来源、审判组织、审判方式和审判过程

根据诉讼文书格式要求,具体应当写为:

原审原告(或原审上诉人)×××与原审被告(或原审被上诉人)×××……(写明案由)一案,本院(或××××人民法院)于××××年××月××日作出(××××)×行×字第××号行政判决,已经发生法律效力。……(写明进行再审的根据)。本院依

法组成合议庭,公开(或不公开)开庭审理了本案。……(写明到庭的当事人、代理人等)到庭参加诉讼。本案现已审理终结(未开庭的,写"本院依法组成合议庭审理了本案,现已审理终结")。

涉及对案件再审根据的叙写,主要可以分为四种情况,具体表述如下:
(1)××××人民检察院于××××年××月××日提出抗诉。
(2)本院于××××年××月××日作出(××××)×行申(监)字第××号行政裁定,对本案提起再审。
(3)××××人民法院于××××年××月××日作出(××××)×行申(监)字第××号行政裁定,指令本院对本案进行再审。
(4)本院于××××年××月××日作出(××××)×行申(监)字第××号行政裁定,对本案进行提审。

(二)正文

正文是文书的核心内容,包括事实、理由和判决结果。

1. 事实

案件事实是法院依法作出裁决的基础,再审行政判决书的事实部分,主要应当写明以下两方面的内容:一是写明再审争议的内容。包括原审生效判决的主要内容;当事人的陈述或者申请再审的要点;如果是检察机关提出抗诉的,应当简述抗诉的主要理由。二是写明人民法院经再审认定的事实和证据。

叙写人民法院经再审认定的事实和证据时,主要需要注意以下几个问题:

(1)如果再审认定事实与原审一致的,应写为:

本院经审理查明的事实与原审判决认定的事实一致,本院予以确认。

(2)如果再审认定事实与原审认定的主要事实基本一致,但在个别事实作出新的认定的,应写为:

本院经审理查明的事实与原审判决认定的事实基本一致。但原审认定的……事实不当,应认定为……。

(3)如果本院认定的事实是原审未认定的,应写为:

本院另查明:……。

2. 理由

法院在查明案件事实的基础上,应当具体论述判决的理由。理由是在法院认定案件事实的基础上,对案件进行的进一步分析论证,是为判决结果奠定基础。

理由部分的论述,由"本院认为"引出,具体内容的阐述要有针对性和说服力,要注重事理分析和法理分析,兼顾全面审查和重点突出。具体论述时,应当针对再审申请请求和理由,重点围绕争议焦点,就原审判决及被诉行政行为是否合法,再审申请理由是否成立,再审请求是否应予支持等,阐明维持原判或者撤销原判予以改判的理由。具体写法可参照二审判决书理由部分。检察院抗诉的,还应对检察院抗诉的请求和理由进行审查。

3. 判决结果

再审行政判决书的判决结果部分,可分为以下三种情形:

第一,全部改判的,写为:

一、撤销××××人民法院××××年××月××日(××××)×行×字第××号行政判决(如一审判决、二审判决、再审判决均需撤销的,应分项写明);

二、……(写明改判的内容。内容多的可分项写)。

第二,部分改判的,写为:

一、维持××××人民法院××××年××月××日(××××)×行×字第××号行政判决第×项,即……(写明维持的具体内容);

二、撤销××××人民法院××××年××月××日(××××)×行×字第××号行政判决第×项,即……(写明部分改判的具体内容;如一审判决、二审判决均需撤销的,应分项写明);

三、……(写明部分改判的内容。内容多的可分项写)。

第三,仍然维持原判的,写为:

维持××××人民法院××××年××月××日(××××)×行×字第××号行政判决。

(三)尾部

尾部包括诉讼费用的负担、判决的效力、合议庭成员署名、判决日期、书记员署名等。

1. 诉讼费用的负担

再审行政判决书涉及诉讼费用的负担,在叙写时需要注意以下几点:(1)对全部改判或部分改判而变更原审诉讼费用负担的,应当写明原审诉讼费用由谁负担或者双方如何分担;(2)对依照《诉讼费用交纳办法》第9条规定需要交纳案件受理费的,同时需要写明一、二审及再审诉讼费用由谁负担或者双方如何分担。(3)对驳回再审申请,但依照《诉讼费用交纳办法》第9条规定需要交纳案件受理费的,写明再审诉讼费用的负担。

2. 判决的效力

根据法律规定,按第一审程序审理的再审行政案件,应当交代上诉权利、上诉方法、上诉期限和上诉审法院。按第二审程序审理的或上级法院提审的再审行政案件,应写明"本判决为终审判决"。

3. 其他

尾部其他内容的写法,参见第一审行政判决书。

**三、文书写作需要注意的问题**

在行政诉讼中,对于再审案件的审理,法律没有规定单独的再审程序,根据《行政诉讼法》的规定,已经发生法律效力的判决、裁定是第一审的判决、裁定,并且是由第一审人民法院决定再审或上级人民法院指令原人民法院再审的,应当适用第一审审理并作出判决、裁定。已经发生法律效力的判决、裁定是按第二审程序作出的,再审时由原第二审人民法院或者其上级人民法院适用第二审进行审理并作出判决、裁定,是否开庭审理由再审法院决定。如果再审法院认为事实清楚,符合《行政诉讼法》关于书面审理条件的,可以书面审理。适用第二审程序所作的判决、裁定是终审判决、裁定,当事人不得上诉。

**参考格式**

再审行政判决书(再审行政案件用)

**参考范例**

再审行政判决书

# 第五节 行政赔偿调解书

## 一、概念和作用

行政赔偿调解书,是指人民法院在审理行政赔偿案件过程中,根据《行政诉讼法》的规定,主持调解,促使双方当事人自愿达成赔偿协议解决争议时制作的具有法律效力的法律文书。

我国《行政诉讼法》第60条规定:"人民法院审理行政案件,不适用调解。但是,行政赔偿、补偿以及行政机关行使法律、法规规定的自由裁量权的案件可以调解。调解应当遵循自愿、合法原则,不得损害国家利益、社会公共利益和他人合法权益。"

最高人民法院《关于审理行政赔偿案件若干问题的规定》第30条规定:"人民法院审理行政赔偿案件在坚持合法、自愿的前提下,可以就赔偿范围、赔偿方式和赔偿数额进行调解。调解成立的,应当制作行政赔偿调解书。"

行政赔偿调解制度的确立,不仅有利于鼓励社会公众运用合理、合法的手段解决纠纷,使当事人的合法权益得到维护,而且有利于缓解民众与政府的冲突,树立政府良好的形象。行政赔偿调解书的制作,是行政赔偿调解制度得以落实的具体体现。

在行政诉讼中,人民法院审理涉及行政赔偿案件,一审可以调解达成调解协议制作行政赔偿调解书,二审和再审也可以通过调解达成调解协议制作行政赔偿调解书,本章主要介绍第一审行政赔偿调解书的制作。

## 二、具体写作要求

行政赔偿调解书由首部、正文和尾部组成。

### (一) 首部

首部包括标题、案号、当事人的基本情况、诉讼代理人的身份事项,以及案由、审判组织、审判方式和开庭审理经过。

**1. 标题**

应当分两行书写为:"××××人民法院""行政赔偿调解书"。

**2. 案号**

案号由立案年度、法院简称、案件性质、审判程序和案件顺序号组成。应当写为:"(年度)×行赔字第×号"。

**3. 当事人的基本情况**

应当写明原告、被告的基本情况。叙写原告基本情况时需要注意以下几点:一是当事人是自然人的,应当写明姓名、性别、出生年月日、民族、工作单位和职务或者职业、住所。二是当事人是法人或者其他组织的,应当写明名称、住所。另起一行写明法定代表人或者主要负责人的姓名、职务。三是如果有第三人的,也应当写明第三人的基本情况。

叙写被告基本情况时需要注意,在行政诉讼中,被诉的主体只能是行政机关。因此,在被告基本情况中,应当写明被告行政机关的名称、所在地址、法定代表人的姓名和职务。

**4. 诉讼代理人的身份事项**

当事人是无民事行为能力人或者限制民事行为能力人的,应当写明法定代理人或者指定代理人的姓名、住所,并在姓名后括注与当事人的关系。当事人及其法定代理人委托诉讼代理人的,应当写明委托诉讼代理人的诉讼地位、姓名。

**5. 案由、审判组织、审判方式和开庭审理经过**

根据法院诉讼文书样式的要求,这一部分应当表述为:

> 原告×××因与被告×××……(写明案由)行政赔偿一案,于××××年××月××日向本院提起行政赔偿诉讼。本院于××××年××月××日立案后,于××××年××月××日向被告送达了起诉状副本及应诉通知书。本院依法组成合议庭,于××××年××月××日公开(或不公开)开庭审理了本案(不公开开庭的,写明原因)。……(写明到庭参加庭审活动的当事人、行政机关负责人、诉讼代理人、证人、鉴定人、勘验人和翻译人员等)到庭参加诉讼。……(写明发生的其他重要程序活动,如:被批准延长审理期限等)。本案现已审理终结。

### (二) 正文

正文包括案件事实、协议内容和对调解协议内容的确认。

**1. 案件事实**

叙写这部分内容,应当首先写明双方当事人的诉辩意见,然后由"经审理查明,……"引出,写明法院依法查明的案件事实。

**2. 协议内容**

这部分内容是调解书的核心内容,由"本案在审理过程中,经本院主持调解,双方当事人自愿达成如下协议:"引出,之后,需要详细具体地写明调解协议的内容。

**3. 对调解协议内容的确认**

应当写明:"上述协议,符合有关法律规定,本院予以确认。"

## （三）尾部

尾部包括调解书生效的条件和时间、合议庭组成人员署名、写明日期和加盖人民法院印章、书记员署名。

（1）调解书生效的条件和时间。应当写明："本调解书经双方当事人签收后，即具有法律效力。"

（2）合议庭组成人员署名、写明日期和加盖人民法院印章、书记员署名。写法同第一审行政判决书。

### 三、文书写作需要注意的问题

（1）调解应当根据当事人自愿的原则，在查清事实，分清是非的基础上进行。协议的内容不得违反法律的规定。

（2）对当事人诉辩意见、审理查明部分的叙写，与裁判文书有所区别，应当本着减小分歧，钝化矛盾，有利于促进调解协议的原则，对争议和法院认定的事实适当简化。

（3）叙写调解协议的内容应当明确、具体，便于履行。

（4）审理赔偿案件不收取诉讼费用。

**参考格式**

行政赔偿调解书（一审行政赔偿案件用）

**参考范例**

××市××县人民法院行政赔偿调解书

# 第六节　行政裁定书

## 一、概念和作用

行政裁定书，是指人民法院根据《行政诉讼法》及相关司法解释的规定，在审理行政诉讼案件过程中，为解决有关程序问题制作的法律文书。

最高人民法院发布的《关于适用〈中华人民共和国行政诉讼法〉的解释》第101条第1款规定:"裁定适用于下列范围:(1)不予受理;(2)驳回起诉;(3)管辖异议;(4)终结诉讼;(5)中止诉讼;(6)移送或者指定管辖;(7)诉讼期间停止行政行为的执行或者驳回停止执行的申请;(8)财产保全;(9)先予执行;(10)准许或者不准许诉;(11)补正裁判文书中的笔误;(12)中止或者终结执行;(13)提审、指令再审或者发回重审;(14)准许或者不准许执行行政机关的具体行政行为;(15)其他需要裁定的事项。对第(1)、(2)、(3)项裁定,当事人可以上诉。"

行政裁定书是人民法院依法行使审判权,对行政诉讼案件有关程序问题作出处理决定的书面记载和法律凭证。

**二、具体写作要求**

行政裁定书由首部、正文和尾部组成。

(一)首部

首部包括标题、案号、当事人的基本情况等。

1. 标题

应当分两行书写为:"××××人民法院""行政裁定书"。

2. 案号

案号由立案年度、法院简称、案件性质、审判程序和案件顺序号组成。应当写为:"(年度)×行×字第×号"。

3. 当事人的基本情况

应当写明原告和被告的基本情况,具体写法参见第一审行政判决书。需要注意的是,不予立案用的行政裁定书,当事人称为起诉人。二审发回重审用行政裁定书,当事人称为上诉人和被上诉人。

(二)正文

正文是文书的核心内容,主要应当写明裁定事项和裁决结果。根据诉讼文书格式的要求,需要裁决事项的不同,文书正文叙写内容也存在差别。以下例举几种常用的行政裁定书正文的写作要求,具体内容如下:

(1)不予立案用的行政裁定书,正文表述为:

××××年××月××日,本院收到×××的起诉状(口头起诉的,注明起诉方式),……(概括写明起诉的事由)。

本院认为,……(写明不予立案的理由)。依照……(写明裁定依据的《行政诉讼法》以及相关司法解释的条、款、项、目)的规定,裁定如下:

对×××的起诉,本院不予立案。

(2)驳回起诉用的行政裁定书,正文表述为:

原告×××诉被告×××……(写明案由)一案,本院受理后,依法组成合议庭,公开(或不公开)开庭审理了本案,现已审理终结(未开庭的,写"本院依法进行了审理,现已审理终结")。

……（概括写明原告起诉的事由）。

……（各方当事人对案件是否符合起诉条件有争议的，围绕争议内容分别概括写明原告、被告、第三人的意见及所依据的事实和理由；如果没有，此项不写）。

经审理查明，……（各方当事人对案件是否符合起诉条件的相关事实有争议的，写明法院对该事实认定情况；如果没有，此项不写）。

本院认为，……（写明驳回起诉的理由）。依照……（写明裁定依据的《行政诉讼法》以及相关司法解释的条、款、项、目，如《最高人民法院关于适用〈中华人民共和国行政诉讼法〉的解释》第××条第××款）的规定，裁定如下：

驳回原告×××的起诉。

（3）一审准予或者不准予撤回起诉用的行政裁定书，正文表述为：

本院在审理原告×××诉被告×××……（写明案由）一案中，原告×××……（简要写明原告提出的撤诉请求和理由）。

本院认为，……（写明准许撤诉或不准许撤诉的理由）。依照《中华人民共和国行政诉讼法》第六十二条的规定，裁定如下：

……（写明裁定结果）。

（4）先予执行用的行政裁定书，正文表述为：

本院在审理原告×××诉被告×××……（写明案由）一案中，原告×××于××××年××月××日向本院提出先予执行的申请，要求……（概括写明请求的具体内容）。

本院认为，……（写明决定先予执行的理由）。依照《中华人民共和国行政诉讼法》第五十七条的规定，裁定如下：

……（写明先予执行的内容及其时间和方式）。

（5）中止或终结诉讼用行政裁定书，正文表述为：

本院在审理原告×××诉被告×××……（写明案由）一案中，……（写明中止或终结诉讼的事实根据）。依照……（写明裁定依据的法律以及相关司法解释的条、款、项、目）的规定，裁定如下：

……（写明裁定结果）。

（6）二审发回重审用行政裁定书，正文表述为：

上诉人×××因……（写明案由）一案，不服××××人民法院（××××）×行初字第××号行政判决，向本院提起上诉。本院受理后，依法组成合议庭，公开（不公开）开庭审理了本案。（未开庭的，写"本院受理后，依法组成合议庭审理了本案。"）

上诉人×××上诉称，……

被上诉人×××答辩称，……

原审第三人（或者一审判决的其他称谓）述称，……

经审理查明，……（经审理查明的案件事实内容，主要写据以作出发回重审裁定的相关事实，与发回重审无关的可少写或不写）。

本院认为,……(写明发回重审的理由,概括指引如何操作)。依照……(写明裁定依据的法律以及相关司法解释的条、款、项、目)的规定,裁定如下:

一、撤销××××人民法院(××××)×行初字第××号行政判决;

二、发回××××人民法院重审。

(7) 依职权提审或者指令下级法院再审用行政裁定书,表述为:

原告×××诉被告×××……(写明案由)一案,××××人民法院已于××××年××月××日作出(××××)×行×字××号行政判决(裁定或调解书),该判决(裁定或调解书)已发生法律效力。在……(简要写明发现途径)中,本院发现,……(简要写明发现的问题)。本院依法组成合议庭对本案进行审查,现已审查终结。

本院认为,……(简要写明提起再审的事实、法律、程序等理由)。经本院审判委员会讨论(未经审判委员会讨论的不写此项),依照《中华人民共和国行政诉讼法》第九十二条第二款的规定,裁定如下:

……(写明裁定结果)。

(三) 尾部

尾部的写法,与第一审行政判决书基本相同。需要注意的是,一般需要写明诉讼费用的负担,如果没有诉讼费用的,这一项可以不写。需要交代上诉事项的,应当写明:"如不服本裁定,可在裁定书送达之日起十日内,向本院递交上诉状,并按对方当事人的人数提出副本,上诉于××××人民法院。"最后,由合议庭组成人员署名,写明裁定日期,书记员署名等。

### 三、文书写作需要注意的问题

(1) 不予立案、驳回起诉用的行政裁定书,尾部需要交代上诉事项。先予执行用的行政裁定书,尾部需要交代复议事项,即写明:

本裁定书送达后立即执行。如不服本裁定,可以向本院申请复议一次。复议期间不停止裁定的执行。

(2) 一审准予或者不准予撤回起诉用的行政裁定书,裁定准予撤诉的,裁定书的尾部应当写明诉讼费用的负担。裁定不准予撤诉的,裁定书的尾部不需要写明诉讼费用的负担。中止或终结诉讼用行政裁定书,尾部应当写明诉讼费用的负担。

**参考格式**

**行政裁定书**

### 参考范例

**××市××区人民法院行政裁定书**

### 思考题

1. 简述行政裁判文书的概念、特点、种类和作用。
2. 第一审行政判决书的正文部分应当写明哪些内容?
3. 简述第二审行政判决书的概念和作用。
4. 再审行政判决书的正文部分需要写明哪些内容?
5. 简述行政赔偿调解书的概念和作用。
6. 行政赔偿调解书的正文部分需要写清哪些内容?
7. 简述行政裁定书的概念、作用和适用范围。

# 第七章

# 监狱法律文书

**【学习目的与要求】** 通过本章学习,要求学习者在全面了解监狱法律文书的概念、作用和分类的基础上,具体了解和掌握各类常用监狱法律文书的概念、作用、具体写作要求和文书写作需要注意的问题,并能结合司法实践,达到能写会用的要求。

## 第一节 概 述

### 一、监狱法律文书的概念和作用

监狱法律文书,也称监狱执法文书,是指监狱根据我国《刑事诉讼法》和《监狱法》的规定,为处理有关执行刑罚和改造罪犯法律事务制作的法律文书的总称。

我国《监狱法》第2条规定:监狱是国家的刑罚执行机关。依照《刑法》和《刑事诉讼法》的规定,被判处死刑缓期二年执行、无期徒刑、有期徒刑的罪犯,在监狱内执行刑罚。第3条规定:监狱对罪犯实行惩罚和改造相结合、教育和劳动相结合的原则,将罪犯改造成为守法公民。第4条规定:监狱对罪犯应当依法监管,根据改造罪犯的需要,组织罪犯从事生产劳动,对罪犯进行思想教育、文化教育、技术教育。

监狱法律文书的作用主要体现在以下几个方面:一是监狱法律文书是我国监狱对罪犯执行刑罚、进行改造全部活动的忠实记录。二是监狱法律文书是体现党和国家对罪犯采取惩办与宽大相结合的政策,促使罪犯接受改造,改恶从善,重新做人的生动教材。三是监狱法律文书是对罪犯进行奖励或者惩处的凭据,是促使罪犯认罪服法,接受法律制裁的武器。

### 二、监狱法律文书的分类

监狱法律文书依据不同的标准,可以进行不同的分类:

(1)依据写作和表达方式的不同,可以分为填空类文书、笔录类文书、表格类文书和叙述类文书等。

(2)依据文书内容的不同,可以分为以下几类:① 监狱执行刑罚事务文书,例如,建议减刑、假释文书。② 狱政管理文书,例如,对罪犯的奖励文书、评审鉴定文书等。③ 监狱侦查文书,例如,狱内立案文书、笔录等。

(3)依据文种的不同,可以分为建议类文书、审批类文书、通知类文书、决定类文书、意见类文书等。

（4）依据受文对象和处理方式的不同，可以分为以下几类：① 监狱内部使用的表格式文书，例如，罪犯入监登记表、罪犯奖惩审批表等；② 向法院和检察机关提请审查决定或裁定的文书，例如，提请减刑、假释意见书，起诉意见书等；③ 向罪犯家属和有关机关送发的通知书，例如，罪犯入监通知书，罪犯奖励、惩罚通知书，罪犯病危通知书，罪犯死亡通知书等。本章主要介绍几种常用的监狱法律文书。

## 第二节　罪犯入监登记表

### 一、概念和作用

罪犯入监登记表，是指监狱在依法收押新入监的罪犯时，依据我国《监狱法》的有关规定填写的记载罪犯入监情况的法律文书。

罪犯入监登记表属于表格类文书，该文书内容全、项目多，是罪犯入监后填写的一份重要文字档案材料，也是监狱必须履行的法律手续。监狱通过该表格，可以了解和掌握罪犯个人以及罪犯家庭的基本情况，便于有针对性地对罪犯进行教育改造。

### 二、具体写作要求

罪犯入监登记表属于多栏目表格式文书，根据文书格式的要求，主要应当依次填写以下内容：

（1）单位、编号和入监日期。应写明收押罪犯单位的名称，即"××监狱"。写明罪犯入监登记表的编号和罪犯入监的时间。

（2）罪犯的基本情况。应当依次写明罪犯的姓名、别名（曾用名）、性别、民族、出生日期、文化程度、捕前职业、原政治面貌、有何特长、身份证号、口音、籍贯（国籍）、原户籍所在地、家庭住址、婚姻状况等。在表格的右上方粘贴一寸免冠照片一张。

（3）罪犯被采取强制措施的情况。应当写明罪犯被拘留的日期、逮捕机关、逮捕日期。

（4）罪犯被处罚的情况。应当写明判决书号、判决机关、判决日期、罪名、刑种、刑期、刑期起止日期、附加刑、曾受何种惩处等。

（5）罪犯个人简历。应当写明罪犯从小学至入监这段时间的主要学习和工作经历，包括起止时间、所在单位、职务等。如果有何劣迹，也应当具体写明有关情况。

（6）主要犯罪事实。应当根据人民法院已经发生法律效力的裁判文书上认定的犯罪事实，简明扼要地写明主要犯罪事实。

（7）家庭成员及主要社会关系。应当写明罪犯与关系人的关系、姓名、出生日期、政治面貌、工作单位及职务（职业）、住址、电话等。填写要求准确、详细、方便查找，以便为监狱确定罪犯真实身份、利用社会力量对罪犯进行帮教等提供帮助。

（8）同案犯。如果属于共同犯罪，应当写明同案犯的姓名、性别、出生日期、捕前职业、罪名、刑期和家庭住址等。如没有同案犯，这项内容应当填写"无"或空白。

### 三、文书写作需要注意的问题

（1）填写"主要犯罪事实"，应当以判决书中认定的事实为依据，案情复杂，内容篇幅较长的，应当予以精炼，概括填写，不宜照抄判决书内容。

（2）如果罪犯属于外国籍，其外文名字应填写在"别名"栏中，国籍应填在"籍贯（国籍）"栏中；原户籍所在地应"填写捕前户口登记所在地"。

**参考格式**

罪犯入监登记表

# 第三节　罪犯奖惩审批表

## 一、概念和作用

罪犯奖惩审批表，是指监狱根据监管法规的规定，给予服刑罪犯行政奖励或处罚时制作的法律文书。

我国《监狱法》第57条规定：罪犯有下列情形之一的，监狱可以给予表扬、物质奖励或者记功：(1) 遵守监规纪律，努力学习，积极劳动，有认罪服法表现的；(2) 阻止违法犯罪活动的；(3) 超额完成生产任务的；(4) 节约原材料或者爱护公物，有成绩的；(5) 进行技术革新或者传授生产技术，有一定成效的；(6) 在防止或者消除灾害事故中作出一定贡献的；(7) 对国家和社会有其他贡献的。被判处有期徒刑的罪犯有前款所列情形之一，执行原判刑期1/2以上，在服刑期间一贯表现好，离开监狱不致再危害社会的，监狱可以根据情况准其离监探亲。第58规定：罪犯有下列破坏监管秩序情形之一的，监狱可以给予警告、记过或者禁闭：(1) 聚众哄闹监狱，扰乱正常秩序的；(2) 辱骂或者殴打人民警察的；(3) 欺压其他罪犯的；(4) 偷窃、赌博、打架斗殴、寻衅滋事的；(5) 有劳动能力拒不参加劳动或者消极怠工，经教育不改的；(6) 以自伤、自残手段逃避劳动的；(7) 在生产劳动中故意违反操作规程，或者有意损坏生产工具的；(8) 有违反监规纪律的其他行为的。依照前款规定对罪犯实行禁闭的期限为7天至15天。罪犯在服刑期间有第一款所列行为，构成犯罪的，依法追究刑事责任。

监狱奖惩审批表属于表格类文书，填写监狱奖惩审批表是对罪犯奖励或者惩罚的必经程序，也是对罪犯奖励或者处罚的依据。根据罪犯在监狱中的表现，对积极改造的罪犯予以奖励，对抗拒改造的罪犯予以惩处，有利于促使罪犯积极改造仰恶从善，早日改造为守法公民。

## 二、具体写作要求

罪犯奖惩审批表属于多栏目表格式文书，根据文书格式的要求，主要应当依次填写以下内容：

（1）单位和罪犯编号。应写明收押罪犯监狱的名称，即"××监狱"。同时，写明罪犯的编号。

（2）罪犯的基本情况。应当依次写明罪犯的姓名、性别、年龄、民族、文化程度、罪名、刑期、刑期的起止时间、刑种及刑期变动情况。

（3）奖惩依据。应当具体写明对罪犯予以奖励或者惩罚的事实依据和法律依据。

（4）各部门意见。应当依次填写分监区意见、监区意见和狱政科意见。

（5）监狱领导批示。

### 三、文书写作需要注意的问题

（1）该表格属于呈请上级审批的法律文书，应当实事求是、认真准确地填写。

（2）各部门意见是对罪犯是否进行奖惩审核，应当认真审查，严格把关，以保证奖惩制度的正确执行。

**参考格式**

罪犯奖惩审批表

## 第四节　罪犯评审鉴定表

### 一、概念和作用

罪犯评审鉴定表，是指监狱在年终对罪犯进行评审、鉴定时制作的法律文书。

为了促使罪犯积极改造，监狱每年都要对服刑改造的罪犯进行评审、鉴定，并填写罪犯评审鉴定表。具体作用主要体现在以下两个方面：一是有利于监狱深入细致地了解罪犯在一年的改造期间，在思想改造、生产劳动、政治文化学习等方面的表现，掌握罪犯改造的真实情况；二是帮助罪犯回顾和总结一年的改造情况，肯定成绩，找出差距，促使罪犯积极改造，认罪服法。

### 二、具体写作要求

罪犯评审鉴定表属于表格类文书，根据文书格式的要求，主要应当依次填写以下内容：

（1）罪犯的基本情况。应当依次写明罪犯的姓名、性别、年龄、民族、文化程度、籍贯、家庭住址、罪名、刑种、刑期、原判法院、刑种及刑期变动情况、健康状况、主要犯罪事实和本年度奖惩情况。

（2）个人鉴定和小组鉴定。个人鉴定由罪犯本人填写，主要应当写明认罪服法情况、思想改造表现、劳动改造表现、遵守监规纪律的情况以及今后努力的方向等。小组鉴定通常由罪犯所在小组的小组长填写,主要应当写明罪犯在学习、生产、生活等方面,小组对罪犯改造表现的总结意见。

(3)意见和批示。应当写明分监区意见、监区意见和监狱批示。

### 三、文书写作需要注意的问题

(1)罪犯在填写个人鉴定前,管教人员应当组织罪犯进行座谈,明确要求,以使罪犯端正态度,实事求是,客观公正地评价自己的改造表现。

(2)填写意见和批示时需要注意,分监区管教人员对罪犯改造情况比较了解,应当结合年终评审鉴定情况,全面、客观地评价罪犯改造的表现,为上级机关签署意见或者作出批示提供可靠的依据。监区意见和监狱批示可以根据罪犯个人鉴定、小组意见和分监区意见,概括地写明意见即可。

**参考格式**

罪犯评审鉴定表

# 第五节 罪犯暂予监外执行审批表

### 一、概念和作用

罪犯暂予监外执行审批表,是指监狱对符合法定条件的罪犯决定暂时予以监外执行,依法请示审批时制作的法律文书。

我国《监狱法》第 25 条规定:对于被判处无期徒刑、有期徒刑在监内服刑的罪犯,符合《刑事诉讼法》规定的监外执行条件的,可以暂予监外执行。第 26 条规定:暂予监外执行,由监狱提出书面意见,报省、自治区、直辖市监狱管理机关批准。批准机关应当将批准的暂予监外执行决定通知公安机关和原判人民法院,并抄送人民检察院。人民检察院认为对罪犯适用暂予监外执行不当的,应当自接到通知之日起 1 个月内将书面意见送交批准暂予监外执行的机关,批准暂予监外执行的机关接到人民检察院的书面意见后,应当立即对该决定进行重新核查。

对罪犯暂予监外执行必须履行法定的程序,罪犯暂予监外执行审批表既是提请审批的依据,也是经批准后对罪犯采取暂予监外执行措施的凭证。

### 二、具体写作要求

罪犯暂予监外执行审批表属于表格类文书,根据文书格式的要求,主要应当依次填写以

下内容:

(1) 罪犯的基本情况。应当依次写明罪犯的姓名、性别、民族、出生年月日、户籍所在地、捕前居住地、罪名、原判法院、原判刑期、附加刑、刑期变动情况、现刑期起止、出监后居住地。

(2) 主要犯罪事实、改造表现和病情诊断。

(3) 保证人情况。应当写明保证人的姓名、居住地、工作单位、与罪犯的关系、联系电话。

(4) 综合评估意见。应当写明:同意(不同意)暂予监外执行。

(5) 审批意见。应当分别写明监区意见、监狱法制科意见、监狱意见、监狱管理局意见等。

(6) 备注。

(7) 写明抄送人民检察院名称。

### 三、文书写作需要注意的问题

(1) 对暂予监外执行的罪犯,依法实行社区矫正,由社区矫正机构负责执行。原关押监狱应当及时将罪犯在监内改造情况通报负责执行的社区矫正机构。

(2) 暂予监外执行的罪犯具有《刑事诉讼法》规定的应当收监的情形的,社区矫正机构应当及时通知监狱收监;刑期届满的,由原关押监狱办理释放手续。罪犯在暂予监外执行期间死亡的,社区矫正机构应当及时通知原关押监狱。

**参考格式**

**罪犯暂予监外执行审批表**

# 第六节　提请减刑建议书

### 一、概念和作用

提请减刑建议书,是指监狱对服刑改造期间确有悔改或者立功表现,且已经执行符合法定要求刑期的罪犯,提请法院审核裁定减刑时制作的法律文书。

我国《监狱法》第 29 条规定:被判处无期徒刑、有期徒刑的罪犯,在服刑期间确有悔改或者立功表现的,根据监狱考核的结果,可以减刑。有下列重大立功表现之一的,应当减刑:(1) 阻止他人重大犯罪活动的;(2) 检举监狱内外重大犯罪活动,经查证属实的;(3) 有发明创造或者重大技术革新的;(4) 在日常生产、生活中舍己救人的;(5) 在抗御自然灾害或者排除重大事故中,有突出表现的;(6)对国家和社会有其他重大贡献的。第 30 条规定:减刑建议由监狱向人民法院提出,人民法院应当自收到减刑建议书之日起 1 个月内予以审核裁定;案情复杂或者情况特殊的,可以延长 1 个月。减刑裁定的副本应当抄送人民检察院。

提请减刑建议书既是监狱对罪犯提出减刑建议的工具,也是人民法院对案件进行审查,依法对罪犯作出减刑的依据。

### 二、具体写作要求

提请减刑建议书属于文字叙述类文书,由首部、正文和尾部组成。

(一) 首部

首部包括标题、编号、罪犯基本情况。

(1) 标题。应当分两行居中写明文书制作机关名称和文书名称,即写为:"××监狱""提请减刑建议书"。

(2) 编号。包括年度、机关代字、文书代字和文书序号,即写为:(年度)×监减字第×号。

(3) 罪犯基本情况。应当依次写明罪犯的姓名、曾用名、性别、出生年月日、民族、文化程度、原户籍所在地、前科或累犯情况、罪名、作出生效判决法院名称、作出判决的时间、文书案号、主刑、附加刑、上诉情况、刑期的起止时间、收监日期、服刑期间执行刑期变动情况等。

(二) 正文

正文是文书的核心内容,包括事实根据、减刑理由、法律依据和建议事项。

(1) 事实根据。这部分内容由"该犯在考核期限内确有悔改表现(立功或者重大立功),具体事实如下:"引出,然后叙述具体事实。

叙写事实根据部分内容,主要需要注意以下几个问题:

一是根据《监狱法》的规定,被判处无期徒刑、有期徒刑的罪犯,在服刑期间确有悔改或者立功表现的,根据监狱考核的结果,可以减刑。有法定重大立功表现之一的,应当减刑。因此,事实根据主要应当写明罪犯悔改立功表现或者重大立功表现的事实。

二是叙写的事实根据必须实事求是,查证属实,准确可靠,没有差错。

三是叙写事实应当详细具体,即应当写明时间、地点、动机、目的、过程、结果等。

四是叙写事实应当突出重点,抓住关键,并且做到层次清楚,脉络清晰。

(2) 减刑理由。应当依据事实和法律阐述减刑理由。首先对减刑的事实依据进行客观地分析评论,阐述对罪犯减刑的理由;然后依据法律规定,说明理由,使事实与法律相结合,使减刑理由有理有据,令人信服。

(3) 法律依据和建议事项。应写为:"根据《中华人民共和国刑法》第××条、《中华人民共和国刑事诉讼法》第××条第×款、《中华人民共和国监狱法》第××条的规定,建议对罪犯×××予以减刑。特提请裁定。"叙写这部分内容应当注意,叙写罪犯的姓名要准确无误,引用法律条文要具有针对性。

(三) 尾部

尾部包括致送机关名称、写明年月日、加盖公章、附项等。

(1) 致送机关名称。应写明:"此致""××××人民法院"。

（2）写明年月日、加盖公章。

（3）附项。应写明罪犯卷宗材料共×卷×册×页。

### 三、文书写作需要注意的问题

（1）监狱在向人民法院提请减刑、假释的同时，应当将提请减刑、假释的建议书副本抄送人民检察院。

（2）被判处有期徒刑和被减刑为有期徒刑的罪犯的减刑、假释，由监狱提出建议，提请罪犯服刑地的中级人民法院裁定。被判处死刑缓期二年执行的罪犯的减刑，被判处无期徒刑的罪犯的减刑、假释，由监狱提出建议，经省、自治区、直辖市监狱管理局审核同意后，提请罪犯服刑地的高级人民法院裁定。

**参考格式**

提请减刑建议书

**参考范例**

××省××监狱提请减刑建议书

## 第七节　提请假释建议书

### 一、概念和作用

提请假释建议书，是指监狱根据罪犯在监狱中的表现，依法提请人民法院对罪犯予以假释时制作的法律文书。

我国《监狱法》第32条规定：被判处无期徒刑、有期徒刑的罪犯，符合法律规定的假释条件的，由监狱根据考核结果向人民法院提出假释建议，人民法院应当自收到假释建议书之日起1个月内予以审核裁定；案情复杂或者情况特殊的，可以延长1个月。假释裁定的副本应当抄送人民检察院。

提请假释建议书既是监狱对罪犯提出假释建议的工具,也是人民法院对案件进行审查,依法对罪犯作出假释的依据,同时也是我国对罪犯实行惩办与宽大相结合政策的具体体现。

## 二、具体写作要求

提请假释建议书属于文字叙述类文书,由首部、正文和尾部组成。

### (一)首部

首部包括标题、编号、罪犯基本情况。

(1) 标题。应当分两行居中写明文书制作机关名称和文书名称,即写为:"××监狱""提请假释建议书"。

(2) 编号。包括年度、机关代字、文书代字和文书序号,即写为:(年度)×监假字第×号。

(3) 罪犯基本情况。应当依次写明罪犯的姓名、曾用名、性别、出生年月日、民族、文化程度、原户籍所在地、前科或累犯情况、罪名、作出生效判决法院名称、作出判决的时间、文书案号、主刑、附加刑、刑期的起止时间、收监日期、服刑期间执行刑期变动情况等。

### (二)正文

正文是文书的核心内容,包括事实根据、假释理由、法律依据和建议事项。这部分是文书的核心内容,具体叙写要求可以借鉴提请减刑建议书的写法。

需要注意的是,根据我国《刑法》第81条第1款的规定:被判处有期徒刑的犯罪分子,执行原判刑期1/2以上,被判处无期徒刑的犯罪分子,实际执行13年以上,如果认真遵守监规,接受教育改造,确有悔改表现,没有再犯罪的危险的,可以假释。如果有特殊情况,经最高人民法院核准,可以不受上述执行刑期的限制。因此,在叙写提请假释的事实根据和理由时,应当围绕法定的假释条件进行阐述和分析论证。

### (三)尾部

尾部包括致送机关名称、写明年月日、加盖公章、附项等。写法同提请减刑建议书。

## 三、文书写作需要注意的问题

(1) 人民法院裁定假释的,监狱应当按期假释并发给假释证明书。对被假释的罪犯,依法实行社区矫正,由社区矫正机构负责执行。

(2) 被假释的罪犯,在假释考验期限内有违反法律、行政法规或者国务院有关部门关于假释的监督管理规定的行为,尚未构成新的犯罪的,社区矫正机构应当向人民法院提出撤销假释的建议,人民法院应当自收到撤销假释建议书之日起1个月内予以审核裁定。人民法院裁定撤销假释的,由公安机关将罪犯送交监狱收监。

(3) 人民检察院认为人民法院减刑、假释的裁定不当,应当依照《刑事诉讼法》规定的期间向人民法院提出书面纠正意见。对于人民检察院提出书面纠正意见的案件,人民法院应当重新审理。

**参考格式**

**提请假释建议书**

**参考范例**

**××省××监狱提请假释建议书**

# 第八节　对罪犯刑事判决提请处理意见书

## 一、概念和作用

对罪犯刑事判决提请处理意见书，是指监狱在执行刑罚中，如果认为判决有错误，依照法定程序，提请人民检察院或原判人民法院复查处理时制作的法律文书。

我国《监狱法》第 24 条规定：监狱在执行刑罚过程中，根据罪犯的申诉，认为判决可能有错误的，应当提请人民检察院或者人民法院处理，人民检察院或者人民法院应当自收到监狱提请处理意见书之日起 6 个月内将处理结果通知监狱。

监狱在执行刑罚中，如果认为判决有错误，制作对罪犯刑事判决提请处理意见书，提请人民检察院或原判人民法院对案件复查，有利于及时纠正错误，避免和减少冤假错案。同时，对保护在押罪犯的合法权益也具有重要意义。

## 二、具体写作要求

对罪犯刑事判决提请处理意见书属于填空类文书，共两联，一联作为存根，以备查阅，一联为正本，送递提请复查机关。

（一）存根

存根包括首部和正文。

（1）首部。应当依次写明标题、编号。在标题下方，用括号标明"存根"字样。

（2）正文。应依次写明以下事项，即罪犯的姓名、罪名、刑期、提请理由、转递单位、时间、承办人、回复时间、回复结果。

## （二）正本

正本由首部、正文和尾部组成。

### 1. 首部

应当依次写明标题、编号和转递机关。转递机关为×××人民检察院或者×××人民法院。

### 2. 正文

包括提请处理的事由、具体理由、法律依据和提请复查的意见。

（1）提请处理的事由。应当写为：

罪犯×××经××××人民法院以（ ）字第×号刑事判决书判处×××。在刑罚执行中，我狱（所）发现对罪犯×××的判决可能有错误。具体理由如下：

（2）具体理由。这部分是文书的核心内容，应当重点叙写。主要应当针对原判决中存在的错误进行论述，抓住要害，据实分析论证，引用法律阐明提请复查的理由。在具体叙写时，需要注意以下几点：

一是如果原判决认定事实存在错误，即原判决认定的事实与客观事实不符，或者是认定事实不清，或者是认定事实的证据不足，或者是认定的事实纯属是虚假的，那么阐述理由时，就应当首先指出原判决认定事实存在的错误，然后通过摆事实、讲道理，写清有证据证明的客观事实。

二是如果原判决适用法律存在错误，即适用法律不当，或者是将此罪认定为彼罪，或者将无罪认定为有罪，或者轻刑重判等，那么阐述理由时，就应当首先指出原判决适用法律存在的错误，然后阐明应当正确适用的法律条款。

三是如果原判决存在较严重地违反诉讼程序的错误，即违反程序法的规定，剥夺被告人的辩论权、合议庭组成人员符合法定应当回避情形没有回避等，影响了案件审理的公正性，那么在阐述理由时，就应当指出原判决由于在程序适用方面存在错误，导致影响判决结果的公正性，进而阐明提请复查的意见。

（3）法律依据和提请复查的意见。应当写为：

为此，根据《中华人民共和国监狱法》第××条和《中华人民共和国刑事诉讼法》第××条的规定，提请你院对×××的判决予以处理，并将处理结果函告我监（所）。

### 3. 尾部

应当写明发文的年月日，并加盖文书制作单位的公章。

## 三、文书写作需要注意的问题

（1）罪犯对生效的判决不服的，可以提出申诉。对于罪犯的申诉，人民检察院或者人民法院应当及时处理。

（2）罪犯的申诉、控告、检举材料，监狱应当及时转递，不得扣压。

**参考格式**

对罪犯刑事判决提请处理意见书

**参考范例**

对罪犯刑事判决提请处理意见书

## 第九节　监狱起诉意见书

**一、概念和作用**

监狱起诉意见书,是指监狱对罪犯在服刑期间又犯罪,或者发现了判决时所没有发现的罪行,认为需要追究刑事责任,提出起诉意见,移送人民检察院审查决定时制作的法律文书。

我国《监狱法》第 60 条规定:对罪犯在监狱内犯罪的案件,由监狱进行侦查。侦查终结后,写出起诉意见书,连同案卷材料、证据一并移送人民检察院。

监狱起诉意见书既是监狱向人民检察院提出起诉意见,要求人民检察院在法定期限内对案件进行审查的凭证,也是人民检察院审查起诉案件的基础和依据。

**二、具体写作要求**

监狱起诉意见书由首部、正文和尾部组成。

(一)首部

首部包括标题、编号、罪犯的基本情况。

(1)标题。应当分两行居中写明文书制作机关名称和文书名称,即写为:"××监狱""起诉意见书"。

(2)编号。包括年度、机关代字、文书代字和文书序号,即写为:(年度)×监×字第×号。

(3)罪犯基本情况。应当依次写明罪犯的姓名、性别、出生年月日、民族、原户籍所在地、罪名、作出生效判决法院的名称、作出判决的时间、文书案号、主刑、附加刑、刑期的起止时间、交付执行日期、现押处所等。

## （二）正文

正文是文书的核心内容，包括主要犯罪事实、法律依据和决定事项。

（1）主要犯罪事实。这部分内容是文书叙写的重点，由"现经侦查，罪犯×××在服刑期间涉嫌××罪。主要事实如下"过渡段引出。在具体叙写时，主要需要注意以下几个问题：

一是叙写犯罪事实，既要反映全貌，又要重点突出。应当写清犯罪发生的时间、地点、动机、目的、手段、情节、过程、涉及的人和事、危害结果等。同时，涉及案件关键性的情节要重点叙写，不能平铺直叙。

二是注重围绕犯罪构成要件叙写案件事实。

三是涉及共同犯罪的案件，除应写清全部犯罪事实外，还应当写清每个犯罪嫌疑人在共同犯罪中所处的地位、起的作用以及各自应负的罪责等。

（2）法律依据和决定事项。应当写为：

为此，根据《中华人民共和国监狱法》第××条第×款、《中华人民共和国刑法》第××条、《中华人民共和国刑事诉讼法》第××条第×款之规定，特提请你院审查处理。

## （三）尾部

尾部包括致送机关名称、写明年月日、加盖公章、附项等。

（1）致送机关名称。应写明："此致""××××人民检察院"。

（2）写明年月日、加盖公章。

（3）附项。应写明罪犯卷宗材料共×卷×册×页、罪犯又涉嫌犯罪（或发现余罪）的案卷材料共×卷×册×页。

## 三、文书写作应当注意的问题

（1）起诉意见书中叙写的案件事实必须经过查证属实，有充分的证据予以证明。

（2）监狱制作的起诉意见书与公安机关制作的起诉意见书存在区别，具体体现在以下几个方面：一是制作主体不同。监狱起诉意见书的制作主体是监狱；公安机关起诉意见书的制作主体是公安机关。二是起诉对象不同。监狱要求起诉的对象是正在服刑改造的罪犯；公安机关要求起诉的对象是犯罪嫌疑人。三是适用范围不同。监狱提出起诉意见，主要针对罪犯在服刑期间又犯罪，或者发现了判决时所没有发现的罪行，认为需要追究刑事责任的案件；公安机关起诉意见书，针对的主要是社会上发生的应当追究刑事责任的各类刑事案件。四是文书制作的法律依据不同。

**参考格式**

**监狱起诉意见书**

> **参考范例**
>
> ××市监狱起诉意见书
>
>

# 第十节 罪犯出监鉴定表

## 一、概念和作用

罪犯出监鉴定表,是指罪犯出监时,监狱填写的记载罪犯在服刑改造期间的表现和监狱对罪犯表现作出结论的法律文书。

罪犯由于服刑期满、裁定假释、裁定释放、依法保外就医、监外执行等原因需要出监时,监狱应当对罪犯进行鉴定,并填写罪犯出监鉴定表,这是法定的必经程序。罪犯出监鉴定表记载了罪犯在服刑改造期间的表现,并有监狱对其表现的评价和结论性意见,便于接收单位掌握情况,有的放矢地进行帮助教育,巩固改造成果,防止出监人员重新犯罪。

## 二、具体写作要求

罪犯出监鉴定表属于表格类文书,封面印有"罪犯出监鉴定表"字样,并需要填写罪犯姓名、填表机关名称、填表日期。根据文书格式要求,罪犯出监鉴定表中主要应当依次填写以下内容:

(1)罪犯的基本情况。应当依次写明罪犯的姓名、性别、民族、出生年月日、健康状况、家庭住址、原户籍所在地、罪名、原判法院、判决字号、原判刑期、附加刑、原判刑期起止、刑期变动情况。

(2)出监原因、出监时间、文化程度、有何技术特长及等级。填写技术特长,主要是为了社会安置部门和用人单位给出监人员安排适当的工作。

(3)主要犯罪事实。应当根据原判决书的内容,写明罪犯的主要犯罪事实。如果罪犯入监后又犯有新罪,或者发现判决时有遗漏罪行的,也应当根据人民法院另行制作的判决书叙写清楚。

(4)家庭成员及主要社会关系。这部分内容应当如实填写。应当写明罪犯与关系人的关系、姓名、出生日期、政治面貌、工作单位及职务(职业)、住址、电话等。填写这部分内容不能照抄档案材料,因为罪犯在服刑改造期间,家庭成员的情况可能会发生变化。

(5)本人简历。入监前,主要应当写明罪犯从小学至入监这段时间的主要学习和工作经历,包括起止时间、所在单位、职务等。如果有何劣迹,也应当具体写明有关情况。入监后,主要应当写明罪犯接受教育改造的经历。

(6)改造表现。这部分内容是文书写作的重点,主要应当填写清楚以下内容:一是罪犯在监狱中服刑改造的情况,包括思想改造、学习改造、劳动改造等。二是罪犯遵守监规纪律的情况以及生产技能、文化学习方面的表现等。三是在服刑改造期间,因确有悔改或者立功表现,受到奖励或者减刑、假释处理的情况。四是在服刑改造期间,因隐瞒余罪、重新犯罪以及发生其他重大抗拒改造受到惩处的情况。五是罪犯在出监时,如果发现存在重大思想问题或者有某种异常表现的,应当着重写明,便于供有关部门参考,有针对性地对罪犯进行帮助和教育。

(7) 服刑改造期间的奖惩情况。这部分内容由于在改造表现中已经详细填写,此处只需简单填写即可,即何时因为何种原因,受过何种奖励或者处罚。

(8) 写明分监区意见和监区意见。分监区对罪犯改造情况比较了解,应当针对罪犯改造的表现,客观全面地填写意见。监区意见可以根据罪犯分监区意见,概括地写明即可。

### 三、文书写作需要注意的问题

对依法释放的罪犯,监狱除应填写罪犯出监鉴定表外,同时还应签发释放证明书。对依法暂予监外执行的罪犯,监狱除填写罪犯出监鉴定表外,还应当签发罪犯暂予监外执行通知书,但不签发释放证明书。

**参考格式**

**罪犯出监鉴定表**

**思考题**

1. 简述监狱法律文书的概念和种类。
2. 罪犯入监登记表需要填写哪些内容?
3. 简述提请假释建议书的概念和作用。
4. 提请减刑建议书的正文部分需要写清哪些内容?
5. 简述监狱起诉意见书与公安机关起诉意见书的区别。
6. 简述罪犯出监鉴定表的概念和作用。

# 第八章

# 行政执法法律文书

【学习目的与要求】 通过本章学习,要求学习者在了解行政执法法律文书的概念、特点、种类和作用的基础上,具体了解和掌握各种常用行政执法法律文书的概念、作用、具体写作要求和文书写作需要注意的问题,并能够结合司法实践,达到能写会用的要求。

## 第一节 概 述

### 一、行政执法法律文书的概念和特点

行政执法法律文书的概念有广义和狭义之分。广义的行政执法法律文书,是指行政机关依据法律赋予的行政职权,在行政执法过程中,依法制作或者使用的具有法律效力或者法律意义的行政公文以及涉及行政诉讼时,行政机关制作并使用的,或者与行政机关自身利益密切相关的各种法律文书的总称。包括立案、管辖文书,调查取证文书,行政听证文书,行政复议文书,行政处罚文书,行政诉状文书,行政诉讼代理文书,行政裁决文书等。狭义的行政执法法律文书,是指行政机关依据法律赋予的行政职权,在行政执法过程中,依法制作的具有法律效力或者法律意义的行政法律文书。主要指立案、管辖文书,调查取证文书,行政听证文书,行政复议文书,行政处罚文书等。本章所指行政执法文书,是指狭义的行政执法文书。

行政执法法律文书主要具有以下特点:

(1)制作的合法性。我国行政法调整的对象比较广泛,并且没有统一的实体法典,法律规定散见于宪法、法律、法规、规章中,制作不同的行政执法文书,需要依据不同的行政法律规定作为依据,文书的内容应当符合法律规定。

(2)内容的规范性。行政执法文书内容的规范性,通常要求做到符合格式,事实要素叙写清楚,理由阐述充分,法律依据引用准确,处理意见明确具体。

(3)实施的强制性。行政执法文书在行政执法中具有实际效用,有些文书具有法律效力,有些文书具有法律意义。无论是何种行政执法文书,都靠国家强制力保障施行,具有实施的强制性。

### 二、行政执法法律文书的种类和作用

行政执法法律文书依据不同的标准可以进行不同的分类:

（1）依据文书制作主体的不同，可以分为公安行政执法文书、工商行政执法文书、税务行政执法文书、安全监察行政执法文书、卫生行政执法文书等。

（2）依据写作和表达方式的不同，可以分为叙述式文书、笔录式文书、表格式文书、填空式文书等。

（3）依据文种的不同，可以分为立案、管辖类文书，调查取证类文书，行政听证类文书，行政复议类文书，行政处罚类文书等。行政执法文书种类繁多，本文主要介绍行政处罚法律文书和行政复议法律文书的重点内容。

行政执法法律文书是行政机关依法行政的文字记录载体，其作用主要体现在以下几个方面：

（1）规范行政主体的行政行为。从文书制作的角度讲，规范和控制行政权，确保行政权的运行不偏离目标，是行政执法文书的重要功能之一。完善行政执法文书的制作，可以使行政执法者的行政执法行为展示在书面上，一方面可以约束行政执法者的行政执法行为，保证其依法行政；另一方面也可以起到对行政执法者自身保护的作用。一旦涉及行政复议或者行政诉讼，这些行政执法文书即成为证明行政执法者依法行政的有利证据。

（2）维护行政相对人的合法权益。在行政执法中，人的记忆是有限的，而且会受到各种主观因素的影响，最直接、可靠的凭证应当是不会说话的证据，即各种在行政执法过程中形成的行政执法文书。这些行政执法文书忠实地记载了行政执法的全部过程，即使记载有错误，也会通过审查被识破。因此，这些行政执法文书即是行政机关依法行政，或者不依法行政的依据，也是行政执法相对人在自身合法权益受到侵害时，依法维护自己合法权益的有利证明。

（3）法制宣传的重要手段。在行政执法过程中，行政机关向行政执法相对人下发的行政执法文书是宣传法律的重要手段。例如，行政机关作出行政处罚决定，制作行政处罚决定书，向行政执法相对人下发。虽然被处罚者是个别行政执法相对人，但是见到行政处罚决定书的人绝非少数。因为每一位受处罚者周围，都存在一个工作、生活的群体。这些群体通过行政机关的行政执法行为，感受到了行政处罚的权威性、严肃性。同时，行政处罚决定书的下发和执行，也使这些相关群体了解到哪些行为是违法的、不能为的。这种实例宣传的效果大于说教的效果，因此行政执法文书在法制宣传方面的作用是不容忽视的。

## 第二节　行政处罚法律文书

### 一、行政处罚法律文书概述

（一）概念和特点

行政处罚法律文书，是指我国行政机关对公民、法人或者其他组织实施的违反行政管理秩序的行为，依照法律规定的程序，对违法当事人予以行政处罚时制作的法律文书。

我国《行政处罚法》第3条规定：公民、法人或者其他组织违反行政管理秩序的行为，应当给予行政处罚的，依照本法由法律、法规或者规章规定，并由行政机关依照本法规定的程序实施。没有法定依据或者不遵守法定程序的，行政处罚无效。第8条规定：行政处罚的种类包括：警告；罚款；没收违法所得、没收非法财物；责令停产停业；暂扣或者吊销许可证、暂扣或者吊销执照；行政拘留；法律、行政法规规定的其他行政处罚。

行政处罚是行政机关依法行政的一种职能,行政处罚法律文书主要具有以下几个特点:

(1) 法定性。为了规范行政处罚的设定和实施,保障和监督行政机关有效实施行政管理,维护公共利益和社会秩序,保护公民、法人或者其他组织的合法权益,我国制定了《行政处罚法》。同时,为了规范行政机关、有关当事人在行政处罚过程中的行为,我国地方人民政府、行政管理部门依据我国《行政处罚法》的规定,在各自职权管辖范围颁布了行政处罚程序的规定、办法。例如,国家安全生产监督管理总局颁布的《安全生产违法行为行政处罚办法》、公安部颁布的《公安机关办理行政案件程序规定》、国家卫生部颁布的《卫生行政处罚程序》等。这些规定、办法是我国行政处罚法律规范体系的重要组成部分,制作行政处罚法律文书,应当以上述法律为依据,依法制作相关的法律文书。

(2) 适用性。行政处罚法律文书主要是依法行政过程中制作和使用的,是整个执法活动的忠实记录,文书写作应当充分考虑执法的规范性和办理案件的实际需要。因此,法律文书的适用性特点比较突出。

(3) 规范性。行政机关依法行政是法定职责,其使用的行政执法文书,是依法行政的重要载体。为了保证行政执法的合法性和权威性,行政处罚决定书的制作应当符合规范性的要求,包括文书格式符合规范性的要求、文书内容符合规范性的要求以及文书语言符合规范性的要求等。总之,行政处罚决定书的制作,必须遵循文书特点,依据法定要求制作,才能起到应有的作用。

(二) 种类和作用

行政处罚法律文书根据不同的标准,可以进行不同的分类:

(1) 根据制作主体的不同,可以分为公安、海关、工商管理、税务、环保、物价、劳动、交通、卫生、教育、技术监督等部门的行政处罚法律文书。

(2) 根据制作形式的不同,可以分为表格式文书、填空式文书、笔录式文书和文字叙述式文书。

(3) 根据行政处罚案件办案流程,可以分为立案类文书、调查取证类文书、告知类文书、决定类文书、执行类文书、结案类文书、其他文书等。其中,立案类文书包括行政处罚案件举报登记表、行政处罚案件立案审批表。调查取证类文书包括询问通知书、询问笔录、陈述笔录、抽样取证通知书、先行登记保存通知书、采取(解除)强制措施审批表、封存(查封、暂扣、扣押)物品通知书、封存(查封、暂扣、扣押)物品清单、收缴物品清单等。告知类文书包括行政处罚事先告知书、行政处罚听证通知书等。决定类文书包括行政处罚决定书、当场行政处罚决定书等。执行类文书包括罚款催缴通知书、延期(分期)交纳罚款审批表、延期(分期)交纳罚款批准书、强制执行申请书、强制执行通知书、强制执行决定书等。结案类文书包括结案审批表、案件移送审批表等。其他文书包括责令改正通知书、送达回证等。本文主要介绍几种常用的行政处罚法律文书。

行政处罚法律文书是行政处罚措施实施的书面文字载体,其作用主要体现在以下几个方面:

(1) 记载了行政机关依法行使行政处罚权的步骤和流程,是行政机关依法行使行政处罚权的基本保证。

(2) 行政处罚法律文书反映了对当事人进行行政处罚的具体内容,是衡量、检查行政处罚权行使是否合法的有效依据。

(3) 具有执行意义的行政处罚法律文书,对行政处罚相对人有警示、惩罚的作用,对社会公众有法制宣传教育的作用。

## 二、行政处罚事先告知书

### （一）概念和作用

行政处罚事先告知书，是指行政机关依法作出行政处罚前，告知当事人拟作出行政处罚决定的事实、理由和依据以及当事人依法享有的权利时制作的法律文书。

我国《行政处罚法》第31条规定：行政机关在作出行政处罚决定之前，应当告知当事人作出行政处罚决定的事实、理由及依据，并告知当事人依法享有的权利。

行政处罚事先告知书的作用主要体现在以下三个方面：(1) 告知当事人拟对其违法行为采取具体的行政处罚措施。(2) 告知当事人拟作出行政处罚决定的事实、理由及依据。(3) 告知当事人依法享有的申请行政听证、行政复议，提起行政诉讼等方面的权利，便于当事人在法定的期限内行使自己的权利，维护自身的合法权益。

### （二）具体写作要求

行政处罚事先告知书属于填空式法律文书，由首部、正文和尾部组成。

#### 1. 首部

首部包括标题、发文字号、被告知人的姓名或名称。

(1) 标题。应当分两行书写为："××××（行政机关名称）""行政处罚事先告知书"。

(2) 发文字号。应当写为："××罚告字〔××××〕第 ××号"。

(3) 被告知人的姓名或名称。应当明确、具体。被告知人是自然人的，直接写明姓名；被告知人是法人或者其他组织的，应当写明法人或者其他组织的全称。

#### 2. 正文

正文是文书的核心内容，包括被告知人违法行为的情况、拟决定处罚的具体形式、适用的法律依据以及交代被告知人的权利等。

(1) 被告知人违法行为的情况。通常写为：

你（或者单位全称）因××××（具体的违法行为）违反了《中华人民共和国××××法》第××条的规定。

(2) 拟决定处罚的具体形式、适用的法律依据。通常写为：

依据《中华人民共和国行政处罚法》第××条的规定，本机关拟决定对你（或者单位全称）作出以下行政处罚：罚款××××元整（大写）。

(3) 交代被告知人的权利。通常写为：

根据《中华人民共和国行政处罚法》第三十一条、第三十二条和第四十二条的规定，你（或者单位全称）可在收到本告知书之日起三日内向本机关进行陈述申辩、申请听证，逾期不陈述申辩、申请听证的，视为你（或者单位全称）放弃上述权利。

#### 3. 尾部

尾部应当写明文书制作机关的名称并加盖印章，写明日期。同时，可以附上行政机关的地址、联系人及联系电话。

### （三）文书写作需要注意的问题

(1) 行政处罚事先告知书应当一式两联，第一联留存在行政机关的执法案卷中，第二联送达当事人。

(2) 根据法律规定,除行政执法机关当场作出行政处罚决定外,拟对当事人采取较为严厉或者有着较重大影响的行政处罚前,都应当制作行政处罚事先告知书,依法告知当事人相关的处罚事项。

(3) 行政处罚事先告知是我国行政处罚中的法定必经程序,文书一经送达签收,即发生相应的法律效力。

**参考格式**

(行政机关名称)行政处罚事先告知书

**参考范例**

行政处罚事先告知书

### 三、责令改正通知书

(一) 概念和作用

责令改正通知书,是指行政机关在行政执法过程中,对于已经有证据证明的行政违法行为,责令行为人改正或者限期改正违法行为时制作的法律文书。

我国《行政处罚法》第 23 条规定:行政机关实施行政处罚时,应当责令当事人改正或者限期改正违法行为。

责令改正通知书的作用主要体现在以下几个方面:(1) 告知当事人行政机关作出的,责令其改正违法行为的决定;(2) 告知当事人行政机关责令其改正的违法行为的范围、期限等事项;(3) 强制命令当事人停止违法活动、改正违法行为。

(二) 具体写作要求

责令改正通知书属于填空式法律文书,由首部、正文和尾部组成。

1. 首部

首部包括标题、发文字号、被通知人的姓名或名称。

(1) 标题。应当分两行写为:"××××(行政机关名称)""责令改正通知书"。

(2) 发文字号。应当写为:"××责改通字〔××××〕第 ××号"。

(3) 被通知人的姓名或名称。被通知人是自然人的,直接写明姓名;被通知人是法人或者其他组织的,应当写明法人或者其他组织的全称。

2. 正文

正文是文书的核心内容,应当写明被通知人违法行为的性质、违反的法律规范、行政机关决定的法律依据、责令改正的期限、改正的内容与要求等。

(1) 被通知人违法行为的性质。应当写明被通知人实施违法行为的时间、地点和违法行为的具体内容。

(2) 违反的法律规范、行政机关决定的法律依据。应当写得明确、具体,具有针对性。

(3) 责令改正的期限、改正的内容与要求。应当写明要求改正的具体时间、具体内容以及拒不改正的法律后果。同时,告知当事人依法享有的申请行政复议、提起行政诉讼的权利。

3. 尾部

尾部应当写明行政机关的名称并加盖印章,写明日期。

(三) 文书写作需要注意的问题

(1) 责令改正分为立即改正与限期改正两种形式,责令改正通知书也分为责令改正通知书、责令限期改正通知书两种文书,文书制作,应当根据具体情形,写明责令改正通知书或者责令限期改正通知书。

(2) 应当告知被通知人享有的申请行政复议、提起行政诉讼的权利。

(3) 责令限期改正的,应当给当事人规定具体的改正时间,并在文书中写明。

**参考格式**

**(行政机关名称)责令改正通知书**

**参考范例**

**××市知识产权局责令改正通知书**

### 四、当场行政处罚决定书

**(一) 概念和作用**

当场行政处罚决定书,是指行政机关在违法行为发生现场,按照《行政处罚法》规定的简易程序,对违法行为人给予行政处罚时制作的法律文书。

我国《行政处罚法》第33条规定:违法事实确凿并有法定依据,对公民处以50元以下、对法人或者其他组织处以1000元以下罚款或者警告的行政处罚的,可以当场作出行政处罚决定。第34条规定:执法人员当场作出行政处罚决定的,应当向当事人出示执法身份证件,填写预定格式、编有号码的行政处罚决定书。行政处罚决定书应当当场交付当事人。前款规定的行政处罚决定书应当载明当事人的违法行为、行政处罚依据、罚款数额、时间、地点以及行政机关名称,并由执法人员签名或者盖章。执法人员当场作出的行政处罚决定,必须报所属行政机关备案。

当场行政处罚决定书的作用主要体现在以下几个方面:(1) 当场处罚决定书是行政机关依法行使处罚权,处罚有关当事人违法行为的文书凭证;(2) 说明行政机关已经依法确定行为人实施的违法行为事实,决定予以行政处罚;(3) 标志着行政处罚程序已经终结,被处罚人不服行政处罚的,可以通过申请行政复议、提起行政诉讼的途径寻求法律救济。

**(二) 具体写作要求**

当场行政处罚决定书属于填空式法律文书,由首部、正文和尾部组成。

1. 首部

首部包括标题、发文字号、被处罚人的姓名或名称。

(1) 标题。应当写为:"当场行政处罚决定书"。

(2) 发文字号。应当写为:"××行罚字〔××××〕第××号"。

(3) 被处罚人的姓名或名称。被处罚人是自然人的,直接写明姓名;被处罚人是法人或者其他组织的,应当写明法人或者其他组织的全称。

2. 正文

正文是文书的核心内容,应当写明当事人的违法行为、行政处罚依据、罚款数额、时间、地点以及交代被处罚人享有的权利等。

(1) 当事人的违法行为。根据《行政处罚法》的规定,给予现场当场行政处罚的,应当是违法事实清楚、情节简单、证据确凿的违法行为。可以采用法律、法规和规章中对违法行为具体内容的表述即可。例如,厨师未取得健康许可证、聚众赌博等。

(2) 法律依据。包括当事人违反的法律规范和行政处罚的依据。涉及当事人违反的法律规范和行政处罚依据的叙写,应当明确、具体,包括具体名称和具体条款。

(3) 处罚的内容。要求写明处罚的种类和数额。同时,应当写明履行的方式和期限。

(4) 告知权利。一般写为:

> 如不服本处罚决定,可在接到本处罚决定之日起××日内依法向××××(机关名称)申请行政复议;或××月内向××××人民法院起诉。逾期不申请复议,也不向人民法院起诉,又不履行处罚决定的,本机关将依法申请人民法院强制执行。

3. 尾部

尾部包括行政执法人员签名或盖章、加盖行政机关印章、写明处罚日期,并由被处罚人当场签字、盖章和写明日期等。

(三)文书写作需要注意的问题

(1)行政执法人员制作当场行政处罚决定书后,应当当场向当事人出具,不能事后向当事人出具。

(2)当事人应当在当场行政处罚决定书上签字或者盖章。

(3)当场收缴罚款的,文书制作两联,一联交当事人,一联由行政机关留存归档。要求当事人到指定银行缴纳罚款的,文书应当制作三联,一联交当事人,一联由当事人交给银行,一联由行政机关留存归档。

**参考格式**

(行政机关名称)当场行政处罚决定书

**参考范例**

××市公安局××分局当场行政处罚决定书

## 五、行政处罚决定书

(一)概念和作用

行政处罚决定书,是指行政管理机关对违反法律、法规或者规章的当事人,根据《行政处罚法》的规定,按照通常行政处罚程序,对当事人实施行政处罚时制作的法律文书。

我国《行政处罚法》第39条规定:行政机关依照本法第38条的规定给予行政处罚,应当制作行政处罚决定书。行政处罚文书应当载明下列事项:(1)当事人的姓名或者名称、地址;(2)违反法律、法规或者规章的事实和证据;(3)行政处罚的种类和依据;(4)行政处罚的履行方式和期限;(5)不服行政处罚决定,申请行政复议或者提起行政诉讼的途径和期限;(6)作出行政处罚决定的行政机关名称和作出决定的日期。行政处罚决定书必须盖有作出行政处罚决定的行政机关的印章。

行政处罚决定书的作用主要体现在以下几个方面:(1)根据法律规定,凡属行政处罚,必须制作行政处罚决定书,该文书是行政机关依法行使行政处罚权的文字凭证。(2)行政处罚当事人不服行政机关作出的处罚决定,依法可以申请行政复议,或者提起行政诉讼,行政处罚决定书是当事人寻求上述救济的依据。(3)行政处罚决定书是行政处罚程序终结的标志。

(二)具体写作要求

行政处罚决定书由首部、正文和尾部组成。

1. 首部

首部包括标题、发文字号、被处罚人的姓名或名称等。

(1)标题。应当写为:"行政处罚决定书"。

(2)发文字号。应当写为:"××行罚字〔××××〕第 ××号"。

(3)被处罚人的姓名或名称。被处罚人是自然人的,直接写明姓名;被处罚人是法人或者其他组织的,应当写明法人或者其他组织的全称。

2. 正文

正文是文书的核心内容,应当写明违法事实和证据、行政处罚的种类和依据、行政处罚的履行方式和期限、救济途径等。

(1)违法事实和证据。违法事实应当写明案件发生时的真实情况,包括案件来源、违法行为发生的时间、地点、经过、情节和结果等。叙述违法事实应当客观、全面、真实,抓住事实重点,详细叙述主要情节和因果关系。同时,应当明确、具体、全面地列举认定违法事实的主要证据。列举证据的方式,可以在叙述事实过程中列举证据,也可以在叙述违法事实后单独列举证据。

(2)行政处罚的种类和依据。行政处罚的种类,应当写明行政机关对违法行为人实施处罚的具体内容,包括罚款、没收违法所得、责令停产停业、行政拘留等。涉及法律依据,应当写明对违法行为人实施处罚所依据的法律条款。引用法律条款应当准确,符合法律适用的原则,并且应当根据条、款、项的顺序详细列举。

(3)行政处罚的履行方式和期限。行政处罚的履行方式,是指当事人履行行政处罚的方法和形式。例如,拆除违章建筑、到指定的银行缴纳罚款等。行政处罚的履行期限,是指行政机关限定违法行为人履行行政处罚决定的期间。例如,要求当事人在15日内到指定的银行缴纳罚款。

(4)救济途径。救济途径,是指当事人不服处罚决定,申请行政复议或者提起行政诉讼的权利和期限。行政机关在作出行政处罚决定的同时,应当告知当事人不服行政处罚的救济途径,以便于当事人行使自己的权利,维护自身的合法权益。一般写为:

> 如不服本处罚决定,可在接到本处罚决定之日起××日内依法向××××(机关名称)申请行政复议;或××月内向××××人民法院起诉。逾期不申请复议,也不向人民法院起诉,又不履行处罚决定的,本机关将依法申请人民法院强制执行。

3. 尾部

尾部应当写明行政处罚机关的名称、加盖印章,写作出处罚决定的日期等。

(三)文书写作需要注意的问题

(1)行政处罚决定书必须具备法定的内容,并加盖作出行政处罚决定的行政机关的印章。

(2) 行政机关及其执法人员在作出行政处罚决定之前,应当依照法律规定向当事人告知给予行政处罚的事实、理由和依据。未依法告知或者拒绝听取当事人的陈述、申辩,行政处罚决定不能成立,当事人放弃陈述或者申辩权利的除外。

(3) 行政处罚决定书应当在宣告后当场交付当事人。当事人不在场的,行政机关应当在 7 日内依照《民事诉讼法》的有关规定,将行政处罚决定书送达当事人。

**参考格式**

(行政执法机关名称)行政处罚决定书

**参考范例**

×××市公安局行政处罚决定书

# 第三节　行政复议法律文书

## 一、行政复议法律文书概述

(一) 行政复议法律文书的概念和作用

行政复议法律文书,是指公民、法人或者其他组织不服行政主体作出的具体行政行为,认为行政主体的具体行政行为侵犯了其合法权益,依法向法定的行政复议机关提出复议申请,行政复议机关依法对该具体行政行为进行合法性、适当性审查,并作出行政复议决定过程中制作的法律文书的总称。

行政复议是解决行政争议的一种手段。法律设置行政复议制度的目的,主要是为了防止和纠正违法或者不当的具体行政行为,保护公民、法人和其他组织的合法权益,保障和监督行政机关依法行使职权。行政复议法律文书既是当事人申请行政复议的工具,也是行政复议机关受理、审理行政复议案件的依据。

(二) 行政复议法律文书的种类

行政复议法律文书主要适用于工商、税务、海关等行政执法中,具体主要分为以下几类:

(1) 申请类文书。例如,行政复议申请书、行政复议申请转送函等。(2) 通知类文书。例如,行政复议申请受理通知书、补正行政复议申请通知书、行政复议答复通知书、停止执行具体行政行为通知书、责令受理通知书、行政复议听证通知书、责令履行行政复议决定通知书等。(3) 决定类文书。例如,不予受理行政复议申请决定书、行政复议终止决定书、行政复议决定书、驳回行政复议申请决定书等。(4) 函件、调解、建议类文书。例如,规范性文件转送函、行政复议调解书、行政复议建议书等。

**二、行政复议申请书**

(一) 概念和作用

行政复议申请书,是指公民、法人或者其他组织,认为行政机关作出的具体行政行为侵犯其合法权益,向上一级行政机关请求救济时制作的法律文书。

公民、法人或者其他组织认为具体行政行为侵犯其合法权益的,可以自知道该具体行政行为之日起60日内提出行政复议申请;但是法律规定的申请期限超过60日的除外。行政复议申请书既是行政管理相对人申请行政复议,维护自身合法权益的工具,也是行政复议机关受理行政复议案件的依据。

(二) 具体写作要求

根据我国《行政复议法实施条例》第19条的规定,申请人书面申请行政复议的,应当在行政复议申请书中载明下列事项:申请人的基本情况;被申请人的名称;行政复议请求、申请行政复议的主要事实和理由;申请人的签名或者盖章;申请行政复议的日期。根据上述法律规定,行政复议申请书由首部、正文和尾部组成。

1. 首部

首部包括标题和当事人的基本情况。

(1) 标题。应当居中写为:"行政复议申请书"。

(2) 当事人的基本情况。应当分两种情形叙写:如果申请人和被申请人是公民的,应当写明姓名、性别、年龄、身份证号码、工作单位、住所、邮政编码等;如果申请人和被申请人是法人或者其他组织的,应当写明法人或者其他组织的名称、住所、邮政编码,法定代表人或者主要负责人的姓名和职务等。

2. 正文

正文是文书写作的重点,主要包括行政复议请求、申请行政复议的主要事实和理由两部分内容。

(1) 行政复议请求。行政复议请求,是指申请人请求行政复议机关维护自身合法权益的具体内容。这部分内容应当写得明确具体,通常包括以下三种情形:一是请求行政复议机关撤销原具体行政行为的决定,终止原决定的法律效力;二是认为原具体行政行为不当,请求行政复议机关予以更改;三是请求行政复议机关核实、确定原具体行政行为违法。

(2) 申请行政复议的主要事实和理由。事实部分主要应当写明行政机关实施的具体行政行为侵犯申请人合法权益的事实。叙写事实应当将事情发生的过程、前因后果叙写清楚,并应当重点围绕申请人实施行为的合法性、行政机关作出具体行政行为的违法性进行叙写。同时应当注意,叙写事实应当以相关的证据作为依据。理由部分应当以事实为依据,写明支持复议请求的理由和法律依据,阐明申请人不服行政机关具体行政行为的观点、看法以及适用法律的理由。

3. 尾部

尾部主要包括以下三项内容：一是致送机关；二是申请人的签名、盖章和申请时间；三是附项。应当写明申请书副本的份数、所附证据的份数和所附授权委托书等情况。

（三）文书写作需要注意的问题

（1）被申请人的确定性。根据法律规定，公民、法人或者其他组织对行政机关的具体行政行为不服，可以申请行政复议。因此，行政复议申请书中的被申请人，只能是作出具体行政行为的行政机关。

（2）申请行政复议必须符合法定期限。我国《行政复议法》第9条第1款规定：公民、法人或者其他组织认为具体行政行为侵犯其合法权益的，可以自知道该具体行政行为之日起60日内提出行政复议申请；但是法律规定的申请期限超过60日的除外。

（3）申请人申请行政复议，应当向复议机关提交相关的证据材料。

**参考格式**

行政复议申请书

**参考范例**

行政复议申请书

### 三、行政复议受理通知书

（一）概念和作用

行政复议受理通知书，是指行政复议机关收到复议申请后，在法定期限内进行审查，认为行政复议申请符合法定条件，告知申请人受理复议案件时制作的法律文书。

我国《行政复议法实施条例》第27条规定：公民、法人或者其他组织认为行政机关的具体行政行为侵犯其合法权益提出行政复议申请，除不符合行政复议法和本条例规定的申请条件的，行政复议机关必须受理。

行政复议受理通知书的作用主要体现在以下两个方面：一是表明申请人提交的行政复议申请已经通过了行政复议机关的初步审查，所提申请符合《行政复议法》规定的法定条件。

二是标志着行政复议机关正式启动了行政复议程序,案件开始进入复议阶段。

(二)具体写作要求

行政复议受理通知书属于填空类文书,通常为一式两份,一份交被通知人,一份附卷。该文书由首部、正文、尾部三部分内容组成。

1. 首部

首部包括标题、发文字号和被通知人的姓名或者名称等。标题由文书制作机关名称和文书名称组成,应当分两行书写。例如,"××市国土资源局""行政复议受理通知书"。发文字号一般由文书制作单位简称、文书性质简称、年度、编号组成。例如,××土资行复〔2017〕5号。被通知人如果是自然人的,直接写明姓名;被通知人是法人或者其他组织的,应当写明该法人或者其他组织的名称。

2. 正文

正文是文书的核心内容,应当写明受理复议案件的情况、审查依据、审查结果等。文书具体格式内容如下:

你(们/单位)不服被申请人(名称)____年__月__日作出的(具体行政行为),于____年__月__日向(行政复议机关)申请行政复议。经审查,该行政复议申请符合《中华人民共和国行政复议法》和《中华人民共和国行政复议法实施条例》的有关规定,本机关决定予以受理。

特此通知。

3. 尾部

尾部应当写明文书制作机关名称、加盖印章,写明制作日期及附项。在附项中,通常附有委托书、法定代表人身份证明书等。

(三)文书写作需要注意的问题

(1)行政复议机关收到行政复议申请后,应当在5日内进行审查。

(2)申请人提交的复议申请符合法定条件,但不属于收到申请的行政机关受理范围的,应当告知申请人向有关行政复议机关提出申请。

(3)对于已经受理,依法属于其他行政复议机关受理范围的行政复议申请,应当自接到该行政复议申请之日起7日内,转送有关行政复议机关,并告知申请人。

## 参考格式

**(行政执法机关名称)行政复议案件受理通知书**

**参考范例**

行政复议受理通知书

### 四、行政复议答辩书

（一）概念和作用

行政复议答辩书，是指行政复议被申请人收到行政复议申请后，针对申请人提出的行政复议请求、事实和理由，在法定期限内，进行答复和辩驳时制作的法律文书。

我国《行政复议法》第23条第1款规定：行政复议机关负责法制工作的机构应当自行政复议申请受理之日起7日内，将行政复议申请书副本或者行政复议申请笔录复印件发送被申请人。被申请人应当自收到申请书副本或者申请笔录复印件之日起10日内，提出书面答复，并提交当初作出具体行政行为的证据、依据和其他有关材料。第28条第1款第（四）项规定：被申请人不按照本法第23条的规定提出书面答复、提交当初作出具体行政行为的证据、依据和其他有关材料的，视为该具体行政行为没有证据、依据，决定撤销该具体行政行为。

行政复议答辩书的作用主要体现在以下两个方面：一是被申请人发表辩解意见，陈述被申请人作出的具体行政行为所认定的事实、理由与法律依据，针对申请人的复议申请进行辩驳，是行使法定答辩权的体现。二是被申请人通过答辩阐明实施具体行政行为合法性的意见，有助于复议机关全面了解案情，作出正确的复议决定。

（二）具体写作要求

行政复议答辩书由首部、正文和尾部三部分构成。

1. 首部

首部应当写明标题、答辩人的基本情况和案由。标题应当写为："行政复议答辩书"。答辩人的基本情况，应当写明答辩人的名称、所在地址、法定代表人的姓名和职务等。如果有委托代理人的，应当写清委托代理人的姓名、职务、工作单位等。案由通常写为："对×××（申请人）××××年×月×日提出的复议申请，提出答辩如下：……"

2. 正文

正文是文书的核心内容，主要应当写明答辩理由。叙写答辩理由，主要应当注意以下几点：一是应当针对申请人提出复议申请阐述的事实和理由进行答辩，阐明行政机关在实施具体行政行为时，认定事实、适用法律以及依法行政的程序等方面的合法性，指出申请人提出复议请求的不合法性。二是如果申请人提出的复议请求部分合法、部分不合法，答辩人对不合法的部分予以辩驳，对合法的部分可以表示接受。三是在具体辩驳方法上，可以根据案件的具体情况，采取综合论辩的方法，也可以采取逐条论辩的方法。

3. 尾部

尾部应当写明致送复议机关的名称、答辩人的名称和答辩时间。

(三) 文书写作需要注意的问题

(1) 行政复议答辩书中的答辩人即是行政复议申请书中的被申请人。

(2) 答辩意见的阐述,仅限于作出具体行政行为时的范围。

(3) 在答辩过程中,答辩人不能再擅自调查、取证,并将其作为作出具体行政行为合法性的补充写入答辩书。

**参考格式**

行政复议答辩书

**参考范例**

行政复议答辩书

## 五、行政复议决定书

(一) 概念和作用

行政复议决定书,是指行政复议机关通过对申请复议案件的审理,对原具体行政行为重新审查后,依法作出裁决时制作的法律文书。

我国《行政复议法》第 31 条规定:行政复议机关应当自受理申请之日起 60 日内作出行政复议决定;但是法律规定的行政复议期限少于 60 日的除外。情况复杂,不能在规定期限内作出行政复议决定的,经行政复议机关的负责人批准,可以适当延长,并告知申请人和被申请人;但是延长期限最多不超过 30 日。行政复议机关作出行政复议决定,应当制作行政复议决定书,并加盖印章。行政复议决定书一经送达,即发生法律效力。

行政复议决定书的作用主要体现在以下几个方面:一是行政复议是解决行政争议的一种方式,是由行政行为相对人提出申请,行政复议机关依法进行审理作出的结论,是对行政复议申请人的一种答复。二是行政复议决定书载明的裁决内容,是复议结论。行政复议是国家行政机关所具有的一种职能,维持合法的具体行政行为,驳回申请人不合法、不合理的请求,有利于维护国家法律的尊严;对不合法、不合理的具体行政行为予以否定,有利于维护行政复议申请人的合法权益。三是制作行政复议决定书,并送达双方当事人,标志着行政复议程序的终结。

(二)具体写作要求

行政复议决定书由首部、正文和尾部三部分组成。

1. 首部

首部包括标题、发文字号、当事人的基本情况、案件复议组织情况等。

(1)标题。应当分两行书写为:"××××(行政复议机关名称)""行政复议决定书"。

(2)发文字号。应当写为:"××复决字〔××××〕××号"。

(3)当事人的基本情况。首先,应当写明申请人的基本情况。申请人是自然人的,应当依次写明申请人的姓名、性别、年龄、职业、住址等情况。申请人是法人或者其他组织的,应当依此写明法人或者其他组织的名称、所在地址、法定代表人或者主要负责人的姓名、职务等。其次,应当写明被申请人的基本情况,包括被申请人的名称、所在地址、法定代表人的姓名和职务等。被申请人是两个或者两个以上的,应当依次分别写明被申请人的有关情况。双方当事人如果有委托代理人的,应当写明委托代理人的姓名、职务和工作单位。

(4)案件复议组织情况。应当写明案件由来、审理过程等。根据行政复议决定书格式的要求,这部分内容通常表述为:

  申请人×××(姓名或者名称)不服被申请人×××(被申请人名称)于××××年××月××日作出的××行决字〔年度〕××号××××(具体行政行为名称)决定,于××××年××月××日向本机关提出行政复议申请,本机关依法已予受理,现已审理终结。

2. 正文

正文是行政复议决定书的核心内容,主要应当写明申请复议的请求、事实与理由,被申请人答辩的主要事实和理由,复议机关认定的事实、理由和法律依据,行政复议的决定四个方面的内容。具体内容如下:

(1)申请复议的请求、事实与理由。这部分内容的叙写,应当以申请人提交的复议申请书为依据。如果申请人申请行政复议的内容冗长、繁琐,应当概括归纳申请人申请复议的事实、理由和请求,并应做到真实、准确,反映申请人的原意。

(2)被申请人答辩的主要事实和理由。根据法律规定,被申请人应当提交复议答辩书,对申请人的复议申请进行答复和辩驳,以证明其作出的具体行政行为的合法性。这部分内容的叙写,应当以被申请人提交的行政复议答辩书的内容为依据,概括被申请人答辩的事实、理由和法律依据,准确、真实地反映被申请人答辩的原意。如果有两个被申请人,应当分别对被申请人答辩的内容进行叙述。

(3)复议机关认定的事实、理由和法律依据。这部分内容是复议机关作出行政复议决定的基础,包括对双方当事人争议事实的认定、作出复议决定的理由和适用的法律依据等。具体内容阐述应当注意以下几点:一是行政复议机关在确定案件事实时,应当详细叙写确认的被申请人实施具体行政行为的事实,为行政复议决定的作出奠定基础。二是在具体阐述理由时,应当根据认定的事实,结合法律规定,阐述行政机关作出的具体行政行为是否合法。同时,应当对申请人申请复议的请求和理由作出回应,依法说明支持或者不予支持的理由,以增强行政复议决定书的说理性。三是援引法律依据应当明确具体。

(4) 行政复议的决定。这部分内容是案件处理的最终结果,叙写应当简洁、明确,具有可执行性。根据我国《行政复议法》和《行政复议法实施条例》的规定,行政复议的处理决定可以分为以下几种情形:一是决定维持原具体行政行为;二是决定驳回申请人的行政复议申请;三是责令被申请人在一定的期限内履行法定职责;四是撤销被申请人作出的具体行政行为,并责令被申请人重新作出具体行政行为;五是变更被申请人作出的具体行政行为等。

3. 尾部

尾部包括向当事人交代有关事项、明确行政复议决定书的效力、写明复议机关、注明日期等。具体内容如下:

(1) 向当事人交代有关事项。应当写明:

> 如不服本决定,可在接到行政复议决定书之日起××日内向人民法院提起行政诉讼。逾期不起诉又不履行行政复议决定的,依法强制执行。

(2) 明确行政复议决定书的效力。应当写明:

> 本决定书一经送达,即发生法律效力。

(3) 写明复议机关名称和日期。

(三) 文书写作需要注意的问题

(1) 行政复议期间,行政复议机构认为申请人以外的公民、法人或者其他组织与被审查的具体行政行为有利害关系的,可以通知其作为第三人参加行政复议。申请人以外的公民、法人或者其他组织与被审查的具体行政行为有利害关系的,也可以向行政复议机构申请作为第三人参加行政复议。第三人不参加行政复议,不影响行政复议案件的审理。第三人参加行政复议的,在行政复议决定书中应当写明第三人的相关情况。

(2) 申请人、第三人可以委托一至二名代理人参加行政复议。申请人、第三人委托代理人的,应当向行政复议机构提交授权委托书。授权委托书应当载明委托事项、权限和期限。代理人参加复议的,在行政复议决定书中,应当写明代理人的基本情况,包括姓名、职业、工作单位等。

(3) 根据法律规定,行政复议机关在申请人行政复议请求范围内,不得作出对申请人更为不利的行政复议决定。

## 参考格式

(行政执法机关名称)行政复议决定书

**参考范例**

**行政复议决定书**

**思考题**

1. 简述行政执法文书的概念和种类。
2. 简述行政处罚事先告知书的概念和作用。
3. 什么是责令改正通知书？其正文部分需要写清哪些内容？
4. 什么是行政处罚决定书？其正文部分应当写明哪些内容？
5. 简述行政复议法律文书的概念和作用。
6. 行政复议申请书的正文部分需要写明哪些内容？
7. 简述行政复议答辩书的概念和作用。
8. 什么是行政复议决定书？其正文部分应当写明哪些内容？

# 第九章

# 律师实务文书

【学习目的与要求】 通过本章学习,要求学习者在全面了解律师实务文书的概念、作用、特点和种类的基础上,具体了解和掌握律师实务文书中常用的诉状类文书、申请书、法庭发言词等文书的概念、作用、具体写作要求、文书写作需要注意的问题,并达到结合司法实践,能写会用的要求。

## 第一节 概 述

### 一、律师实务文书的概念和特征

律师实务文书,是指律师在开展业务活动过程中,依法制作的具有法律效力或者法律意义的各种法律文书的总称。

在日常生活和司法实践中,律师实务文书的用途比较广泛,主要具有以下几个方面的特征:

(1)制作主体的特定性。根据我国《律师法》的规定,律师是指通过法律职业者资格考试,并依法取得律师执业证书,接受委托或者指定,为当事人提供法律服务的执业人员。律师的职责是依据事实和法律为当事人提供法律服务,维护当事人的合法权益。律师为当事人提供法律服务,大都需要制作相应的法律文书,因此律师实务文书的制作主体具有特定性,即只能是律师。

(2)文书主旨的鲜明性。律师在开展业务活动中,制作的法律文书都具有一定的目的性,即为了解决具体的问题。例如,律师代当事人制作民事起诉状,是为了向人民法院提起民事诉讼,律师制作代理词,是为了向法庭阐述有利于委托人的意见和观点,维护委托人的合法权益。律师在制作法律文书之前,首先应当确定文书的制作主旨,即文书制作的目的和中心思想,然后,围绕文书的主旨叙写文书相关内容。律师实务文书只有主旨鲜明,中心思想突出,才能起到应有的作用。

(3)适用范围的广泛性。律师业务范围的广泛性,决定了律师实务文书适用的范围非常广泛,包括诉讼领域和非诉讼领域。有的律师实务文书需要执行,具有法律效力,例如,律师代为当事人草拟的合同;有的律师文书不需要执行,具有法律意义,例如,民事起诉状、代理词、辩护词等,无论是具有法律效力的文书,还是具有法律意义的文书,律师都应当依法制作,以达到维护当事人合法权益的目的。

## 二、律师实务文书的种类和作用

### (一) 律师实务文书的种类

律师实务文书包括律师代书的法律文书和以律师与律师事务所的名义出具的法律文书两大类,适用范围广泛,种类繁多,根据不同的标准,可以进行不同的分类。

(1) 根据文书使用主体的不同,可以分为律师自用的文书和律师代书的文书。律师自用的文书,是指律师接受当事人的委托,作为代理人或者辩护人参加诉讼,以律师的名义制作的法律文书。例如,辩护词、代理词。律师代书的文书,是指律师根据当事人的委托,代替当事人书写的法律文书。例如,起诉状、答辩状等。

(2) 根据文书性质的不同,可以分为诉讼类文书和非诉讼类文书。诉讼类文书,是指律师参加诉讼活动制作的法律文书。例如,诉状类文书、代理词和辩护词等。非诉讼类文书,是指律师参与非诉讼活动制作的法律文书。例如,代签合同、草拟遗嘱、出具律师意见书等。

### (二) 律师实务文书的作用

律师实务文书的作用主要体现在以下几个方面:

(1) 是律师为当事人提供法律服务的工具。律师为当事人提供法律服务,大都需要制作相应的法律文书,或是为当事人代书,或是以律师和律师事务所的名义出具法律文书。律师凭借制作的各种法律文书,参与各项法律服务工作,维护当事人的合法权益。因此,律师实务文书是为当事人提供法律服务的工具。

(2) 是律师参与法律服务活动的记录。律师实务文书忠实地记录了律师参与诉讼或非诉讼活动的过程,大都具有重要的法律意义。因此,在律师实务中,对律师实务文书的制作,要求比较严格。目前,对部分律师文书的制作,我国司法机关制定了统一的文书格式,另有部分律师实务文书,虽尚无统一文书格式的规定,但也有约定俗成的文书书写规范,律师应当依据相应的文书格式和规范,制作符合要求的法律文书。

(3) 是法制宣传的生动教材。律师通过制作法律文书,把当事人的意志用文字的形式表达出来,既为当事人进行诉讼提供了依据和凭证,也为司法机关正确审理案件创造了有利条件。同时,律师实务文书对当事人来看,还具有法制宣传教育的作用,即当事人通过阅读相关律师实务文书,知晓和了解相关的法律制度,能够知法守法,约束自己的行为,成为遵纪守法的公民。因此,从这一意义看,律师实务文书还是法制宣传的生动教材。

# 第二节 诉状类文书

## 一、概述

诉状又称"状子",是指各类案件的当事人,为了维护自己的合法权益,依法行使诉讼权利,制作的向司法机关指控、答辩的法律文书。

诉状类文书本应由当事人自己制作,但是由于大多数当事人不知晓法律,不了解文书制作的相关知识,司法实践中,多数当事人委托律师代为制作。

我国《律师法》第28条规定:"律师可以从事下列业务:(1) 接受自然人、法人或者其他组织的委托,担任法律顾问;(2) 接受民事案件、行政案件当事人的委托,担任代理人,参加诉讼;(3) 接受刑事案件犯罪嫌疑人、被告人的委托或者依法接受法律援助机构的指派,担任辩护人,接受自诉案件自诉人、公诉案件被害人或者其近亲属的委托,担任代理人,参加诉讼;(4)接受委托,代理各类诉讼案件的申诉;(5)接受委托,参加调解、仲裁活动;(6)接受委托,提供非诉讼法律服务;(7)解答有关法律的询问、代写诉讼文书和有关法律事务的其他文书。"

根据上述法律规定,代写各类诉状是律师的业务范围之一,律师代写各类诉状类文书,可以弥补当事人法律知识的不足,有利于维护当事人的合法权益。司法实践中,常用的诉状类文书主要包括刑事自诉状、刑事上诉状、民事起诉状、民事上诉状、行政起诉状、行政上诉状、答辩状等。

## 二、民事起诉状

（一）概念和作用

民事起诉状,是指公民、法人或其他组织,认为自己的民事权益受到侵害或者与他人发生争议,为维护自己的合法权益,按照法定程序,向人民法院提起民事诉讼时制作的法律文书。

我国《民事诉讼法》第120条规定:起诉应当向人民法院递交起诉状,并按照被告人数提出副本。书写起诉状确有困难的,可以口头起诉,由人民法院记入笔录,并告知对方当事人。第121条规定:起诉状应当记明下列事项:(1)原告的姓名、性别、年龄、民族、职业、工作单位、住所、联系方式,法人或者其他组织的名称、住所和法定代表人或者主要负责人的姓名、职务、联系方式;(2)被告的姓名、性别、工作单位、住所等信息,法人或者其他组织的名称、住所等信息;(3)诉讼请求和所根据的事实与理由;(4)证据和证据来源,证人姓名和住所。

民事诉讼实行"不告不理"的原则,民事起诉状既是当事人提起民事诉讼,维护自己合法权益的工具,也是人民法院受理民事案件的依据。

（二）具体写作要求

民事起诉状由首部、正文和尾部组成。

1. 首部

首部包括标题和当事人的基本情况。

（1）标题。应当居中写明:"民事起诉状"。

（2）当事人的基本情况。首先,应当写明原告的姓名、性别、年龄、民族、职业、工作单位、住所、联系方式等。如果原告是法人或者其他组织的,应当写明法人或者其他组织的名称、住所,法定代表人或者主要负责人的姓名、职务、联系方式等。其次,应当写明被告的姓名、性别、工作单位、住所等信息等。如果被告是法人或者其他组织的,应当写明法人或者其他组织的名称、住所等信息。

叙写这部分内容需要注意以下两点:一是如果同案原告或者被告为两人以上的,应当在民事起诉状中逐一列写清楚;二是如果原告或者被告是法人或者其他组织的,应当写明法人或者其他组织的全称,并且名称应当与公章上的名称相一致。

2. 正文

正文是文书的核心内容,包括诉讼请求,事实与理由,证据和证据来源,证人姓名和住址。

（1）诉讼请求。诉讼请求,是指原告向人民法院提起民事诉讼,请求人民法院解决的具体问题。诉讼请求必须写得明确、具体。例如,请求解除合同、请求法院判决原告与被告解除婚姻关系、请求法院判决被告履行债务等。同一案件中,如果原告的诉讼请求有多项,应当逐一列明。

(2) 事实与理由。事实与理由是民事起诉状的核心内容,一般应分开叙写。首先应当写明事实。事实是当事人提起民事诉讼、实现诉讼请求的基础和依据,应当详细叙写,主要应当写明当事人民事权益受到侵害,或者与人发生争议的事实,包括时间、地点、起因、经过、具体情节、结果等。

叙写事实内容主要需要注意以下几个问题:一是叙写事实应当实事求是,既不夸大,也不缩小。二是叙写事实既要展示原貌,又要重点突出。三是应当围绕诉讼请求叙写事实。

理由是对事实的概括和评说。叙写案件事实后,应当阐述向人民法院提起诉讼的理由,包括依事论理和依法论理。依事论理,是指依据案件事实说明道理。依法论理,是指依据法律规定阐述起诉的理由。在具体理由阐述中,应当依据事实论述原告提出诉讼请求的合法性和合理性,并引用相关的法律条款,分清是非,明确责任。

在阐述理由时,主要需要注意以下几个问题:一是依事论理要抓住重点,击中要害。二是引用法律条文应当明确、具体。三是阐述理由应当与诉讼请求、事实相一致,不能出现矛盾。

(3) 证据和证据来源,证人姓名和住址。证据是证明案件事实真实性、可靠性的依据。在民事起诉状中,应当载明用以证明案件事实和诉讼请求的证据材料获取的时间、地点,以及获取证据的途径。如果原告提供了证人,应当写明证人的姓名、住址,以便人民法院传唤证人出庭作证。

3. 尾部

尾部包括致送法院名称、起诉人签名、写明年月日和附项。

(1) 致送法院名称。应当写明:"此致""××××人民法院"。

(2) 起诉人签名。起诉人如果是法人或者其他组织的,应当加盖公章。

(3) 写明年月日。应当写明起诉的时间。

(4) 附项。应当写明起诉状副本的份数、附送证据的名称和件数等。

(三) 文书写作需要注意的问题

根据我国《民事诉讼法》的规定,起诉必须符合下列条件,即原告是与本案有直接利害关系的公民、法人和其他组织;有明确的被告;有具体的诉讼请求和事实、理由;属于人民法院受理民事诉讼的范围和受诉人民法院管辖。

### 参考格式

**民事起诉状(公民提起诉讼用)**

参考范例

民事起诉状

### 三、民事上诉状

（一）概念和作用

民事上诉状，是指民事诉讼的当事人不服人民法院作出的第一审判决或裁定，在法定的上诉期限内，向上一级人民法院提起上诉，请求撤销、变更原审裁判，或者请求法院重新审理案件时制作的法律文书。

我国《民事诉讼法》第164条规定：当事人不服地方人民法院第一审判决的，有权在判决书送达之日起15日内向上一级人民法院提起上诉。当事人不服地方人民法院第一审裁定的，有权在裁定书送达之日起10日内向上一级人民法院提起上诉。第165条规定：上诉应当递交上诉状。上诉状的内容，应当包括当事人的姓名，法人的名称及其法定代表人的姓名或者其他组织的名称及其主要负责人的姓名；原审人民法院名称、案件的编号和案由；上诉的请求和理由。第166条规定：上诉状应当通过原审人民法院提出，并按照对方当事人或者代表人的人数提出副本。当事人直接向第二审人民法院上诉的，第二审人民法院应当在5日内将上诉状移交原审人民法院。

民事上诉状既是当事人行使上诉权，维护自身合法权益的工具，也是二审法院受理、审理民事上诉案件的依据。

（二）具体写作要求

民事上诉状由首部、正文和尾部组成。

1. 首部

首部包括标题、当事人的基本情况和案由。

（1）标题。应当居中写明："民事上诉状"。

（2）当事人的基本情况。应当写明上诉人、被上诉人的姓名、性别、年龄、民族、职业、工作单位、住所、联系方式等，并在括号中注明其在原审中的诉讼地位，即"原审原告"或者"原审被告"。如果当事人是法人或者其他组织的，应当写明法人或者其他组织的名称、住所，法定代表人或者主要负责人的姓名、职务、联系方式等。

（3）案由。这是一段承上启下的文字，应当写明案由、原审人民法院名称、判决或裁定的年月日、文书字号等内容。具体表述为：

> 上诉人因×××（案由）一案，不服××××人民法院××××年××月××日（年度）×民初字第×号民事判决（裁定），现提出上诉。

2. 正文

正文包括上诉请求和上诉理由。

（1）上诉请求。上诉请求，是指上诉人不服一审人民法院的裁决，诉请二审人民法院解决的具体问题。叙写上诉请求，应当明确、具体，文字要简明扼要，应当写明上诉人请求二审人民法院依法撤销或者变更原审裁决的内容以及解决本案民事权益争议的具体要求。例如，请求二审人民法院依法撤销原判，改判王××赔偿李××经济损失××元。

（2）上诉理由。上诉理由是文书的核心内容，应当进行重点论述。阐述上诉理由，一般应当从以下几个方面进行论述：

一是针对原审裁判认定事实的错误进行论述。事实是法院对案件作出裁决的基础，如果第一审人民法院在审理案件过程中认定案件事实存在错误，或者遗漏了重要的案件事实，或者认定案件事实的证据不充分，作出的判决就可能不正确。因此，在叙述上诉理由时，应当首先从案件事实入手，指出原审法院认定案件事实存在的问题，列举确实充分的证据证明案件事实，说明案件事实的真相。只要能把案件事实部分或者全部推翻，必然会导致原审法院的裁决结果被变更或者撤销。

二是针对原审裁判适用法律的错误进行论述。人民法院审理案件以事实为根据，以法律为准绳，如果第一审人民法院在对案件作出裁决时，适用法律存在错误，或者适用的法律与案件事实不相符、或者引用的法律条文不全面，或者曲解了相关法律条文的内容等，都会导致裁决结果出现错误。因此，在阐述上诉理由时，应当指出适用法律存在的相关错误，列明应当适用的正确法律条款，并进行分析论证，以推翻原审的裁决，使二审法院支持上诉人的上诉请求。

三是针对原审裁决违反程序的错误进行论述。依照法定程序审理案件，是对案件裁决结果公正性的保障。如果原审法院在审理第一审民事案件时，违反了法定程序的规定，诸如，审判人员应当回避没有回避，剥夺了当事人的辩论权等，往往会影响案件审理的实体公正。根据我国《民事诉讼法》的规定，原判决存在遗漏当事人或者违法缺席判决等严重违反法定程序的，裁定撤销原判决，发回原审人民法院重审。因此，如果第一审法院对案件进行审理和作出裁判时，有违反法定程序的情形，应当在上诉理由中予以指出。

3. 尾部

尾部包括致送法院名称、上诉人签名、写明年月日和附项。

（1）致送法院名称。应当写明："此致""××××人民法院"。

（2）上诉人签名。上诉人如果是法人或者其他组织的，应当加盖公章。

（3）写明年月日。应当写明上诉的时间。

（4）附项。应当写明上诉状副本的份数、附送证据的名称和件数等。

（三）文书写作需要注意的问题

（1）叙写上诉理由，应当针对原审裁决存在的错误，据实陈述。在论证方法上，可以先用概括的语言指出原审裁决存在的错误，然后再进行反驳论证。如果原审裁决的错误有数项，可以先总体指出错误之处，然后再诸项进行反驳论证。

（2）上诉理由是论证上诉人上诉请求的依据，上诉理由是否充分，关系到上诉请求能否实现，上诉目的能否达到。因此，应当认真叙写。阐述上诉理由应当合情合理，具有针对性，应当以理服人，切忌言过其实。

**参考格式**

民事上诉状

**参考范例**

民事上诉状

### 四、行政起诉状

(一)概念和作用

行政起诉状,是指公民、法人或者其他组织,认为行政机关和行政机关工作人员的具体行政行为侵犯其合法权益,依据事实和法律,向人民法院提起行政诉讼时制作的法律文书。

我国《行政诉讼法》第25条规定:行政行为的相对人以及其他与行政行为有利害关系的公民、法人或者其他组织,有权提起诉讼。有权提起诉讼的公民死亡,其近亲属可以提起诉讼。有权提起诉讼的法人或者其他组织终止,承受其权利的法人或者其他组织可以提起诉讼。人民检察院在履行职责中发现生态环境和资源保护、食品药品安全、国有财产保护、国有土地使用权出让等领域负有监督管理职责的行政机关违法行使职权或者不作为,致使国家利益或者社会公共利益受到侵害的,应当向行政机关提出检察建议,督促其依法履行职责。行政机关不依法履行职责的,人民检察院依法向人民法院提起诉讼。

行政起诉状既是行政管理相对人向人民法院提起行政诉讼的工具,也是人民法院受理和审理行政诉讼案件的依据。

(二)具体写作要求

行政起诉状由首部、正文和尾部组成。

1. 首部

首部包括标题和当事人的基本情况。

(1)标题。应当居中写明:"行政起诉状"。

(2)当事人的基本情况。首先,应当写明原告的姓名、性别、年龄、民族、职业、工作单位、住所、联系方式等。如果原告是法人或者其他组织的,应当写明法人或者其他组织的名称、住所,法定代表人或者主要负责人的姓名、职务、联系方式等。其次,应当写明被告的名称、住所,法定代表人或者主要负责人的姓名、职务等信息。

根据我国《行政诉讼法》的规定,叙写被告的基本情况,需要注意以下几点:

一是公民、法人或者其他组织直接向人民法院提起诉讼的,作出行政行为的行政机关是被告。

二是经复议的案件,复议机关决定维持原行政行为的,作出原行政行为的行政机关和复议机关是共同被告;复议机关改变原行政行为的,复议机关是被告。复议机关在法定期限内未作出复议决定,公民、法人或者其他组织起诉原行政行为的,作出原行政行为的行政机关是被告;起诉复议机关不作为的,复议机关是被告。

三是两个以上行政机关作出同一行政行为的,共同作出行政行为的行政机关是共同被告。

四是行政机关委托的组织所作的行政行为,委托的行政机关是被告。

五是行政机关被撤销或者职权变更的,继续行使其职权的行政机关是被告。

2. 正文

正文是文书的核心内容,包括诉讼请求,事实与理由,证据和证据来源、证人姓名和住址。

(1) 诉讼请求。诉讼请求,是指原告向人民法院提起行政诉讼,请求人民法院解决的具体问题。诉讼请求必须写得明确、具体。例如,请求人民法院确认行政机关作出的具体行政行为无效、请求人民法院判决行政机关履行具体的行政职责等。

(2) 事实与理由。叙写案件事实,应当围绕行政机关及其工作人员实施的具体行政行为的违法性,以及侵害行政管理相对人的合法权益叙写,需要写明具体事实的起因、经过和结果等。这部分内容的叙写,一般分为以下三个层次:一是写明原告引起行政机关作出具体行政行为的事实;二是写明行政机关作出的具体行政行为;三是写明原告对具体行政行为是否申请过复议,复议机关是否改变了原具体行政行为,如果改变了,改变后具体行政行为的内容是什么。

叙写行政起诉状的理由,应当具有针对性,即针对被告行政机关实施的具体行为的违法性进行分析、论证。首先应当对具体行政行为进行概括叙述,指出具体行政行为的错误;然后通过引用法律作为依据,进行深入的分析、论证。理由的阐述,应当紧紧围绕诉讼请求展开,应与案件事实相一致。

(3) 证据和证据来源、证人姓名和住址。根据我国《行政诉讼法》规定,被告对作出的行政行为负有举证责任,应当提供作出该行政行为的证据和所依据的规范性文件。需要注意的是,虽然法律规定,在行政诉讼中,举证责任由被告行政机关负担,但并不意味着原告不需要举证。为了在诉讼中获得公正裁决,原告在起诉时,应当将自己拥有的证据告知人民法院,在行政起诉状中列明。具体列写要求同民事起诉状。

3. 尾部

尾部包括致送法院名称、起诉人签名、写明年月日和附项。

(1) 致送法院名称。应当写明:"此致""××××人民法院"。

(2) 起诉人签名。起诉人如果是法人或者其他组织的,应当加盖公章。

(3) 写明年月日。应当写明起诉的时间。

(4) 附项。应当写明起诉状副本的份数、附送证据的名称和件数等。

### (三) 文书写作需要注意的问题

（1）对属于人民法院受案范围的行政案件，公民、法人或者其他组织可以先向行政机关申请复议，对复议决定不服的，再向人民法院提起诉讼；也可以直接向人民法院提起诉讼。法律、法规规定应当先向行政机关申请复议，对复议决定不服再向人民法院提起诉讼的，依照法律、法规的规定。

（2）公民、法人或者其他组织不服复议决定的，可以在收到复议决定书之日起15日内向人民法院提起诉讼。复议机关逾期不作决定的，申请人可以在复议期满之日起15日内向人民法院提起诉讼。法律另有规定的除外。

（3）公民、法人或者其他组织直接向人民法院提起诉讼的，应当自知道或者应当知道作出行政行为之日起6个月内提出，法律另有规定的除外。因不动产提起诉讼的案件自行政行为作出之日起超过20年，其他案件自行政行为作出之日起超过5年提起诉讼的，人民法院不予受理。

**参考格式**

行政起诉状

**参考范例**

行政起诉状

### 五、行政上诉状

（一）概念和作用

行政上诉状，是指行政诉讼案件的当事人，不服人民法院作出的第一审行政判决或裁定，在法定的上诉期限内，向上一级人民法院提出上诉，请求撤销或者变更第一审判决或裁定时制作的法律文书。

我国《行政诉讼法》第85条规定：当事人不服人民法院第一审判决的，有权在判决书送达之日起15日内向上一级人民法院提起上诉。当事人不服人民法院第一审裁定的，有权在裁定书送达之日起10日内向上一级人民法院提起上诉。逾期不提起上诉的，人民法院的第一审判决或者裁定发生法律效力。

行政上诉状既是当事人行使上诉权,维护自身合法权益的工具,也是二审法院受理、审理行政上诉案件的依据。

(二) 具体写作要求

行政上诉状由首部、正文和尾部组成。

1. 首部

首部包括标题、当事人的基本情况和案由。

(1) 标题。应当居中写明:"行政上诉状"。

(2) 当事人的基本情况。应当写明上诉人、被上诉人的姓名、性别、年龄、民族、职业、工作单位、住所、联系方式等,并在括号中注明其在原审中的诉讼地位,即"原审原告"或者"原审被告"。如果当事人是法人或者其他组织的,应当写明法人或者其他组织的名称、住所,法定代表人或者主要负责人的姓名、职务、联系方式等。

(3) 案由。这是一段承上启下的文字,应当写明案由、原审人民法院名称、判决或裁定的年月日、文书字号等内容。具体表述为:

上诉人因×××(案由)一案,不服××××人民法院××××年××月××日(年度)×行初字第×号行政判决(裁定),现提出上诉。

2. 正文

正文包括上诉请求和上诉理由。

(1) 上诉请求。上诉请求,是指上诉人不服一审法院的裁决,诉请二审法院解决的具体问题。叙写上诉请求,应当明确、具体,写明上诉人请求第二审人民法院撤销或者变更原审裁判以及如何解决争议的具体要求。

(2) 上诉理由。叙写上诉理由,是为实现诉讼请求提供事实依据和法律依据,主要应当从以下两个方面进行论述:一是简要叙述案情,以及原审人民法院对案件的处理经过和处理结果,为论证上诉理由奠定基础。二是针对原审裁判中存在的错误进行分析、论证,反驳错误观点,表达正确主张。

针对原审裁判中存在的错误进行分析、论证,一般主要从以下几个方面入手进行阐述:一是针对原审裁判认定事实的错误进行分析、论证;二是针对原审裁判适用法律的错误进行分析、论证;三是针对原审裁判违反法定程序的错误进行分析、论证。

3. 尾部

尾部包括致送法院名称、上诉人签名、写明年月日和附项。

(1) 致送法院名称。应当写明:"此致""××××人民法院"。

(2) 上诉人签名。上诉人如果是法人或者其他组织的,应当加盖公章。

(3) 写明年月日。应当写明上诉的时间。

(4) 附项。应当写明上诉状副本的份数、附送证据的名称和件数等。

(三) 文书写作需要注意的问题

(1) 人民法院审理上诉案件,应当对原审人民法院的判决、裁定和被诉行政行为进行全面审查。

(2) 人民法院审理上诉案件,应当在收到上诉状之日起3个月内作出终审判决。有特殊情况需要延长的,由高级人民法院批准,高级人民法院审理上诉案件需要延长的,由最高人民法院批准。

**参考格式**

行政上诉状

**参考范例**

行政上诉状

**六、民事、行政答辩状**

（一）概念和作用

民事、行政答辩状，是指民事、行政诉讼的被告或被上诉人，根据民事、行政起诉状或民事、行政上诉状的内容，针对原告提出的上诉请求或上诉人提出的上诉请求进行答复和驳辩时制作的法律文书。

我国《民事诉讼法》第 125 条规定：人民法院应当在立案之日起 5 日内将起诉状副本发送被告，被告应当在收到之日起 15 日内提出答辩状。答辩状应当记明被告的姓名、性别、年龄、民族、职业、工作单位、住所、联系方式；法人或者其他组织的名称、住所和法定代表人或者主要负责人的姓名、职务、联系方式。人民法院应当在收到答辩状之日起 5 日内将答辩状副本发送原告。被告不提出答辩状的，不影响人民法院审理。

我国《行政诉讼法》第 67 条规定：人民法院应当在立案之日起 5 日内，将起诉状副本发送被告。被告应当在收到起诉状副本之日起 15 日内向人民法院提交作出行政行为的证据和所依据的规范性文件，并提出答辩状。人民法院应当在收到答辩状之日起 5 日内，将答辩状副本发送原告。被告不提出答辩状的，不影响人民法院审理。

答辩是法律赋予当事人的诉讼权利，被告、被上诉人向人民法院递交答辩状，既是当事人应诉的意思表示，也是当事人阐明案件事实、反驳对方主张、维护自身合法权益的体现。

（二）具体写作要求

民事、行政答辩状由首部、正文和尾部组成。

1. 首部

首部包括标题、当事人的基本情况和案由。

（1）标题。应当居中写明："民事答辩状"或"行政答辩状"。

（2）当事人的基本情况。叙写民事、行政答辩状时，如果答辩人是自然人的，应当写明答辩人的姓名、性别、年龄、民族、职业、工作单位、住所、联系方式等。如果答辩人是法人或者其他组织的，应当写明法人或者其他组织的名称、住所，法定代表人或者主要负责人的姓名、职务、联系方式等。叙写这部分内容，需要注意以下两个问题：

一是如果针对原告的起诉叙写行政答辩状，由于被告是实施了具体行政行为的行政机关，因此应当写明行政机关的名称、住所，法定代表人的姓名、职务、联系方式等。

二是如果针对上诉人的上诉叙写答辩状，应当用括号注明答辩人在原审中的诉讼地位。

（3）案由。应当写明：

因×××一案，提出答辩意见如下：

2. 正文

正文是文书的核心内容，主要应当写明答辩理由。叙写答辩理由需要注意以下两点：

（1）针对性。答辩人叙写答辩状针对的对象，是原告的起诉和上诉人的上诉，答辩的内容应当针对起诉状、上诉状中阐述的内容。如果起诉状、上诉状中叙述的案件事实不符合实际情况，就应当针对事实部分的内容进行反驳、论证。为了使答辩意见更有说服力，在具体阐述案件事实时，应当列举相关的证据，证明客观存在的事实，指出起诉状、上诉状中叙述的事实全部不真实或者部分不真实。如果起诉状、上诉状中适用法律存在错误，就应当列举相关法律规定，针对起诉、上诉适用法律存在的问题进行反驳、论证。如果原告起诉、上诉人上诉存在程序问题，就应当依据程序法的规定进行反驳、论证。例如，指出起诉、上诉不符合法定条件，当事人不适格等。

（2）反驳性。叙写答辩意见，应当加强说理，针对起诉状、上诉状中存在的问题，依据事实和法律规定进行反驳。反驳应当据理进行，不能不顾事实和法律，盲目反驳。

需要注意的是，在具体阐述答辩意见后，应当提出答辩主张，即表明自己对原告在起诉状中提出的诉讼请求、上诉人在上诉状中提出的上诉请求是否接受，是完全不接受，还是部分不接受。同时，依法提出对本案的处理主张，请求法院裁判时予以考虑。

3. 尾部

尾部包括致送法院名称、答辩人签名、写明年月日和附项。

（1）致送法院名称。应当写明："此致""××××人民法院"。

（2）答辩人签名。答辩人如果是法人或者其他组织的，应当加盖公章。

（3）写明年月日。应当写明答辩的时间。

（4）附项。应当写明答辩状副本的份数、附送证据的名称和件数等。

（三）文书写作需要注意的问题

（1）答辩主张，是指答辩人在阐述清楚答辩意见后，针对原告的诉讼请求和上诉人的上诉请求，依据有关法律规定，向人民法院提出的对案件如何处理的意见和建议。例如，提出驳回原告的诉讼请求、驳回上诉人的上诉请求等。这部分内容的叙写应当简明扼要，明确具体。

（2）由于案件性质不同，民事答辩状与行政答辩状在叙写答辩理由时存在差别。民事答辩状主要应当围绕民事实体权利义务关系是否存在、民事权利是否受到不法侵犯、法院对此判决是否合法等进行反驳、论证。行政答辩状主要应当围绕行政机关实施的具体行政行为是否合法、法院对行政机关具体行政行为的认定是否正确等进行反驳、论证。

**参考格式**

民事、行政答辩状

**参考范例**

民事答辩状

### 七、刑事自诉状

（一）概念和作用

刑事自诉状，是指刑事自诉案件的被害人或其法定代理人，为追究被告人的刑事责任，直接向人民法院提起诉讼时制作的法律文书。

我国《刑事诉讼法》第 210 条规定：自诉案件包括下列案件：（1）告诉才处理的案件；（2）被害人有证据证明的轻微刑事案件；（3）被害人有证据证明对被告人侵犯自己人身、财产权利的行为应当依法追究刑事责任，而公安机关或者人民检察院不予追究被告人刑事责任的案件。

刑事自诉状既是当事人向人民法院提起诉讼的工具，也是人民法院受理、审理案件，依法追究被告人刑事责任的依据。

（二）具体写作要求

刑事自诉状由首部、正文和尾部组成。

1. 首部

首部包括标题和当事人的基本情况。

（1）标题。应当居中写明："刑事自诉状"。

（2）当事人的基本情况。首先，应当写明自诉人的姓名、性别、出生年月日、民族、籍贯、职业、工作单位和职务、住所等。其次，应当写明被告人的姓名、性别、工作单位、住所等信息等。

叙写当事人的基本情况需要注意以下两点：一是涉及当事人基本情况的诸多要素，应当按照规定的顺序叙写,前后不能颠倒。二是应当先写自诉人,后写被告人。如果自诉人或者被告人的人数有多个,涉及自诉人,应当按照受伤害的轻重程度依次叙写。涉及被告人,应当按照罪行轻重依次列写。

2. 正文

正文是文书的核心内容,包括案由和诉讼请求;事实与理由;证据和证据的来源,证人姓名和住址。

(1)案由和诉讼请求。案由,是指自诉人控告被告人的罪名。诉讼请求,是指自诉人要求追究被告人刑事责任的请求。案由要写得简单明确,罪名应当依法确定,准确无误。例如,侮辱罪、诽谤罪、侵占罪、轻伤害罪等。诉讼请求应当写得明确具体,如果案件中涉及多项罪名,或者多个诉讼请求,应当一一列写清楚。

(2)事实与理由。案件事实是自诉人提起诉讼的基础,应当写明被告人实施犯罪行为的具体事实,包括犯罪的时间、地点、动机、目的、方式、手段、行为过程和造成的犯罪后果等。叙写案件事实应当实事求是,如实反映案件的真实情况,应注意严格区分罪与非罪,切忌将非罪的事实写入案件材料。

理由是在叙写案件事实的基础上,根据案件事实和法律规定,对被告人实施的犯罪行为进行分析、论证,指明被告人犯罪的性质和罪名,以及应当追究刑事责任的法律依据。因此,阐述理由应当以案件事实为基础,以法律为依据,首先应当依据事实,说明被告人实施犯罪行为的性质、危害,然后完整、准确、具体地引用法律条款,在此基础上,向人民法院重申自己的诉讼请求。

需要注意的是,如果案情较为复杂,事实与理由部分可以分开叙写,即先叙写案件事实,然后叙写理由;如果案情比较简单,事实与理由部分可以合并叙写,在行文上,可以采取夹叙夹议的方式,或者采取先叙后议的方式,将案件事实与理由一并叙写清楚。

(3)证据和证据的来源,证人姓名和住址。证据是证明案件事实的依据,有证据证明的案件事实才真实可信。因此,在叙写事实与理由部分后,应当列写相关证据,以证明案件事实的真实性、可靠性。列写相关证据内容,需要注意以下几点:一是列举的证据一定与案件事实有关联;二是列写的证据名称应具体规范;三是不仅应当写明证据的名称,还应当写明证据的来源;四是如果有证人的,应当写明证人的姓名和住址,以便于人民法院传唤证人,审查核实证据。

3. 尾部

尾部包括致送法院名称、自诉人签名、写明年月日和附项。

(1)致送法院名称。应当写明:"此致""××××人民法院"。

(2)自诉人签名。

(3)写明年月日。应当写明提起自诉的时间。

(4)附项。应当写明自诉状副本的份数、附送证据的名称和件数等。

(三)文书写作需要注意的问题

(1)告诉才处理,是指被害人告诉才处理。如果被害人因受强制、威吓无法告诉的,人民检察院和被害人的近亲属也可以告诉。

(2)人民法院对自诉案件,可以进行调解;自诉人在宣告判决前,可以同被告人自行和解或者撤回自诉。但涉及《刑事诉讼法》第210条第(3)项规定的案件不适用调解。

**参考格式**

刑事自诉状

**参考范例**

刑事自诉状

**八、刑事上诉状**

（一）概念和作用

刑事上诉状，是指刑事公诉案件的被告人、被害人和刑事自诉案件的自诉人、被告人不服第一审人民法院作出的裁决，在法定的上诉期限内，依照法定程序，向原审法院的上级法院提出要求撤销或者变更原审裁判时制作的法律文书。

我国《刑事诉讼法》第 227 条规定：被告人、自诉人和他们的法定代理人，不服地方各级人民法院第一审的判决、裁定，有权用书状或者口头向上一级人民法院上诉。被告人的辩护人和近亲属，经被告人同意，可以提出上诉。附带民事诉讼的当事人和他们的法定代理人，可以对地方各级人民法院第一审的判决、裁定中的附带民事诉讼部分，提出上诉。对被告人的上诉权，不得以任何借口加以剥夺。

刑事上诉状既是当事人不服第一审人民法院的裁判而向第二审人民法院提起上诉的工具，也是第二审人民法院依法受理、审理上诉案件的依据。

（二）具体写作要求

刑事上诉状由首部、正文和尾部组成。

1. 首部

首部包括标题、当事人的基本情况和案由。

（1）标题。应当居中写明："刑事上诉状"。

（2）当事人的基本情况。应当写明上诉人、被上诉人的姓名、性别、出生年月日、民族、出生地、文化程度、职业、工作单位和职务等，并在括号中注明其在原审中的诉讼地位，即"原审自诉人"或者"原审被告人"。在刑事公诉案件中，被告人提出上诉的，在刑事上诉状中只写上诉人、不写被上诉人，即不能将检察机关作为被上诉人。如果被告人的辩护人、近亲属经被告人同意提出上诉的,应当写明其与被告人的关系,并应以被告人作为上诉人。

(3)案由。这是一段承上启下的文字,应当写明案由、原审人民法院名称、判决或裁定的年月日、文书字号等内容。具体表述为:

  上诉人因×××(案由)一案,不服××××人民法院××××年××月××日(年度)×刑初字第×号刑事判决(裁定),现提出上诉。

2. 正文

正文是文书的核心内容,包括上诉请求和上诉理由。

(1)上诉请求。上诉请求,是指上诉人提出上诉所要达到的目的。叙写上诉请求,应当写得明确具体。当事人不服第一审人民法院作出的裁决,向上级人民法院提出上诉,是法律赋予当事人的诉讼权利。当事人提起上诉提出的上诉请求,通常是请求第二审人民法院部分撤销或者全部撤销第一审法院作出的裁决,请求第二审人民法院对案件进行重新审理,改变原审裁判。

(2)上诉理由。叙写上诉理由应当以事实为根据,以法律为准绳,通过摆事实,讲道理,引用相关的法律依据,针对原审裁判存在的问题,有针对性地进行反驳、论证。在司法实践中,原审裁判存在的错误通常体现在以下几个方面:一是认定案件事实存在错误;二是适用法律存在错误;三是案件审理程序存在错误。在叙写上诉理由时,如果原审裁判认定事实有误,应当先针对认定事实的错误进行反驳论证,即用确实充分的证据推翻原审裁判认定的事实,进而反驳原审裁判在处理理由和法律依据方面的错误。如果原审裁判认定事实无误,则应针对原审裁判在适用法律和诉讼程序上存在的错误进行反驳。无论是从任何方面入手阐述上诉理由,都应当做到言之有理,持之有据,有理有据地进行反驳说理,切忌强词夺理、违背法律。

3. 尾部

尾部包括致送法院名称、上诉人签名、写明年月日和附项。

(1)致送法院名称。应当写明:"此致""××××人民法院"。

(2)上诉人签名。

(3)写明年月日。应当写明提出上诉的时间。

(4)附项。应当写明上诉状副本的份数、附送证据的名称和件数等。

(三)文书写作需要注意的问题

(1)不服判决的上诉和抗诉期限为10日,不服裁定的上诉和抗诉期限为5日,从接到判决书、裁定书的第2日起算。

(2)被告人、自诉人、附带民事诉讼的原告人和被告人通过原审人民法院提出上诉的,原审人民法院应当在3日以内将上诉状连同案卷、证据移送上一级人民法院,同时将上诉状副本送交同级人民检察院和对方当事人。被告人、自诉人、附带民事诉讼的原告人和被告人直接向第二审人民法院提出上诉的,第二审人民法院应当在3日以内将上诉状交原审人民法院送交同级人民检察院和对方当事人。

(3)第二审人民法院应当就第一审判决认定的事实和适用法律进行全面审查,不受上诉或者抗诉范围的限制。共同犯罪的案件只有部分被告人上诉的,应当对全案进行审查,一并处理。

**参考格式**

刑事上诉状

**参考范例**

刑事上诉状

# 第三节 申　请　书

## 一、概述

申请书,是指各类案件的当事人向人民法院提出的,请求法院采取相关措施、解决有关问题或者启动相关诉讼程序时制作的法律文书。

根据我国法律规定,在各类诉讼案件中,当事人都依法享有诸多的实体权利和诉讼权利,为了保证这些权利的充分行使,法律规定了相关的诉讼法律文书,申请书即是其中的一类,诸如当事人请求法院采取保全措施、先予执行、签发支付令等,都需要依法制作申请书,向人民法院提出申请。因此,各类申请书在案件审理中具有重要的地位,起着重要的作用,既是当事人向法院提出各类申请的工具,也是人民法院受理当事人的申请,依法采取强制措施,对各类案件作出判决、裁定和决定的依据。

在司法实践中,申请书的适用范围非常宽泛。在刑事诉讼中,包括取保候审申请书、解除强制措施申请书、会见在押犯罪嫌疑人申请书、通知证人出庭申请书等;在民事诉讼中,包括撤诉申请书、财产保全申请书、先予执行申请书、民事再审申请书、复议申请书、强制执行申请书、支付令申请书、宣告公民失踪申请书、宣告公民死亡申请书、认定财产无主申请书等,本章主要介绍几种在民事诉讼中常用的申请书的具体写法。

## 二、民事再审申请书

### （一）概念和作用

民事再审申请书，是指民事诉讼中的当事人，认为已经发生法律效力的判决、裁定有错误，或者认为已经发生法律效力的调解书违反自愿原则或者内容违法，依法提请原审人民法院或者上一级人民法院对案件再行审理时制作的法律文书。

我国《民事诉讼法》第 199 条规定：当事人对已经发生法律效力的判决、裁定，认为有错误的，可以向上一级人民法院申请再审；当事人一方人数众多或者当事人双方为公民的案件，也可以向原审人民法院申请再审。当事人申请再审的，不停止判决、裁定的执行。

2015 年，《最高人民法院关于适用〈中华人民共和国民事诉讼法〉的解释》第 378 条规定：再审申请书应当记明下列事项：(1) 再审申请人与被申请人及原审其他当事人的基本信息；(2) 原审人民法院的名称，原审裁判文书案号；(3) 具体的再审请求；(4) 申请再审的法定情形及具体事实、理由。再审申请书应当明确申请再审的人民法院，并由再审申请人签名、捺印或者盖章。

申请再审是法律赋予当事人的一项诉讼权利。民事诉讼的目的是公正地解决当事人之间的民事权利义务争议，尽管我国设立了两审终审制度，但是由于受审判人员自身业务素质、认知能力等因素的影响，案件审理也可能会出现错误。为了保证案件审理的公正性，我国设置了审判监督程序，对已经发生法律效力的判决、裁定、调解书再次进行审理，民事再审申请书既是当事人行使诉讼权利、申请再审的工具，也是人民法院受理和审理民事再审案件的依据。

### （二）具体写作要求

民事再审申请书由首部、正文和尾部组成。

1. 首部

首部包括标题、当事人的基本情况和案由。

(1) 标题。应当居中写明："民事再审申请书"。

(2) 当事人的基本情况。首先，应当写明申请人的姓名、性别、年龄、民族、职业、工作单位、住所、联系方式等。如果申请人是法人或者其他组织的，应当写明法人或者其他组织的名称、住所、法定代表人或者主要负责人的姓名、职务、联系方式等。其次，应当写明被申请人的姓名、性别、工作单位、住所等信息。如果被申请人是法人或者其他组织的，应当写明法人或者其他组织的名称、住所等信息。

需要注意的是，叙写再审申请书，涉及当事人基本情况，在写明申请人和被申请人的各项信息要素后，需要在括号中注明其在原审中的诉讼地位，即"原审原告""原审被告"或者"原审上诉人""原审被上诉人"。

(3) 案由。应当写明：

再审申请人×××因与×××……（写明案由）一案，不服××××人民法院（写明原审人民法院的名称）××××年××月××日作出的（××××）……号民事判决/民事裁定/民事调解书，现提出再审申请。

2. 正文

正文是文书的核心内容，包括再审请求、事实和理由。

(1) 再审请求。应当写明通过再审请求人民法院解决的具体问题,即具体写明申请人要求人民法院撤销原判,对案件进行再次审理并且改判。如果再审申请人请求部分改判,应当具体写明撤销原判决的某一项或者某几项,要求改判的具体内容。

(2) 事实和理由。应当在说明事实真相的基础上,详细具体地阐述申请再审的理由。我国《民事诉讼法》第200条规定:当事人的申请符合下列情形之一的,人民法院应当再审:① 有新的证据,足以推翻原判决、裁定的;② 原判决、裁定认定的基本事实缺乏证据证明的;③ 原判决、裁定认定事实的主要证据是伪造的;④ 原判决、裁定认定事实的主要证据未经质证的;⑤ 对审理案件需要的主要证据,当事人因客观原因不能自行收集,书面申请人民法院调查收集,人民法院未调查收集的;⑥ 原判决、裁定适用法律确有错误的;⑦ 审判组织的组成不合法或者依法应当回避的审判人员没有回避的;⑧ 无诉讼行为能力人未经法定代理人代为诉讼或者应当参加诉讼的当事人,因不能归责于本人或者其诉讼代理人的事由,未参加诉讼的;⑨ 违反法律规定,剥夺当事人辩论权利的;⑩ 未经传票传唤,缺席判决的;⑪ 原判决、裁定遗漏或者超出诉讼请求的;⑫ 据以作出原判决、裁定的法律文书被撤销或者变更的;⑬ 审判人员审理该案件时有贪污受贿,徇私舞弊,枉法裁判行为的。第201条规定:当事人对已经发生法律效力的调解书,提出证据证明调解违反自愿原则或者调解协议的内容违反法律的,可以申请再审。经人民法院审查属实的,应当再审。根据上述法律规定,事实和理由部分的阐述,应当依据法律规定,充分运用证据,说明原审判决、裁定、调解书存在错误的情况,写明申请再审的法定情形及事实和理由,以引起法院再审,纠正原审裁判、调解的错误,对案件作出公正的裁决。

3. 尾部

尾部包括致送法院名称、申请人签名、写明年月日和附项。

(1) 致送法院名称。应当写明:"此致""××××人民法院"。

(2) 申请人签名。

(3) 写明年月日。应当写明提出再审申请的时间。

(4) 附项。应当写明原审判决书(裁定书或者调解书)副本一份、民事再审申请书副本的份数、附送证据的名称和件数等。

(三) 文书写作需要注意的问题

(1) 当事人申请再审,应当提交下列材料:① 再审申请书,并按照被申请人和原审其他当事人的人数提交副本。② 再审申请人是自然人的,应当提交身份证明;再审申请人是法人或者其他组织的,应当提交营业执照、组织机构代码证书、法定代表人或者主要负责人身份证明书。委托他人代为申请的,应当提交授权委托书和代理人身份证明。③ 原审判决书、裁定书、调解书。④ 反映案件基本事实的主要证据及其他材料。

(2) 有新证据的,应当在事实和理由之后写明证据和证据来源,证人姓名和住所。

(3) 当事人申请再审的,应当提交再审申请书等材料。人民法院应当自收到再审申请书之日起5日内将再审申请书副本发送对方当事人。对方当事人应当自收到再审申请书副本之日起15日内提交书面意见;不提交书面意见的,不影响人民法院审查。人民法院可以要求申请人和对方当事人补充有关材料,询问有关事项。

(4) 当事人对已经发生法律效力的解除婚姻关系的判决、调解书,不得申请再审。

**参考格式**

民事再审申请书

**参考范例**

民事再审申请书

### 三、财产保全申请书

（一）概念和作用

根据我国法律规定，财产保全分为诉前的财产保全和诉讼中的财产保全，因此财产保全申请书也分为诉前财产保全申请书和诉讼中财产保全申请书。

诉前财产保全申请书，是指在起诉前，利害关系人因情况紧急，不立即申请财产保全将会使其合法权益受到难以弥补的损害，因而向人民法院提出申请，请求对被申请人的财产采取强制措施时制作的法律文书。

诉讼中的财产保全，是指在诉讼过程中，为了保证将来生效判决的执行，当事人向人民法院提出申请，请求对被申请人的财产采取强制措施时制作的法律文书。

我国《民事诉讼法》第100条规定：人民法院对于可能因当事人一方的行为或者其他原因，使判决难以执行或者造成当事人其他损害的案件，根据对方当事人的申请，可以裁定对其财产进行保全、责令其作出一定行为或者禁止其作出一定行为；当事人没有提出申请的，人民法院在必要时也可以裁定采取保全措施。人民法院采取保全措施，可以责令申请人提供担保，申请人不提供担保的，裁定驳回申请。人民法院接受申请后，对情况紧急的，必须在48小时内作出裁定；裁定采取保全措施的，应当立即开始执行。

该法第101条规定：利害关系人因情况紧急，不立即申请保全将会使其合法权益受到难以弥补的损害的，可以在提起诉讼或者申请仲裁前向被保全财产所在地、被申请人住所地或者对案件有管辖权的人民法院申请采取保全措施。申请人应当提供担保，不提供担保的，裁定驳回申请。人民法院接受申请后，必须在48小时内作出裁定；裁定采取保全措施的，应当立即开始执行。申请人在人民法院采取保全措施后30日内不依法提起诉讼或者申请仲裁的，人民法院应当解除保全。

财产保全申请书是利害关系人、当事人为了维护自身合法权益,向人民法院申请对被申请人的财产采取强制措施的工具,也是人民法院依法作出财产保全裁定的依据。

(二)具体写作要求

财产保全申请书由首部、正文和尾部组成。

1. 首部

首部包括标题和当事人的基本情况。

(1)标题。应当居中写明:"财产保全申请书"。

(2)当事人的基本情况。首先,应当写明申请人的姓名、性别、年龄、民族、职业、工作单位、住所、联系方式等。如果申请人是法人或者其他组织的,应当写明法人或者其他组织的名称、住所,法定代表人或者主要负责人的姓名、职务、联系方式等。其次,应当写明被申请人的姓名、性别、工作单位、住所等信息等。如果被申请人是法人或者其他组织的,应当写明法人或者其他组织的名称、住所等信息。

2. 正文

正文是文书的核心内容,包括请求事项、事实和理由。

(1)请求事项。应当写明要求保全的财产情况,包括财产保全措施的种类,保全财产的名称、性质、数量、数额、所在地,申请保全的期限等。

(2)事实和理由。由"(××××)……号……(写明当事人和案由)一案,……",引出事实和理由具体内容的阐述。

诉前财产保全措施申请书的事实和理由部分,主要应当写明情况紧急,有采取财产保全的紧迫性,即在客观上有必须立即采取财产保全措施的紧急情况。例如,被申请人正在或者即将实施隐匿、转移、毁损财产的行为,如果不立即采取财产保全措施,申请人的权益将难以得到保护和实现。

诉讼中财产保全申请书的事实和理由部分,主要应当写明采取诉讼保全的必要性,即可能因当事人一方的行为或者其他原因,使判决难以执行或者可能会造成当事人的其他损害。当事人一方的行为,主要指一方当事人有转移、转让、隐匿、挥霍财产等行为。其他原因,是指当事人争议的标的物或者与本案有关的财产本身自然属性的原因,例如,季节性的商品、鲜活、易腐烂变质以及其他不宜长期保存的物品等。

此外,需要注意的是,如果申请人提供担保的,在写明申请财产保全的事实和理由后,应当写明担保财产的名称、性质、数量、数额、所在地等。

3. 尾部

尾部包括致送法院名称、申请人签名和写明年月日。

(1)致送法院名称。应当写明:"此致""××××人民法院"。

(2)申请人签名。

(3)写明年月日。应当写明提出财产保全申请的时间。

(三)文书写作需要注意的问题

(1)申请诉前财产保全必须提供担保,担保的数额应当限于请求保全的数额。

(2)财产保全限于请求的范围,或者与本案有关的财物。

(3)财产保全采取查封、扣押、冻结或者法律规定的其他方法。人民法院保全财产后,应当立即通知被保全财产的人。财产已被查封、冻结的,不得重复查封、冻结。

(4)财产纠纷案件,被申请人提供担保的,人民法院应当裁定解除保全。申请有错误的,申请人应当赔偿被申请人因保全所遭受的损失。

**参考格式**

财产保全申请书

**参考范例**

财产保全申请书

## 四、先予执行申请书

(一)概念和作用

先予执行申请书,是指人民法院受理案件后,终审判决作出前,申请人为解决生产或生活的紧迫需要,向人民法院提出申请,请求人民法院裁定对方当事人预先给付一定数额的金钱或其他财产,或者实施或停止某种行为,或者立即付诸执行时制作的法律文书。

我国《民事诉讼法》第106条规定:人民法院对下列案件,根据当事人的申请,可以裁定先予执行:(1)追索赡养费、扶养费、抚育费、抚恤金、医疗费用的;(2)追索劳动报酬的;(3)因情况紧急需要先予执行的。情况紧急包括:(1)需要立即停止侵害、排除妨碍的;(2)需要立即制止某项行为的;(3)追索恢复生产、经营急需的保险理赔费的;(4)需要立即返还社会保险金、社会救助资金的;(5)不立即返还款项,将严重影响权利人生活和生产经营的。

先予执行申请书既是申请人向人民法院申请先予执行,维护自身合法权益的工具,也是人民法院受理、审理当事人的先予执行申请,依法作出先予执行裁决的依据。

(二)具体写作要求

先予执行申请书由首部、正文和尾部组成。

1. 首部

首部包括标题和当事人的基本情况。

(1)标题。应当居中写明:"先予执行申请书"。

(2)当事人的基本情况。首先,应当写明申请人的姓名、性别、年龄、民族、职业、工作单位、住所、联系方式等。如果申请人是法人或者其他组织的,应当写明法人或者其他组织的名称、住所,法定代表人或者主要负责人的姓名、职务、联系方式等。其次,应当写明被申请人的姓名、性别、工作单位、住所等信息等。如果被申请人是法人或者其他组织的,应当写明法人或者其他组织的名称、住所等信息。

2. 正文

正文是文书的核心内容,包括请求事项、请求裁定、事实和理由。

(1) 请求事项。应当写明申请先予执行的具体要求。如果申请先予执行的是金钱,应当写明具体数额。如果申请先予执行的是财物,应当写明名称、数量、规格等。

(2) 请求裁定。应当写明需要采取的先予执行措施。

(3) 事实和理由。应当围绕法律规定的先予执行的适用范围和适用条件进行叙述,说明申请人提出的先予执行申请符合法定的先予执行申请的范围,当事人之间权利义务关系明确,法院不裁定先予执行,将严重影响申请人的生活或者生产经营,并且被申请人有履行能力。

3. 尾部

尾部包括致送法院名称、申请人签名和写明年月日。

(1) 致送法院名称。应当写明:"此致""××××人民法院"。

(2) 申请人签名。

(3) 写明年月日。应当写明提出先予执行申请的时间。

(三) 文书写作需要注意的问题

(1) 人民法院裁定先予执行的,应当符合下列条件:一是当事人之间权利义务关系明确,不先予执行将严重影响申请人的生活或者生产经营的;二是被申请人有履行能力。

(2) 人民法院可以责令申请人提供担保,申请人不提供担保的,驳回申请。申请人败诉的,应当赔偿被申请人因先予执行遭受的财产损失。

(3) 当事人对保全或者先予执行的裁定不服的,可以申请复议一次。复议期间不停止裁定的执行。

**参考格式**

先予执行申请书

**参考范例**

先予执行申请书

### 五、强制执行申请书

（一）概念和作用

强制执行申请书，是指人民法院生效裁决确定享有权利的一方当事人，在应当承担义务的对方当事人拒绝履行义务时，向有管辖权的法院提出采取强制执行措施时制作的法律文书。

我国《民事诉讼法》第236条规定：发生法律效力的民事判决、裁定，当事人必须履行。一方拒绝履行的，对方当事人可以向人民法院申请执行，也可以由审判员移送执行员执行。调解书和其他应当由人民法院执行的法律文书，当事人必须履行。一方拒绝履行的，对方当事人可以向人民法院申请执行。

强制执行申请书既是生效裁判文书确定的权利人依法向人民法院申请强制执行的工具，也是人民法院依法对被申请人强制执行的依据。

（二）具体写作要求

强制执行申请书由首部、正文和尾部组成。

1. 首部

首部包括标题和当事人的基本情况。

（1）标题。应当居中写明："强制执行申请书"。

（2）当事人的基本情况。首先，应当写明申请执行人的姓名、性别、年龄、民族、职业、工作单位、住所、联系方式等。如果申请执行人是法人或者其他组织的，应当写明法人或者其他组织的名称、住所，法定代表人或者主要负责人的姓名、职务、联系方式等。其次，应当写明被申请执行人的姓名、性别、工作单位、住所等信息等。如果被申请执行人是法人或者其他组织的，应当写明法人或者其他组织的名称、住所等信息。

2. 正文

正文是文书的核心内容，包括事实和理由、请求事项。

（1）事实和理由。应当写明当事人双方争议的事项的案由、人民法院作出的已经发生法律效力的裁判文书的字号、被申请执行人未履行或者未全部履行生效法律文书确定给付内容的情形、申请强制执行的要求。

（2）请求事项。应当写明请求执行的内容。

3. 尾部

尾部包括致送法院名称、申请执行人签名和写明年月日。

（1）致送法院名称。应当写明："此致""××××人民法院"。

（2）申请执行人签名。

（3）写明年月日。应当写明提出强制执行申请的时间。

（三）文书写作需要注意的问题

（1）对依法设立的仲裁机构的裁决，一方当事人不履行的，对方当事人可以向有管辖权的人民法院申请执行。受申请的人民法院应当执行。

（2）申请执行的期间为2年。申请执行时效的中止、中断，适用法律有关诉讼时效中止、中断的规定。申请执行的期间，从法律文书规定履行期间的最后一日起计算；法律文书规定分期履行的，从规定的每次履行期间的最后一日起计算；法律文书未规定履行期间的，从法律文书生效之日起计算。

（3）执行员接到申请执行书，应当向被执行人发出执行通知，并可以立即采取强制执行措施。

**参考格式**

强制执行申请书

**参考范例**

强制执行申请书

# 第四节 法庭发言词

## 一、概述

法庭发言词,是指辩护人、代理人在案件开庭审理中的法庭辩论阶段所做的系统发言。

我国《刑事诉讼法》第33条规定:犯罪嫌疑人、被告人除自己行使辩护权以外,还可以委托一至二人作为辩护人。下列的人可以被委托为辩护人:(1)律师;(2)人民团体或者犯罪嫌疑人、被告人所在单位推荐的人;(3)犯罪嫌疑人、被告人的监护人、亲友。正在被执行刑罚或者依法被剥夺、限制人身自由的人,不得担任辩护人。

我国《民事诉讼法》第58条规定:当事人、法定代理人可以委托一至二人作为诉讼代理人。下列人员可以被委托为诉讼代理人:(1)律师、基层法律服务工作者;(2)当事人的近亲属或者工作人员;(3)当事人所在社区、单位以及有关社会团体推荐的公民。

根据我国法律规定,辩护人、代理人接受当事人的委托,参加刑事案件、民事案件、行政案件的审理,目的是为了维护委托人的合法权益,法庭发言词即是维护委托人合法权益的工具。法庭发言词主要包括辩护词和代理词,其主要具有以下几个特点:

(1)言词的驳辩性。法庭发言词是实用性较强的法律文书,具有雄辩性的特点。在刑事诉讼中,辩护人发表的辩护词主要针对公诉人宣读的起诉书和发表的公诉意见。在民事、行政诉讼中,代理人发表的代理意见主要针对对方当事人、代理人发表的意见。因此,法庭发言词在具体论述方法上,具有较强的针对性和驳辩性,应当针对对方提出的观点、意见和主张,有的放矢地进行反驳、论辩。

(2)内容的综合性。法庭发言词在具体叙写时,涉及的内容非常广泛,具有综合性的特点,不仅需要针对案件事实进行反驳、论辩,而且需要针对法律适用进行反驳、论辩。不仅需要从法理上进行反驳、论辩,还需要从情理上进行反驳、论辩,重点应当围绕双方争议的问题进行分析论证,以维护委托人的合法权益。

(3) 适用的时间性。法庭发言词主要适用于法庭辩论阶段,是委托人所做的系统发言,因此也称为法庭演说词。为了达到维护委托人合法权益的目的,辩护人、代理人的论证、说理必须以事实为根据,以法律为准绳,发表的辩护意见和代理意见应当实事求是,不违背常理。否则,论辩将毫无意义。受庭审时间的限制,为了使法庭发言具有较好的效果,辩护人、代理人需要在庭下作深入细致的准备工作,同时也需要注意发言的方式方法。

## 二、辩护词

### (一) 概念和作用

辩护词,是指人民法院审理刑事案件过程中,在法庭辩论阶段,被告人委托的辩护人为维护被告人的合法权益,依据事实和法律,提出证明被告人无罪、罪轻、从轻、减轻、免除刑事责任意见时所做的系统发言。

我国《刑事诉讼法》第 37 条规定:辩护人的责任是根据事实和法律,提出犯罪嫌疑人、被告人无罪、罪轻或者减轻、免除其刑事责任的材料和意见,维护犯罪嫌疑人、被告人的诉讼权利和其他合法权益。第 44 条规定:辩护人或者其他任何人,不得帮助犯罪嫌疑人、被告人隐匿、毁灭、伪造证据或者串供,不得威胁、引诱证人作伪证以及进行其他干扰司法机关诉讼活动的行为。违反前款规定的,应当依法追究法律责任,辩护人涉嫌犯罪的,应当由办理辩护人所承办案件的侦查机关以外的侦查机关办理。辩护人是律师的,应当及时通知其所在的律师事务所或者所属的律师协会。

在刑事诉讼中,辩护词是既辩护人实现辩护职能,维护委托人合法权益的工具和手段,也是帮助人民法院查明案情,正确审理刑事案件的依据。

### (二) 具体写作要求

辩护词既然不是一种法定的文书,自然没有固定的格式,但是从司法实践看,多数辩护词大都形成了约定俗成的程式,即固定的结构,包括前言、辩护意见和主张、结束语,具体可以分为首部、正文和尾部三部分。

1. 首部

首部包括标题、提示语和前言。

(1) 标题。应当写为:"辩护词"或"关于×××(姓名)×××(案由)一案辩护词"。

(2) 提示语。应当写为:"审判长、审判员"或"审判长、人民陪审员"。

(3) 前言。这部分内容主要需要说明三个方面的问题:一是辩护人出庭的合法性,即受被告人委托,出庭为被告人辩护;二是说明辩护人在开庭前做的准备工作,即阅读案卷材料、会见被告人、进行必要的调查走访等;三是简要陈述辩护人对全案的基本看法。通常表述方法如下:

根据我国《刑事诉讼法》第××条第×款的规定,我受被告人×××的委托/××××人民法院的指定,依法出庭参加诉讼,为被告人×××辩护。出庭前,我会见了被告人×××,听取了被告人×××对案件事实的陈述,查阅了本案的卷宗材料,进行了必要的调查走访,刚才又听取了法庭调查,我认为,本案被告人×××无罪。/本案被告

×××的行为不构成公诉人指控的××罪。/本案被告人×××的行为虽已构成犯罪，但具有从轻/减轻/免除处罚情节。具体辩护意见如下：

2. 正文

正文是辩护词的核心内容，主要应当写明辩护意见和主张，具体分为三种情形，即无罪辩护、从轻、减轻、免除刑事责任的辩护和无词辩护。

（1）无罪辩护。无罪辩护，是指辩护人运用事实、法律和证据，说明控诉方对被告人的指控全部不能成立，建议合议庭对被告人作出无罪判决的诉讼行为。

叙写无罪辩护的辩护词，主要针对被告没有实施犯罪而被错误地认为是犯罪嫌疑人，或者辩护人对控方指控的案件事实本身没有疑义，但是对案件性质的认定在认识上与控方存在较大差异。例如，控方指控被告人的行为属于故意杀人，但是辩护人认为被告人的行为依法应当属于正当防卫。

对于第一种情形，即被告人没有实施犯罪行为的，又可以区分为两种情形，一是虽然存在犯罪事实，但是不是被告人所为；二是证据不实，犯罪事实根本不存在。前者辩护人应当着重依据证据说明被告人根本没有实施犯罪的可能性；后者辩护人应当着重依据证据推翻原有证明犯罪事实存在的证据，还原案件事实的本来面貌，并提供相关的证据予以佐证，说明案件事实真相，使合议庭接受辩护人提出的被告人无罪的辩护主张。

对于第二种情形，即辩护人与控方在案件性质定性上存在较大差异的，应当在阐述案件事实的基础上，引用相关的法律规定，证明依照法律规定，被告人实施的行为属于正当防卫或者紧急避险，被告人的行为是合法的，不构成犯罪，以使合议庭接受辩护人提出的被告人无罪的辩护主张。

（2）从轻、减轻、免除刑事责任的辩护。这种情形主要是指被告人的行为已经构成犯罪，辩护人依据事实和法律规定，通过对事实进行分析，对法律进行论证，指出被告人具有的从轻、减轻、免除刑事处罚的情节及其法律依据，建议合议庭对被告人从轻、减轻、免除刑事处罚的诉讼行为。

根据我国《刑法》规定，法定的从轻、减轻、免除刑事处罚的情节主要包括以下几种情形：一是已满14周岁不满18周岁的人犯罪的；二是已满75周岁的人故意犯罪的；三是精神病人在不能辨认或者不能控制自己行为的时候造成危害结果的；四是又聋又哑的人或者盲人犯罪的；五是正当防卫明显超过必要限度造成重大损害的；六是紧急避险超过必要限度造成不应有的损害的；七是预备犯；八是未遂犯；九是中止犯；十是从犯；十一是胁从犯；十二是对于教唆犯，被教唆的人没有犯被教唆的罪；十三是自首的；十四是立功的等。

根据上述法律规定，辩护人叙写从轻、减轻、免除刑事责任辩护的辩护词时，应当首先从这些法定的从轻处罚情形阐述入手，为被告人进行辩护。具体阐述辩护意见时，应当将案件事实与法律规定结合起来进行论述，通过摆事实、讲道理，使合议庭接受辩护人的辩护意见和主张。如果控方指控被告人的犯罪事实严重失实，或者被夸大歪曲，辩护人应当澄清被夸大和歪曲的事实，依据证据说明案件事实真相，使被告人受到公正的惩处。如果控方将法定的此罪指控为彼罪，加重了对被告人的处罚，辩护人也应当及时予以指出。例如，被告人实施的行为符合法定防卫过当的情形，控方却指控为故意杀人。

此外，除法定的从轻、减轻、免除刑事责任的情节外，有些案件存在酌定从轻、减轻处罚的情节，辩护人也应当在辩护时予以指出。例如，初次犯罪，平时表现一贯很好，以及某些符合社会伦理道德规范或者有关政策规定的情节和条件等。

(3) 无词辩护。无词辩护,是指被告人实施的行为已经构成犯罪,侦查机关、检察机关认定事实清楚,适用法律正确,指控罪名恰当,并且被告人不具有法定、酌定从轻、减轻、免除刑事处罚的情节和条件,辩护人发表辩护意见的诉讼行为。

这种情形辩护难度较大,因为辩护人在发表辩护意见时,不能如同公诉人一样只是向合议庭表述,被告人实施的犯罪行为事实清楚,证据确实充分,又难以提出其他的辩护意见。在这种情况下,辩护人仍应实事求是地为被告人进行辩护,不能编造事实,曲解法律,强词夺理,更不能胡编乱造阐述辩护意见。

事实上,无词辩护并不是无词可辩。在这种情况下,辩护人一方面可以在肯定控方意见的同时,说明案件的事实,分析导致案件发生的原因,以便总结经验和教训。另一方面,可以利用案件事实,阐明学习法律的重要性。采用这种辩护方式,辩护人既履行了辩护职责,又进行了法制宣传,有利于被告人认罪服法,也有利于教育广大的社会公众遵法守法。

综上所述,无论是哪一种情形的辩护,辩护人大都从以下几个方面阐述辩护意见,即犯罪事实认定方面、法律适用方面、情理方面等。另外,如果人民法院在案件审理过程中有违反法定程序的情形,也会影响案件的公正审理。例如,审判人员符合法定回避情形没有回避,法院受理了不该受理的案件,剥夺了被告人的辩论权等。辩护人也应当据法驳辩,以保证案件审理的公正性。

3. 尾部

尾部包括结束语、签名和写明日期。

(1) 结束语。包括两个方面的内容:一是对辩护意见进行归纳总结;二是对案件处理提出建议。叙写这部分内容,应当做到简单、明确、有力。

(2) 签名和写明日期。提交法院的辩护词,在结束语后,应当由辩护人签名,并写明发表辩护意见的具体时间。

(三) 文书写作需要注意的问题

(1) 证据是认定案件事实的基本依据。因此,对定性及案卷证据的分析和辩驳是辩护词的核心内容。辩护人叙写辩护词时,应当遵循实证的原则,辩护词的每一个观点都应当有相应的证据作为支撑。

(2) 应当围绕犯罪构成要件阐述案件事实,并注意语言的运用。辩护词中使用的语言,应当做到严谨朴实,准确精练,切忌用语不当,语句不通,废话连篇。

## 参考格式

### 辩护词

**参考范例**

辩护词

### 三、代理词

（一）概念和作用

代理词，是指在民事、行政诉讼中，诉讼代理人为了维护被代理人的合法权益，在法庭辩论阶段，所作的有利于被代理人的系统发言。

我国《民事诉讼法》第59条规定：委托他人代为诉讼，必须向人民法院提交由委托人签名或者盖章的授权委托书。授权委托书必须记明委托事项和权限。诉讼代理人代为承认、放弃、变更诉讼请求，进行和解，提起反诉或者上诉，必须有委托人的特别授权。侨居在国外的中华人民共和国公民从国外寄交或者托交的授权委托书，必须经中华人民共和国驻该国的使领馆证明；没有使领馆的，由与中华人民共和国有外交关系的第三国驻该国的使领馆证明，再转由中华人民共和国驻该第三国使领馆证明，或者由当地的爱国华侨团体证明。

我国《行政诉讼法》第32条规定：代理诉讼的律师，有权按照规定查阅、复制本案有关材料，有权向有关组织和公民调查，收集与本案有关的证据。对涉及国家秘密、商业秘密和个人隐私的材料，应当依照法律规定保密。当事人和其他诉讼代理人有权按照规定查阅、复制本案庭审材料，但涉及国家秘密、商业秘密和个人隐私的内容除外。

在民事、行政诉讼中，代理词既是代理人实现代理职能，维护委托人合法权益的工具和手段，也是帮助人民法院查明案情，正确审理民事、行政案件的依据。

（二）具体写作要求

代理词既然不是一种法定的文书，自然没有固定的格式，但是从司法实践看，多数代理词大都形成了约定俗成的程式，即固定的结构，包括前言、代理意见和建议、结束语，具体可以分为首部、正文和尾部三部分。

1. 首部

首部包括标题、提示语和前言。

（1）标题。应当写为："代理词"或"×××一案代理词"。

（2）提示语。应当写为："审判长、审判员"或"审判长、人民陪审员"。

（3）前言。这部分内容主要需要说明三个方面的问题：一是代理人出庭的合法性，即受原告或者被告委托，出庭为被代理人提供法律帮助；二是说明代理人在开庭前做的准备工作，即阅读案卷材料、询问当事人、进行调查取证等；三是简要陈述代理人对全案的基本看法。

2. 正文

正文是文书的核心内容，主要应当写明具体的代理意见。代理词按照案件性质的不同，可以分为民事案件代理词和行政案件代理词;按照当事人诉讼地位的不同,可以分为原告代理词和被告代理词。无论叙写何种代理词,在叙写代理意见时,都需要注意以下几个问题:

(1) 确立鲜明正确的代理观点。鲜明正确的代理观点是代理意见的核心内容,也是代理意见的中心论点。所谓鲜明正确的代理观点,是指代理人对整个案件的基本看法。在具体诉讼中,案件的分歧和争执通常表现在各个层次和各个方面,既相互关联,又纷繁复杂。但是,无论案件情况多么复杂,其中的主要问题往往是最关键的。例如,法律事实或者法律行为是否存在,有无法律效力;当事人之间的法律关系是否存在以及当事人各自应当享有的权利和应当履行的义务;案件的性质如何以及各方当事人应当承担的法律责任等。代理人应当通过了解案件真实情况,确立中心论点,并围绕中心论点发表代理意见。需要注意的是,代理人发表的代理意见应当符合事实和法律规定,否则,不仅不会被法院接受,还可能被对方抓住把柄,导致整个代理活动的失败。

(2) 运用充分可靠的案件材料。案件材料,是指代理人收集整理的能够反映案件客观情况的各种材料以及发表代理意见所需要的各项法律规定。案件材料是形成代理观点的基础,没有充分可靠的案件材料,就难以查明案件事实,确立鲜明正确的代理观点,发表有理有据,具有说服力的代理意见。因此,代理人在叙写代理词之前,应当广泛收集案件材料,以确保发表代理意见的真实性和准确性。

(3) 准确适用法律。代理人叙写代理词,在查明案件事实的基础上,还应当准确地适用法律规定,以法律为依据确定双方当事人的权利、义务和责任,以更好地维护委托人的合法权益。在具体适用法律时,需要注意以下几点:一是如果需要引用单行法、特别法的规定,或者引用行政法规、地方法规、行政规章等,应当审查核实这些规定与宪法、法律是否存在互相抵触的情形;二是法律法规如果规定了不同的款项和幅度,代理人应当从案件事实出发,选择适用相应的法律款项;三是对于法律没有明确具体规定的情形,应当适用法律的基本原则。

(4) 重视语言的具体运用。代理意见需要在法庭上发表,为了取得较好的法律效果,代理人应当注意代理意见语言的具体运用,做到语言准确、简练、生动有力。所谓准确,是指用语要准确无误,造句要顺理成章,应文字通顺、表达准确。所谓简练,是指要用最少的文字表达最大的信息内容,做到内容丰富,言简意赅。所谓生动有力,是指代理意见的阐述应当做到形象生动、深刻有力,能够引起合议庭和旁听群众的共鸣,使合议庭接受代理人的意见,达到较好的效果,以维护委托人的合法权益。

在叙述代理意见后,应当阐明具体建议,即对代理观点进行简要概括的总结,向法庭提出有利于委托人的案件具体处理意见。

3. 尾部

尾部包括结束语、签名和写明日期。

(1) 结束语。在叙写代理意见后,应当阐明具体建议,即对代理观点进行简要概括的总结,向法庭提出有利于委托人的案件具体处理意见。

(2) 签名和写明日期。提交法院的代理词,在结束语后,应当由代理人签名,并写明发表代理意见的具体时间。

(三) 文书写作需要注意的问题

(1) 叙写代理意见,应根据案件的具体情况,抓住争执焦点,鲜明地提出代理观点,应注意从事实、证据、法理、逻辑等多角度、多侧面展开分析论证。

（2）代理意见所持的观点应当与起诉状、答辩状相一致，以保持前后意见的连续性和一致性。如果庭审过程中，随着诉讼进程的不断推进，案情发生了变化，代理人应当注意及时修改、充实和完善相应的代理意见。

**参考格式**

代理词

**参考范例**

代理词

**思考题**

1. 简述律师实务文书的概念、种类和作用。
2. 民事起诉状的正文部分应当叙写哪些内容？
3. 简述民事上诉状的概念和作用。
4. 叙写民事、行政答辩状的答辩意见应当注意哪些问题？
5. 简述刑事自诉状的概念和作用。
6. 刑事上诉状的正文部分包括哪些内容？
7. 简述财产保全申请书、先予执行申请书的概念和作用。
8. 简述民事再审申请书、强制执行申请书的概念和作用。
9. 如何叙写辩护词的辩词意见和主张？
10. 叙写代理意见应当注意哪些问题？

# 第十章

# 仲裁、公证法律文书

【学习目的与要求】 通过本章学习,要求学习者在全面了解仲裁法律文书和公证法律文书的概念、特点、种类和作用的基础上,具体了解和掌握各种常用的仲裁和公证法律文书的概念、作用、具体写作要求和文书写作需要注意的问题,并达到结合司法实践,能写会用的要求。

## 第一节 仲裁法律文书

### 一、概述

（一）仲裁法律文书的概念和特点

仲裁法律文书,是指在仲裁活动中,仲裁机构和仲裁当事人根据我国《仲裁法》和仲裁规则的规定,依法制作的具有法律意义或法律效力的法律文书。

仲裁,是指争议双方在纠纷发生前或发生后,自愿达成协议,将争议提交非司法机构的第三方审理,并由第三方作出对争议双方均具有法律约束力的裁决。仲裁法律文书是仲裁活动中具体适用法律的书面表现形式,主要具有以下几个方面的特点：

（1）主体的特定性。仲裁法律文书的制作和使用主体包括仲裁机构和仲裁当事人。在我国,仲裁机构是仲裁委员会,仲裁委员会是常设性仲裁机构,一般在直辖市,省、自治区人民政府所在地的市设立,也可以根据需要在其他设区的市设立,不按行政区划层层设立。仲裁委员会由市的人民政府组织有关部门和商会统一组建,并应经省、自治区、直辖市的司法行政部门登记。仲裁委员会受理仲裁案件后,并不直接仲裁案件,而是组成仲裁庭行使仲裁权。目前,我国的仲裁委员会主要包括中国国际经济贸易仲裁委员会、中国海事仲裁委员会和依法新组建的各种仲裁委员会等。仲裁机构处理和解决争议需要制作和使用仲裁法律文书,仲裁当事人依法参加仲裁活动也需要制作和使用相关的法律文书。因此,仲裁文书的制作和使用主体具有特定性。

（2）内容的合法性。仲裁法律文书的制作必须符合仲裁法和仲裁规则的规定,仲裁机构和仲裁当事人只能依据法律和仲裁规则赋予的职权制作、使用仲裁法律文书。仲裁法律文书的格式,也应当符合相关的法律规定。仲裁法和仲裁规则如果对仲裁法律文书的格式、内容有明确规定的,应当按照法律的规定制作仲裁法律文书。例如,我国《仲裁法》第 23 条规定:仲裁申请书应当载明下列事项:① 当事人的姓名、性别、年龄、职业、工作单位和住所,法人或者其他组织的名称、住所和法定代表人或者主要负责人的姓名、职务;② 仲裁请求和所根据的事实、理由;③ 证据和证据来源、证人姓名和住所。在制作仲裁申请书时,应当严格按照上述法律规定制作。否则,文书将不发生法律效力。

(3) 实施的效力性。无论是仲裁机构制作的仲裁法律文书,还是仲裁当事人制作的法律文书,都具有一定的法律效力或者法律意义。例如,仲裁裁决书、仲裁调解书需要执行。仲裁协议书虽然不需要执行,但是具有法律意义。我国《仲裁法》第4条规定:当事人采用仲裁方式解决纠纷,应当双方自愿,达成仲裁协议。没有仲裁协议,一方申请仲裁的,仲裁委员会不予受理。第5条规定:当事人达成仲裁协议,一方向人民法院起诉的,人民法院不予受理,但仲裁协议无效的除外。根据上述法律规定,仲裁协议对双方当事人具有较强的约束力,是仲裁机构受理仲裁案件的依据。

(二) 仲裁法律文书的种类和作用

仲裁法律文书依据不同的标准可以进行不同的分类:

(1) 依据制作主体的不同,仲裁法律文书可以分为仲裁当事人制作的法律文书和仲裁机构制作的法律文书。仲裁申请人制作的法律文书包括仲裁协议书、仲裁申请书、仲裁答辩书等;仲裁机构制作的法律文书包括受理(不受理)仲裁申请通知书、仲裁调解书、仲裁裁决书等。

(2) 依据是否具有涉外因素的不同,仲裁法律文书可以分为国内仲裁法律文书和涉外仲裁法律文书。国内仲裁法律文书,是指仲裁机构和仲裁申请人在解决没有涉外因素的国内民商事纠纷时,制作和使用的仲裁法律文书。涉外仲裁法律文书,是指仲裁机构和仲裁申请人在解决涉及外国或外法域的民商事务争议时,制作和使用的仲裁法律文书。

仲裁法律文书的作用主要体现在以下两个方面:

(1) 保证仲裁活动顺利进行的工具。仲裁活动依据当事人的申请开始,当事人申请仲裁需要向仲裁机构递交仲裁申请书。仲裁被申请人进行答辩,需要向仲裁机构递交仲裁答辩书。仲裁机构对案件作出裁决,需要制作仲裁裁决书。在仲裁活动中,无论是仲裁机构还是仲裁当事人实施的仲裁行为,都需要依据相关的仲裁法律文书。

(2) 整个仲裁活动的真实记录和反映。仲裁活动由于具有自愿性、保密性、经济性等特点,成为解决纠纷的一种重要方式。如前文所述,整个仲裁活动离不开仲裁法律文书的制作和使用,仲裁法律文书忠实地记载了仲裁活动的整个过程,是全部仲裁活动的真实反映。随着经济的快速发展,仲裁作为一种有效解决争议的制度,会越来越受到社会的重视。

## 二、仲裁协议书

(一) 概念和作用

仲裁协议书,是指当事人之间订立的,以解决纠纷为目的,表示愿意将他们之间已经发生或将来可能发生的争议提交仲裁机构解决,并服从仲裁机构裁决的书面协议。

我国《仲裁法》第4条规定:当事人采用仲裁方式解决纠纷,应当双方自愿,达成仲裁协议。没有仲裁协议,一方申请仲裁的,仲裁委员会不予受理。第16条规定:仲裁协议包括合同中订立的仲裁条款和以其他书面方式在纠纷发生前或者纠纷发生后达成的请求仲裁的协议。仲裁协议应当具有下列内容:(1) 请求仲裁的意思表示;(2) 仲裁事项;(3) 选定的仲裁委员会。

仲裁协议书的作用主要体现在以下几个方面:(1) 是仲裁机构受理仲裁申请的凭证。

我国《仲裁法》第4条规定：当事人采用仲裁方式解决纠纷，应当双方自愿，达成仲裁协议。没有仲裁协议，一方申请仲裁的，仲裁委员会不予受理。(2)是申请人申请仲裁的法律依据。我国《仲裁法》第5条规定：当事人达成仲裁协议，一方向人民法院起诉的，人民法院不予受理，但仲裁协议无效的除外。据此，仲裁协议书是申请人选择仲裁方式解决纠纷的依据，如果发生争议，当事人应当向仲裁机构申请仲裁，不得向法院提起诉讼。(3)排除了法院对案件的管辖权。双方当事人达成仲裁协议，对双方当事人和法院都有约束力。对当事人而言，解决纠纷必须通过仲裁的方式。对法院而言，当事人达成仲裁协议，一方向人民法院起诉的，人民法院不予受理，除非仲裁协议无效。由此可见，仲裁协议书排除了法院对案件的管辖权。

（二）具体写作要求

仲裁协议书由首部、正文和尾部组成。

1. 首部

首部包括标题和当事人的基本情况。

(1) 标题。应当写明文书的名称，即"仲裁协议书"。

(2) 当事人的基本情况。应当写明申请人与被申请人的姓名、性别、年龄、职业、通讯方式、工作单位和住所。如果申请人或者被申请人是法人或者其他组织的，应当写明法人或者其他组织的名称、住所，法定代表人或者主要负责人的姓名、职务。如果申请人委托代理人进行仲裁活动的，还应当写明委托代理人的基本情况。

2. 正文

根据《仲裁法》的规定，仲裁协议的正文包括请求仲裁的意思表示、仲裁事项、选定的仲裁委员会。

(1) 请求仲裁的意思表示。请求仲裁的意思表示是仲裁协议的首要内容，是指各方当事人在订立合同或者签订其他形式的仲裁协议时，一致同意采用仲裁的方式，解决他们之间已经发生或者将来可能发生的争议。在仲裁协议中，请求仲裁的意思表示必须清楚、肯定、明确，不能含糊或者模棱两可。

(2) 仲裁事项。仲裁事项，是指各方当事人提请仲裁解决的争议范围。在仲裁协议中，双方当事人约定提交仲裁的争议事项，必须具有法律规定的可仲裁性，即属于仲裁立法允许采用仲裁方式解决的争议事项。否则，会导致仲裁协议的无效。仲裁协议无效，仲裁机构就不会受理申请仲裁的案件。基于仲裁协议既可能在争议发生之前订立，也可能在争议发生之后订立。因此，仲裁事项通常包括未来可能性争议事项和现实已发生的争议事项。不论争议事项是否已经发生，在仲裁协议中都必须明确规定。对于已经发生的争议事项，其具体范围比较明确和具体；对于未来可能发生争议的事项，应当尽量避免在仲裁协议中作限制性规定，包括争议性质上的限制、金额上的限制以及其他具体事项的限制。

(3) 选定的仲裁委员会。仲裁委员会是受理和解决仲裁案件的机构。由于仲裁没有法定管辖的规定，仲裁委员会是由当事人自主选定的，如果当事人在仲裁协议中不选定仲裁委员会，仲裁就无法进行。因此，仲裁协议书中必须明确地写明当事人选择解决纠纷的仲裁委员会的名称。

总之，由于仲裁协议的内容关系仲裁协议的效力，决定争议能否通过仲裁方式解决，同时也关系到仲裁机构的管辖权。因此，为了保证仲裁协议有效，仲裁协议书的内容必须做到清楚、具体、完整，明确地表明各方当事人的仲裁意愿。

3. 尾部

尾部应当由各方当事人签名、盖章,写明仲裁协议书签订的日期和地点。

(三)文书写作需要注意的问题

(1)当事人采用仲裁方式解决纠纷,应当双方自愿,达成仲裁协议。由于仲裁协议是各方当事人协商一致的意思表示,因此仲裁协议书应当由各方当事人签字和盖章。

(2)根据《仲裁法》的规定,仲裁协议对仲裁事项或者仲裁委员会没有约定或者约定不明确的,当事人可以补充协议;达不成补充协议的,仲裁协议无效。

(3)仲裁协议书中约定的仲裁争议事项,必须具有法律规定的可仲裁性。根据《仲裁法》的规定,下列纠纷不能仲裁,即婚姻、收养、监护、扶养、继承纠纷;依法应当由行政机关处理的行政争议。

**参考格式**

仲裁协议书

**参考范例**

仲裁协议书

### 三、仲裁申请书

(一)概念和作用

仲裁申请书,是指平等主体的公民、法人或者其他组织之间,在发生合同纠纷或者其他财产权益纠纷后,当事人一方或双方根据自愿达成的仲裁协议,向选定的仲裁委员会提出仲裁请求,要求通过仲裁的方式解决纠纷的法律文书。

我国《仲裁法》第 21 条规定:当事人申请仲裁应当符合下列条件:(1)有仲裁协议;(2)有具体的仲裁请求和事实、理由;(3)属于仲裁委员会的受理范围。第 22 条规定:当事人申请仲裁,应当向仲裁委员会递交仲裁协议、仲裁申请书及副本。第 23 条规定:仲裁申请书应当载明下列事项:(1)当事人的姓名、性别、年龄、职业、工作单位和住所,法人或者其他组织的名称、住所和法定代表人或者主要负责人的姓名、职务;(2)仲裁请求和所根据的事实、理由;(3)证据和证据来源、证人姓名和住所。

仲裁申请书既是当事人向仲裁机构申请仲裁的工具,也是仲裁机构受理仲裁案件的依据。

(二)具体写作要求

仲裁申请书由首部、正文和尾部组成。

1. 首部

首部包括标题和当事人的基本情况。

(1)标题。应当居中写明文书的名称,即"仲裁申请书"。

(2)当事人的基本情况。应当写明申请人与被申请人的基本情况,包括申请人和被申请人的姓名、性别、年龄、职业、工作单位和住所等。如果申请人或被申请人是法人或者其他组织的,应当写明法人或者其他组织的名称、住所和法定代表人或者主要负责人的姓名、职务。有委托代理人的,应写明委托代理人的姓名、工作单位等情况。

2. 正文

正文包括仲裁请求,事实和理由,证据和证据来源、证人姓名和住所。

(1)仲裁请求。仲裁请求,是指当事人请求仲裁委员会裁决争议的具体事项,是申请人通过仲裁要达到的目的。在通常情况下,仲裁请求需要写明申请人要求仲裁机构裁决被申请人履行什么义务,或者确认某种法律关系、变更某种法律关系等。叙写仲裁请求时,表述要明确、具体、合法合理。如果仲裁申请人提出多项仲裁请求,应当逐项写明。

(2)事实与理由。事实与理由是仲裁申请书的核心内容,是仲裁请求的依据。事实,是指双方当事人争议的事实,或者被申请人侵权的事实,包括当事人之间的法律关系、纠纷发生发展的过程,争议的焦点和主要内容,各方应承担的责任等。理由是在叙述事实的基础上,为支持仲裁请求,进行的进一步阐述。通常在事实陈述清楚后,应当概括地分析纠纷的性质、危害、结果及责任,以此论证提出仲裁请求的合法性和合理性。叙写事实与理由部分,应当做到叙事清楚,论证有力,逻辑严谨。

(3)证据和证据来源、证人姓名和住所。当事人申请仲裁的事实是否存在,仲裁请求能否得到支持,都需要依靠证据来证明。因此,在写明事实与理由后,应当叙写相关的证据内容。叙写证据要充分有力,具有说服力。申请人在叙写证据时,不仅需要写明证据的名称、内容和证明对象,还需要说明证据的来源和可靠程度。如果涉及证人证言,还要写明证人的姓名、住所,以便查证。当事人向仲裁委员会提供证据,应当尽可能提供证据原件,或者经仲裁委员会与原件核对无误的复印件。

3. 尾部

尾部包括致送仲裁委员会名称、申请人署名、写明日期和附项。

(1)致送仲裁委员会名称。应分两行写明"此致""××××仲裁委员会"。

(2)申请人署名。应写明申请人的姓名或者名称,申请人是法人或者其他组织的,应当加盖印章,并写明法定代表人的姓名和职务。

(3)写明日期。应写明制作仲裁申请书的日期。

(4)附项。应写明仲裁申请书副本的份数,提交证据的名称、份数。

(三)文书写作需要注意的问题

(1)仲裁请求应合法合理。仲裁申请书中叙写的仲裁请求,一定要符合法律规定,符合法理、情理。如果仲裁请求违背法律,就不会得到仲裁庭的支持。

(2) 事实叙写应客观真实。仲裁事实的叙写应当客观真实,虚假的事实不会得到仲裁庭的支持。因此,为了证明事实的客观真实性,在叙写案件事实时,还需要列举相关的证据。

(3) 理由阐述应确实充分。首先应当对仲裁请求、仲裁事实进行分析;然后有针对性地进行论证;最后引用法律作为依据。

**参考格式**

仲裁申请书

**参考范例**

仲裁申请书

### 四、仲裁答辩书

(一) 概念和作用

仲裁答辩书,是指仲裁案件的被申请人为了维护自己的合法权益,针对申请人在仲裁申请书中提出的仲裁请求以及所依据的事实和理由,作出辩解和反驳时制作的法律文书。

我国《仲裁法》第 25 条规定:仲裁委员会受理仲裁申请后,应当在仲裁规则规定的期限内将仲裁规则和仲裁员名册送达申请人,并将仲裁申请书副本和仲裁规则、仲裁员名册送达被申请人。被申请人收到仲裁申请书副本后,应当在仲裁规则规定的期限内向仲裁委员会提交答辩书。仲裁委员会收到答辩书后,应当在仲裁规则规定的期限内将答辩书副本送达申请人。被申请人未提交答辩书的,不影响仲裁程序的进行。

根据上述法律规定,答辩是被申请人享有的重要权利,被申请人提交仲裁答辩书是其行使答辩权的重要体现。仲裁答辩书的作用主要体现在以下两个方面:一是被申请人针对申请人的仲裁请求进行答复和反驳,维护自己合法权益的工具;二是仲裁机构全面了解案情,掌握双方当事人的争议焦点,依法作出公正裁决的依据。

(二) 具体写作要求

仲裁答辩书由首部、正文和尾部组成。

1. 首部

首部包括标题、被申请人(答辩人)的基本情况和案由。

(1) 标题。应当居中写明文书名称,即"仲裁答辩书"。

(2) 被申请人(答辩人)的基本情况。应当写明被申请人的姓名、性别、年龄、职业、工作单位和住所等。如果被申请人是法人或者其他组织的,应当写明法人或者其他组织的名称、住所和法定代表人或者主要负责人的姓名、职务。有委托代理人的,应写明委托代理人的姓名、工作单位等情况。

(3) 案由。应当写明答辩人进行答辩针对的具体纠纷,包括案由和案件编号,一般表述为:

答辩人就与×××之间发生的争议仲裁案〔案件编号:(××××)×仲案字第×号〕,提出答辩如下:

2. 正文

正文是文书的核心内容,主要应当写明答辩意见。叙写答辩意见应当针对仲裁申请人在仲裁申请书中提出的仲裁请求以及所依据的事实与理由,应当有理有据地进行反驳,清楚明确地表明自己的态度,并阐明具体理由。阐述答辩意见主要需要注意以下几点:

一是针对案件事实进行答辩。如果仲裁申请书中阐述的案件事实存在问题,可以从事实方面进行反驳论述,即先陈述案件事实,然后写出自己的意见。

二是针对证据进行答辩。如果仲裁申请书中认定案件事实的证据存在问题,可以从证据方面进行反驳论述,即提出相反的证据,反驳对方主张事实的虚假性,或者依据证据阐明自己行为的合法性和正确性。

三是针对法律进行答辩。如果仲裁申请书中引用法律存在问题,可以援引自己认为正确的法律作为依据,阐明相关理由。

四是针对程序进行答辩。如果仲裁申请人申请仲裁的程序存在问题,可以从程序方面进行反驳论述。例如,指出仲裁协议无效或者仲裁委员会对该争议无权管辖等。

总之,无论从哪个方面进行答辩,都应当做到答辩意见有理有据,合理合法。同时需要注意的是,在充分反驳仲裁申请书的内容后,应当写明自己对案件的主张和理由,做到有理有据。

3. 尾部

尾部包括致送仲裁委员会的名称、答辩人署名、写明日期和附项。

(1) 致送仲裁委员会的名称。应分写明"此致""××××仲裁委员会"。

(2) 答辩人署名。应当写明答辩人的姓名或者名称,答辩人是法人或者其他组织的,应当加盖印章。

(3) 写明日期。写明制作文书的年月日。

(4) 附项。应写明仲裁答辩书副本的份数,提交证据的名称、份数。

(三) 文书写作需要注意的问题

(1) 叙写答辩意见应当具有针对性,即答辩人应当针对仲裁申请书中阐述的内容进行答辩和反驳,并且答辩和反驳应当做到有理有据,具有针对性。

(2) 答辩意见应当明确具体,即不能只对仲裁申请作简单的反驳,在反驳的同时,应当列举具体的事实、证据和法律依据,以使答辩和反驳有理有据。

**参考格式**

仲裁答辩书

**参考范例**

仲裁答辩书

**五、仲裁反申请书**

（一）概念和作用

仲裁反申请书，是指仲裁机构受理申请人的仲裁申请后，被申请人就同一纠纷问题，依据同一仲裁协议，针对申请人的仲裁请求，向同一仲裁机构提出相反的仲裁请求，要求仲裁机构作出有利于自己裁决的法律文书。

在仲裁程序开始后，被申请人针对申请人的仲裁请求提出仲裁反申请是当事人的权利。仲裁反申请书的作用主要体现在以下几个方面：一是在仲裁活动中，体现了当事人仲裁地位的平等性，即申请人享有申请仲裁的权利，被申请人享有仲裁反申请的权利。二是允许当事人在仲裁活动中提出仲裁反申请，有利于纠纷一次、彻底公正的解决。三是有利于节约仲裁成本，保护双方当事人的合法利益。

（二）具体写作要求

仲裁反申请书由首部、正文和尾部组成。

1. 首部

首部包括标题和当事人的基本情况。

（1）标题。应写明文书的名称，即"仲裁反申请书"。

（2）当事人的基本情况。应当写明被申请人与申请人的基本情况，包括被申请人和申请人的姓名、性别、年龄、职业、工作单位和住所等。如果被申请人或申请人是法人或者其他组织的，应当写明法人或者其他组织的名称、住所和法定代表人或者主要负责人的姓名、职务。有委托代理人的，应写明委托代理人的姓名、工作单位等情况。

2. 正文

正文是文书的核心内容，包括仲裁反申请求、事实与理由。

(1) 仲裁反请求。仲裁反请求,是指仲裁被申请人提出的与仲裁申请人提出的仲裁请求相反的仲裁请求,目的是抵消或者吞并仲裁申请人提出的仲裁请求,即仲裁被申请人要求仲裁机构解决的具体仲裁事项。仲裁被申请人提出仲裁反请求应当明确、具体、具有针对性。如果仲裁反请求有多项,应当一并写明。

(2) 事实与理由。事实与理由,是指仲裁被申请人支持己方的仲裁反请求,反驳对方仲裁请求所根据的事实与理由。仲裁被申请人在仲裁程序中提出仲裁反请求,通常应当满足以下三个条件:基于申请人对申请仲裁的同一事实或法律关系;被申请人针对申请人提出;反请求所涉争议不同于仲裁请求所涉争议。从根本上说,仲裁反请求书是独立的仲裁申请书,仲裁反申请人不能只反驳仲裁申请人的仲裁请求,应当明确提出自己的仲裁反请求,并具体说明事实与理由。在具体阐述理由时,应当注意运用相关法律进行分析论证,以说明自己提出仲裁反请求的合法性和合理性,使仲裁机构支持自己的仲裁主张。

3. 尾部

尾部包括致送仲裁委员会名称、反申请人署名、写明日期、附项。

(1) 致送仲裁委员会名称。应分写明"此致""××××仲裁委员会"。

(2) 反申请人署名。应写明反申请人的姓名或者名称,反申请人是法人或者其他组织的,应当加盖印章,并写明法定代表人的姓名和职务。

(3) 写明日期。应写明制作文书的年月日。

(4) 附项。应写明仲裁反申请书副本的份数,提交证据的名称、份数。

(三) 文书写作需要注意的问题

(1) 事实理由部分的叙写,通常采用立论和反驳的方法,即先论述仲裁申请书论证的事实、证据具有虚假性,或者根本不可能存在,或者说明对方的主张没有法律依据,或者与法律相抵触,然后再论证自己在仲裁反申请书中论述事实的真实性和合法性。

(2) 仲裁反申请书与仲裁答辩书相比较,虽然同样具有驳辩性的特点。但是,两者之间存在明显的区别,即仲裁答辩书只是反驳仲裁申请人的主张,说明其仲裁请求不能成立,请求仲裁机构予以驳回。仲裁反申请书不仅需要反驳仲裁申请人的仲裁请求,还需要提出自己的仲裁反请求,请求仲裁机构支持自己的仲裁反请求。

(3) 仲裁反申请书与仲裁申请书相比较,也存在明显的区别,即仲裁请求是仲裁申请人在仲裁程序开始之前,向仲裁机构申请仲裁提出的,具有独立性。仲裁反请求是在仲裁程序开始后提出的,针对仲裁请求提出的,具有依附性。

> 参考格式

**仲裁反申请书**

**参考范例**

仲裁反申请书

### 六、仲裁调解书

(一) 概念和作用

仲裁调解书,是指在仲裁过程中,仲裁庭根据各方当事人的意愿,对仲裁争议进行调解,记载当事人就争议事项达成的协议时,制作的具有法律效力的法律文书。

我国《仲裁法》第51条规定:仲裁庭在作出裁决前,可以先行调解。当事人自愿调解的,仲裁庭应当调解。调解不成的,应当及时作出裁决。调解达成协议的,仲裁庭应当制作调解书或者根据协议的结果制作裁决书。调解书与裁决书具有同等法律效力。第52条规定:调解书应当写明仲裁请求和当事人协议的结果。调解书由仲裁员签名,加盖仲裁委员会印章,送达双方当事人。调解书经双方当事人签收后,即发生法律效力。在调解书签收前当事人反悔的,仲裁庭应当及时作出裁决。

根据我国《仲裁法》的规定,调解不是仲裁的必经程序,仲裁庭应当根据当事人的自愿,在合法的基础上进行调解。仲裁调解书的作用主要体现在以下两个方面:一是仲裁调解达成协议是一种结案方式,仲裁调解书是结案的依据。二是仲裁调解书是执行根据。经双方当事人签收的仲裁调解书与仲裁裁决书具有同等的法律效力,可以作为执行根据,如果一方当事人不履行调解书,另一方当事人可以据此向人民法院申请强制执行。

(二) 具体写作要求

仲裁调解书由首部、正文和尾部组成。

1. 首部

首部包括标题、文书编号和当事人的基本情况。

(1) 标题。应当写明文书制作机关名称和文书名称,即"×××仲裁委员会调解书"。

(2) 文书编号。应当写为:"(年度)×仲字第×号。"

(3) 当事人的基本情况。应当写明申请人与被申请人的基本情况,包括申请人和被申请人的姓名、性别、年龄、职业、工作单位和住所等。如果申请人或被申请人是法人或者其他组织的,应当写明法人或者其他组织的名称、住所和法定代表人或者主要负责人的姓名、职务。有委托代理人的,应当写明委托代理人的姓名、工作单位等情况。

2. 正文

正文是文书的核心内容,包括引言、当事人之间争议的事项、仲裁请求和调解结果、仲裁庭审查事项。

(1) 引言。为了表明仲裁程序的合法性,应当写明仲裁委员会受理案件的依据、仲裁庭的产生和组成情况以及仲裁庭对案件的审理情况等。

（2）当事人之间争议的事项。叙写这部分内容,对当事人之间争议的事实简要进行概括即可。

（3）仲裁请求和调解结果。这部分内容是仲裁调解书的重点,应当详细叙写。根据我国《仲裁法》的规定,仲裁调解书应当写明仲裁请求和调解结果。因此,仲裁调解书首先应当写明仲裁请求,即应当根据仲裁申请书或仲裁反申请书中当事人提出的仲裁请求叙写,叙写应当清楚、完整、明确、具体。其次,应当写明调解结果,即当事人之间达成调解协议的具体内容,并写明履行的具体期限和方式,使调解协议的内容具有可操作性。如果调解协议的内容不止一项,应当诸项分别写明。

（4）仲裁庭审查事项。应当写明仲裁庭对调解协议内容的审查情况,包括确认调解协议的内容与事实相符,不违反法律规定,不损害他人的合法权益等,并对调解协议予以确认。

3. 尾部

尾部包括仲裁调解书的生效时间、署名和盖章、写明日期、书记员署名。

（1）仲裁调解书的生效时间。应写为：

本调解书与仲裁裁决书具有同等法律效力,自双方申请人签收之日起生效。

（2）署名和盖章。应当由仲裁庭成员署名,并加盖仲裁委员会印章。由三名仲裁员组成仲裁庭的,依序写明首席仲裁员、其他两名仲裁员的姓名。由一名仲裁员组成仲裁庭的,只写其姓名即可。

（3）写明日期。应当写明制作仲裁调解书的年月日。

（4）书记员署名。

（三）文书写作需要注意的问题

（1）调解协议的内容应当与事实相符,并且符合法律规定,不得互相矛盾或者违法。

（2）对于争议事实的叙写,可以简要进行概括。但是,对于仲裁请求和协议内容一定要详细具体地进行叙写。同时,对于当事人放弃仲裁请求的内容,也应当一并写明。

（3）涉及调解依据的叙写,必须实事求是。当事人达成调解协议既可以依据法律规定,也可以依照社会情理。

## 参考格式

**仲裁调解书**

**参考范例**

仲裁调解书

### 七、仲裁裁决书

（一）概念和作用

仲裁裁决书，是指仲裁机构根据当事人的申请，依照法定的程序，对当事人之间的纠纷进行审理后，根据运用证据查明的事实，适用相关的法律规定，就实体问题作出处理时制作的具有法律效力的法律文书。

我国《仲裁法》第54条规定：裁决书应当写明仲裁请求、争议事实、裁决理由、裁决结果、仲裁费用的负担和裁决日期。当事人协议不愿写明争议事实和裁决理由的，可以不写。裁决书由仲裁员签名，加盖仲裁委员会印章。对裁决持不同意见的仲裁员，可以签名，也可以不签名。

仲裁裁决书的作用主要体现在以下两个方面：(1)仲裁裁决书是仲裁机构依法对案件作出裁决的凭证。仲裁委员会受理当事人的仲裁申请后，在查明事实的基础上，明确当事人之间的权利义务关系，确定当事人的责任，对案件作出裁决，并制作仲裁裁决书，仲裁裁决书成为仲裁委员会裁决案件的凭证。(2)仲裁裁决书是当事人申请执行的依据。由于运用仲裁的方式解决纠纷，实行一裁终局，因此仲裁裁决书一经作出即发生法律效力，非经法定程序，任何人不得随意变更。如果一方当事人不执行仲裁裁决书中确定的内容，另一方当事人有权向人民法院申请强制执行。

（二）具体写作要求

仲裁裁决书由首部、正文和尾部三部分内容组成。

1. 首部

首部包括标题、文书编号和当事人的基本情况。

(1) 标题。应当写明文书制作机关名称和文书名称，即写为："×××仲裁委员会裁决书"。

(2) 文书编号。应当写为："(年度)×仲字第×号。"

(3) 当事人的基本情况。应当写明申请人与被申请人的基本情况，包括申请人和被申请人的姓名、性别、年龄、职业、工作单位和住所等。如果申请人或被申请人是法人或者其他组织的，应当写明法人或者其他组织的名称、住所和法定代表人或者主要负责人的姓名、职务。有委托代理人的，应写明委托代理人的姓名、工作单位等情况。

2. 正文

正文是文书的核心内容，应当写明引言、仲裁请求、争议事实、裁决理由、裁决结果几部分内容。

(1) 引言。为了表明仲裁程序的合法性,应当写明仲裁委员会受理案件的依据,仲裁庭的产生和组成情况,以及仲裁庭对案件的审理情况等。

(2) 仲裁请求。仲裁请求,是指当事人向仲裁机构申请仲裁请求解决的具体问题。仲裁裁决书应当根据仲裁申请书或仲裁反申请书中当事人提出的请求事项,将当事人提出的仲裁请求叙写清楚,为仲裁裁决的作出奠定基础。仲裁请求的叙写,应当做到清楚、完整、明确、具体。

(3) 争议事实。当事人向仲裁委员会申请仲裁,权利义务关系必定存在争议。仲裁裁决主要围绕当事人之间的争议进行,因此应当首先将当事人之间争议的事实叙写清楚。这部分内容的叙写,不应当是仲裁申请书、仲裁答辩书中内容的简单重复,应当进行归纳和总结,以将当事人之间的争执焦点叙写清楚为宜。

(4) 裁决理由。仲裁委员会在依据证据查明当事人之间争议事实的基础上,应当依据事实和法律,将裁决理由叙写清楚,为裁决结果的作出奠定基础。在具体阐述仲裁裁决理由时,应当具有针对性,即针对当事人的争议焦点和仲裁请求,摆事实、讲道理,说明当事人提出的哪些主张和请求是合法的应当予以支持,哪些主张和请求是不合法的,不应当予以支持,对当事人的每个主张都应明确地表明态度,分清责任,明辨是非。具体叙写时,需要注意以下几点:

一是围绕当事人的仲裁请求、主张或意见阐述理由。应当认真分析当事人的请求、主张或意见是否合理合法,有针对性地发表意见,做到有的放矢,使论述的理由充分有力。

二是围绕当事人之间的法律关系或行为效力阐述理由。说明当事人之间存在何种法律关系,行为效力如何。具体论述时,应当明确具体,不能含混不清、似是而非。

三是围绕法律适用阐述理由。在仲裁案件处理时,如果当事人对适用法律存在争议,仲裁裁决书的理由部分,就应当围绕法律适用具体阐述理由,阐述清楚为什么应当适用此项法律规定而不适用彼项法律规定,具体理由是什么使当事人心服口服,欣然接受裁决结果。

(5) 裁决结果。裁决结果是对案件实体问题作出的处理决定,是仲裁庭依据证据查明事实,适用相关法律规定,针对申请人的仲裁请求和当事人争议的事实作出的仲裁裁决。裁决结果的作出,应当在明确当事人之间法律关系的基础上,依法确定当事人之间的权利义务关系,明确责任的承担、履行责任的期限和履行责任的方式等。这部分内容的表述,要做到清楚、具体、明确、避免发生歧义,影响执行,并且裁决结果不应当超过当事人的请求范围。

3. 尾部

尾部包括仲裁费用的负担、仲裁裁决书的生效时间、仲裁庭成员署名与盖章、写明日期、书记员署名。

(1) 仲裁费用的负担。应当具体写明仲裁费用的数额及分担情况。

(2) 仲裁裁决书的生效时间。一般表述为:"本裁决为终局裁决,自作出之日起发生法律效力。"

(3) 仲裁庭成员署名与盖章。仲裁裁决书应当由仲裁庭成员署名,并加盖仲裁委员会印章。由三名仲裁员组成仲裁庭的,应当依次写明首席仲裁员、其他两名仲裁员的姓名。由一名仲裁员组成仲裁庭的,只写其姓名即可。对仲裁裁决持有不同意见的仲裁员,在仲裁书上可以签名,也可以不签名。

(4) 写明日期。应当写明制作仲裁裁决书的年月日。

(5) 书记员署名。

## (三)文书写作需要注意的问题

(1)仲裁裁决书的引言部分,应当写明受理案件的依据,即当事人之间签订有仲裁协议,并且一方当事人依据仲裁协议向仲裁委员会提出仲裁申请。

(2)根据我国《仲裁法》的规定,通常情况下仲裁裁决书应当写明当事人之间争议的事实和仲裁理由。但是,如果当事人不愿意写明当事人之间争议的事实和理由,也可以不写。

(3)涉及仲裁结果,必须针对双方当事人的请求事项作出裁决,不能超出仲裁请求,仲裁裁决结果有多项的,应当分项叙写。仲裁裁决结果的表述应当明确、具体,以便于当事人执行。

(4)仲裁裁决书的文字表达,应当做到语言庄重、清楚明确、有理有据。

**参考格式**

仲裁裁决书

**参考范例**

仲裁裁决书

# 第二节 公证法律文书

## 一、概述

(一)公证法律文书的概念和特点

公证,是指公证机构根据自然人、法人或者其他组织的申请,依照法定程序对民事法律行为、有法律意义的事实和文书的真实性、合法性予以证明的活动。

公证法律文书有广义和狭义之分。广义的公证法律文书,是指公证机构依法制作的各类法律文书的总称。包括公证书、公证决定书、公证申请表、公证受理通知书、公证告知书、公证送达回证、公证谈话笔录等。狭义的公证法律文书,是指公证机构出具的各类公证书,即公证机构根据当事人的申请、依据事实和法律,按照法定程序和格式出具的证明民事法律行为、有法律意义的事实和文书真实、合法的证明文书。本节主要介绍的是狭义的公证法律文书。公证法律文书主要具有以下特点：

（1）制作主体的特定性。我国《公证法》规定，公证机构是依法设立，不以营利为目的，依法独立行使公证职能、承担民事责任的证明机构，公证书只能由公证机构制作。

（2）制作规范的明确性。公证法律文书是具有法律效力或者法律意义的文书，应当严格按照法定程序、格式的要求制作。为了保证公证法律文书的质量，我国《公证法》对各类公证书出具的条件作出了明确的规定，司法部亦专门制定了《公证程序规则》，用来规范公证办证程序。为了保证公证法律文书的规范性，司法部先后颁布了《要素式公证书格式》和《定式公证书格式》，要求各公证机构必须严格依据格式规定制作各类公证书，不得随意更改出具的公证法律文书，以保证公证法律文书的权威性和严肃性。

（3）制作内容的合法性。根据法律规定，公证机构出具公证法律文书应当遵循"真实、合法"的原则。公证机构受理公证申请后，公证人员应当依法根据办证规则，对不同的公证事项进行审查，包括当事人的意思表示是否真实，申请公证的文书内容是否完备、含义是否清晰，签名、印鉴是否齐全，提供的证明材料是否真实、合法、充分，申请公证的事项是否真实、合法等。经过审查后，对于符合要求的，予以出具公证书；对于不符合要求的，可以要求当事人作出说明或者补充证明材料；如果经过当事人作出说明或者补充证明材料后，仍然不符合要求的，应当拒绝出具公证书。公证机构依法只为真实、合法的公证事项出具公证书。

（二）公证法律文书的种类和作用

公证法律文书依据不同的标准，可以进行不同的分类：

（1）根据公证证明对象的不同，可以分为法律行为类公证书、有法律意义的事实和文书类公证书、认证类公证书三类。其中，法律行为类公证书，是指为证明公证申请人具有从事所为行为的资格和相应的民事行为能力，意思表示真实，行为内容和形式合法而制作的公证书，包括各类合同、协议、委托、声明、招标、投标、拍卖、贷款、抵押、股票发行、保全证据、继承、收养、遗嘱、赠与等公证。有法律意义的事实和文书类公证书，是指为证明申请人与申请的公证事项具有利害关系，所证事实或文书真实无误，事实或者文书的内容和形式合法而制作的公证书，包括意外事件、空难、海难、出生、生存、死亡、亲属关系、国籍、法人资格证书、公司章程、存款证明、毕业证书、学位证书、成绩单、结婚证书、离婚证书等公证。认证类公证书，是指为证明文书上的签字、印鉴、日期真实无误；文书的副本、影印本、译本等文本内容与原本相符而制作的公证书。

（2）根据申请主体和使用地的不同，分为国内经济公证书、国内民事公证书、涉外公证书、涉港澳台公证书四类。其中，在国内公证中，公证申请主体为法人或者其他组织的，公证机构依法制作的公证书为国内经济公证书。包括合同、抽奖、招投标、拍卖、证据保全公证等。公证机关依法对民事法律规范调整的平等主体之间，因财产关系或人身关系形成的具体的民事权利义务关系进行公证，以确认其民事权利义务关系的真实性、合法性制作的公证书为国内民事公证书，包括遗嘱、继承、收养、赠与、民事协议类公证等。凡是在我国大陆使用的公证书均为国内公证书，因在我国港澳台地区使用的公证书具有特殊性，专设一类。在我国领域外使用的公证书为涉外公证书。涉外民事类公证包括学历、学位、成绩、未受刑事处分、婚姻状况、出生等；涉外经济类公证包括公司章程、法人委托、完税证明等。

（3）根据证词格式的不同，可以分要素式公证书和定式公证书两类。为了进一步完善公证制度，增强公证的公信力，自2009年7月1日起，司法部在全国范围内推行继承类、强制执行类要素式公证书和法律意见书格式。目前,已有六大类公证书采用了要素式公证书格式。要素式公证书的内容包括必备要素和选择要素两部分。定式公证书,是指具有固定格式的公证书。原定式公证书格式是1992年制定的,为规范公证活动,保证公证质量,司法部于2011年颁布了新的《定式公证书格式》,共计35种,涉及人身状况、婚姻状况、亲属关系、学历、经历、职务(职称)、未受刑事处罚等。

公证法律文书的作用主要体现在以下几个方面:

(1)法律行为生效的作用。如果根据法律规定或者当事人的约定,某项法律行为必须经过公证才能生效,那么公证就是该项法律行为生效的条件。如果根据法律规定或者当事人的约定,某项法律行为必须经过公证才能生效,该项法律行为如果没有经过公证,就不能产生相应的法律效力。公证法律文书是公证的凭证,在确保法律行为生效上具有重要的作用。

(2)证明的作用。作为独立行使证明权的机构,公证机构出具的公证书不仅可以预防纠纷,减少诉讼,而且还具有证明的作用。在诉讼过程中,法官认定案件事实,公证书是强有力的证据。另外,根据国际条约、惯例和双边协议,我国公证机构出具的公证书具有在其他国家予以认可和使用的法律效力。

(3)公证债权文书强制执行的作用。经过公证的债权文书具有强制执行的效力,是建立在公证证明作用的基础上。根据法律规定,公证机构根据当事人的申请,依照法定程序赋予强制执行效力的债权文书,债务人不履行或者履行债务不适当时,债权人可以不再经过诉讼程序,直接向有管辖权的人民法院申请强制执行。在这种情况下,公证书是债权人申请强制执行的根据,也人民法院依法采取强制执行措施的依据。

## 二、公证书

(一)概念和作用

公证书,是指公证机构根据自然人、法人和其他组织的申请,依照法定程序,对民事法律行为、有法律意义的事实和文书的真实性、合法性予以证明,制作的具有特殊法律效力的证明文书。

公证书是公证证明的法律凭证,具有保证法律行为生效的作用、赋予公证债权文书强制执行的作用和证明的作用,根据法律规定,在诉讼中,经过公证证明的文书,除非有充分的证据予以推翻,否则该公证书会被法庭采纳,起到诉讼证明的作用。

(二)具体写作要求

公证书由首部、正文和尾部组成。

1. 首部

首部包括标题、文书编号、当事人的基本情况和公证事项。

(1)标题。应当写明"公证书"。

(2)文书编号。文书编号由年度编号、公证处及公证类别代码、公证书序号编码组成。例如,北京市长安公证处2017年11月办理的第1345号国内民事公证,文书编号应当写为:(2017)京长安内民证字第1345号。

叙写文书编号需要注意以下几个问题:一是文书编号应当写在公证书正文的右上方;二是公证类别代码分为国内民事、国内经济、涉外民事、涉外经济、涉港澳、涉台等公证事项;三是序号编码应当以年度为单位编排,同一公证处在同一年度办理的同类公证的序号编码应当连续,不得有断号和重号。

(3) 当事人的基本情况。应当写明公证申请人、关系人、代理人的基本情况。

(4) 公证事项。应当写明公证事项的简称。例如,委托公证、合同公证等。

通常情况下,大都只有要素式公证书需要写明当事人的基本情况和公证事项。

2. 正文

正文是公证书的核心内容,应当写明公证证词。根据司法部公证书格式的规定,公证书分为定式公证书和要素式公证书,两种公证书首部和尾部内容区别不大,但是正文部分内容明显不同。

(1) 定式公证书的正文。所谓定式公证书,也可称为填空式公证书,是指文书正文内容已经事先固定,形成了一成不变的文书模板,文书制作者只需要将格式中空缺的内容填写清楚即可。这种公证书正文部分的内容比较简洁,在文书制作过程中,将需要填写清楚的内容填写完毕,文书制作即告完成。

(2) 要素式公证书的正文。要素式公证书的正文与定式公证书完全不同,包括选择性要素和必备性要素。必备性要素是公证书证词中必须具备的内容,选择性要素则根据公证事项的实际需求酌情撰写。

3. 尾部

尾部包括写明公证机构全称、承办公证员签名或盖章、写明出证日期、加盖公证机构印章。需要注意的是,部分涉外和涉港、澳、台的公证书,还需要粘贴公证申请人的照片。

(三) 文书写作需要注意的问题

(1) 公证书应当按照司法部规定或批准的格式和要求制作,根据规定,公证书为 16 开大小,由封面、主要内容、封底组成。封面上部居中为"公证书"三个字,使用初号宋体字,下部居中为公证处全称,使用二号宋体字。证词部分则使用三号宋体字。

(2) 公证书应当使用全国通用的语言文字制作。在民族自治地方,根据当事人的要求,可以同时制作当地通用的民族文字文本。两种不同文字文本的公证书具有同等法律效力。发往香港、澳门、台湾地区使用的公证书,应当使用全国通用的语言文字制作。发往国外使用的公证书,也应当使用全国通用的语言文字制作。根据需要和当事人的要求,公证书可以附外文译文。

**参考格式**

×××公证书

### 三、几种常用公证书的具体写作

（一）合同公证书

1. 概念和作用

合同公证书，是指公证机构根据当事人的申请，依照法定程序，证明当事人之间签订合同行为的真实性、合法性时制作的法律文书。

对当事人之间签订的合同进行公证，是公证机构的主要业务。合同公证书的出具，不仅有利于预防、减少诉讼，而且有利于保护合同当事人的合法权益。

2. 具体写作要求

合同公证书由首部、正文和尾部组成。

（1）首部。首部包括标题、文书编号、申请人的基本情况、公证事项。叙写这部分内容需要注意以下问题：

一是申请人是签订合同的当事人。如果申请人是自然人的，应当写明申请人的姓名、性别、年龄、工作单位、家庭住址等情况。如果申请人是法人或者非法人组织的，应当写明法人或者非法人组织的全称、地址、法定代表人或主要负责人的姓名和职务。申请人有数个时，应当一并申请。

二是公证事项应当写为："×××合同"，即包括合同的名称和类别。例如，承包合同、租赁合同、借款合同等。

（2）正文。正文是文书的核心内容，应当写明公证证词。证词的内容包括必备要素和选择要素。

其中，必备要素包括公证处审查（查明）的事实和公证结论。叙写这部分内容需要注意以下两点：一是公证处审查（查明）的事实。包括当事人的身份、资格以及签订合同的民事权利能力和民事行为能力；代理人的身份及代理权限；担保人的身份、资格及担保能力；当事人签订合同的意思表示是否真实，是否对合同的主要条款取得了一致意见；合同条款书是否完备，内容是否明确、具体；是否履行了法律规定的批准或许可手续。如果不需要经过批准或许可的，不写此项内容。二是公证结论。包括当事人签订合同行为的合法性；合同内容的合法性；当事人在合同上签字、盖章的真实性等。

选择性要素主要包括以下内容：一是合同标的物的权属情况及相关权利人的意思表示。标的物的权属情况，是指所有权、使用权、担保物权、专有权、专用权等。相关权利人包括与合同标的物有关的共有权人、所有权人、使用权人、担保权人等。涉及转让、承包或租赁合同标的物时，应当按照法律规定征得相关权利人同意或认可。二是当事人对合同内容的重要解释或说明。三是当事人是否了解合同的全部内容。四是合同生效日期及条件等。如果法律规定合同须经登记或批准方能生效的，公证书中应予以注明。五是公证员认为需要说明的其他事实或情节。六是有附件的，应当在公证词中列明附件的名称、顺序号。

（3）尾部。尾部包括写明公证机构全称、承办公证员签名或盖章、写明出证日期、加盖公证机构印章等内容。

3. 文书写作需要注意的问题

公证机构在办理合同公证时，应当对签订合同的当事人主体资格和合同内容进行认真的审核，以防止合同履行产生争议。

## 参考格式

**合同公证书**

（二）继承权公证书

1. 概念和作用

继承权公证书，是指公证机构根据当事人的申请，依照法定程序，证明申请人对被继承人的遗产享有继承权，继承人的继承活动真实、合法时制作的法律文书。

继承依法分为法定继承和遗嘱继承两大类。办理继承权公证，有利于有效的预防纠纷，维护继承人的合法权益。

2. 具体写作要求

继承权公证书由首部、正文和尾部组成。

（1）首部。首部包括标题、文书编号、申请人和被继承人的基本情况、公证事项。其中，涉及申请人，应当写明所有继承人的基本情况。涉及被继承人，应当详细写明被继承人的基本情况。涉及公证事项，应当写为："继承权"。

（2）正文。正文是文书的核心内容，应当写明公证证词，包括必备要素和选择要素。

其中，必备要素主要包括以下内容，即继承人姓名、申请日期、申请事项；当事人提供的证明材料；公证机构向当事人告知继承权公证的法律意义和可能产生的法律后果；公证机构查明（审查核实）的事实；公证结论。叙写必备要素内容，需要注意以下两点：

一是公证机构查明的事实。公证机构查明（审查核实）的事实包括被继承人的死亡时间、地点；继承人申请继承被继承人的遗产的情况；被继承人生前是否立有遗嘱、遗赠抚养协议；被继承人的全体继承人中，有无死亡的；继承人与被继承人的亲属关系；有无代位继承情况及其他继承人；继承人中有无丧失继承权的情况、有无放弃继承权的情况。

二是公证结论。公证结论包括法律事实与理由；被继承人遗留的个人财产为合法财产；被继承人的合法继承人；被继承人的遗产由何人继承、如何继承。

涉及选择要素，主要包括以下内容：一是被继承人死亡的原因。二是继承人提供的主要证据材料的真实性、合法性。三是适用遗嘱继承的，当事人是否了解遗嘱的内容；公证机构经向所有继承人核实，用于遗嘱继承的遗嘱为被继承人所立的最后一份有效遗嘱。四是对遗嘱见证人、执行人、遗产的使用人、保管人等事项的说明。五是根据遗嘱信托办理继承公证的，应当根据遗嘱的内容，列明受托人应当承担的义务；根据《公司法》《保险法》《合伙企业法》《个人独资企业法》等有关继承的特别法的规定办理继承权公证的，应当写明特别法的具体体适用。六是被继承人生前未缴纳的税款和债务情况，继承人对此作出的意思表示。七是公证员认为需要告知的有关继承的其他法律规定。八是公证员认为需要说明的其他事实或情节。

（3）尾部。尾部包括写明公证机构全称、承办公证员签名或盖章、写明出证日期、加盖公证机构印章等内容。

3. 文书写作需要注意的问题

办理继承权公证需要注意以下几个问题：一是对亲属关系证明，公证机构应当向出具证明材料的单位核实。二是继承财产涉及不动产的，公证机构应当到不动产登记部门查询是否存在查封、抵押、扣押等限制处分的情形。三是涉及不动产的继承，应当由不动产所在地的公证机构受理。

**参考格式**

**继承权公证书**

（三）遗嘱公证书

1. 概念和作用

遗嘱公证书，是指公证机构根据当事人的申请，依照法定程序，证明被继承人所立遗嘱真实和合法时制作的法律文书。

遗嘱，是指遗嘱人生前在法律允许的范围内，按照法律规定的方式，对其遗产或其他事务所作的个人处分，并于遗嘱人死亡时发生效力的法律行为。遗嘱属于单方法律行为，是基于当事人一方意思表示即可成立的法律行为。遗嘱公证属于单方法律行为证明公证，遗嘱公证书是遗嘱继承人享有继承权的法律凭证。

2. 具体写作要求

遗嘱公证书包括首部、正文和尾部。

（1）首部。包括标题、文书编号、申请人的基本情况、公证事项。其中，标题应当写为："公证书"。文书编号由公证机构根据本处编号规则确定，不得有重号。涉及申请人的基本情况，如果设立共同遗嘱的，立遗嘱人均应当列为申请人。公证事项应当写明："遗嘱"。

（2）正文。正文是文书的核心内容，包括遗嘱行为真实性和合法性的证明。对遗嘱行为真实性的证明，包括单方法律行为发生的时间、地点、行为的内容及表现形式、签署形式；行为人对行为的法律意义和法律后果的了解程度等内容。叙写这部分内容，如果有公证机构其他公证人员或者见证人在场，应当据实表述。如果申请人申请办理公证时，提交了已经签署的书面遗嘱，且未作修改，公证书中可表述为："×××（申请人）在本公证员面前确认，前面的遗嘱是其真实的意思表示，遗嘱上的签名（印鉴）是×××（申请人）本人所为。"涉及对单方法律行为合法性的证明，应当写明相关的法律依据。

（3）尾部。尾部包括写明公证机构全称、承办公证员签名或盖章、写明出证日期、加盖公证机构印章等内容。

3. 文书写作需要注意的问题

遗嘱是立遗嘱人单方的法律行为，应当由立遗嘱人亲自到公证处办理。无民事行为能力人不能立遗嘱;限制民事行为能力人必须经法定代理人同意,并与其能力相适应的情况下,所立的遗嘱才有效。公证机关在办理公证时,应当对遗嘱人的遗嘱内容保密。

**参考格式**

遗嘱公证书

(四) 委托公证书

1. 概念和作用

委托公证书,是指公证机构根据当事人的申请,依照法定程序,证明当事人委托授权他人以自己的名义实施某种法律行为的意思表示真实、合法时制作的法律文书。

公证处办理委托公证的方式有两种,即委托书公证和委托合同公证。委托书公证,是指公证机构根据当事人的申请,依法证明委托人授权他人以自己的名义实施某种法律行为的意思表示的真实性、合法性的活动。委托合同公证,是指公证机构依法证明委托人与受托人之间签订委托合同的真实性、合法性的活动。委托合同公证的当事人是委托人和受托人,委托合同是双方的意思表示。本文所说的委托公证指的是第一种情形。因此,委托公证书是单方委托行为的证明,是被委托人取得委托权、实施委托行为的合法凭证。

2. 具体写作要求

委托公证书由首部、正文和尾部组成。

(1) 首部。首部包括标题、文书编号、申请人的基本情况、公证事项。叙写这部分内容需要注意以下几个问题:一是标题应当写为:"公证书"。二是文书编号,由公证机构根据本处编号规则确定,不得有重号。三是申请人的基本情况。如果申请人是自然人的,应当写明申请人的信息包括:姓名、性别、身份证号码、住址、联系方式等。如果申请人是法人或者非法人组织的,应当写明法人或者非法人组织的名称、地址、法定代表人或者主要负责人的姓名、性别、职务等。如果委托代理人代办公证事项的,应当写明代理人的姓名、性别等。四是公证事项。应当写明:"委托"。

(2) 正文。正文是文书的核心内容,主要应当写明证明委托行为真实性、合法性的情况。委托行为真实性的证明,应当写明单方法律行为发生的时间、地点、行为的内容及表现形式、签署形式,行为人对行为的法律意义和法律后果了解的程度等。委托行为合法性的证明,应当写明相关的法律依据。

(3) 尾部。尾部包括写明公证机构全称、承办公证员签名或盖章、写明出证日期、加盖公证机构印章等内容。

3. 文书写作需要注意的问题

办理委托公证需要注意以下几个问题:一是委托是与人身有密切联系的法律行为,应当由委托人亲自到公证处办理公证,不得委托他人代为办理。二是委托行为必须是委托人的真实意思表示,委托内容应当真实、合法。三是委托书是委托人的单方意思表示,只有在受托人表示接受委托时才能生效。

**参考格式**

委托公证书

**思考题**

1. 简述仲裁法律文书的概念、特点和作用。
2. 简述仲裁协议书的概念和作用。
3. 仲裁申请书的正文需要写明哪些内容?
4. 简述仲裁答辩书的概念和作用。
5. 简述仲裁裁决书的概念和作用。
6. 简述公证法律文书的概念、特点和作用。
7. 仲裁裁决书的正文主要应当写明哪些内容?
8. 简述公证书的概念和作用。
9. 简述遗嘱公证书的正文应当写明的内容。

# 第十一章

# 笔 录

**【学习目的与要求】** 通过本章学习,要求学习者在全面了解笔录的概念、特点、作用和种类的基础上,具体了解和掌握几种常用笔录的概念、作用、具体写作要求和文书写作需要注意的问题,并达到结合司法实践,能写会用的要求。

## 第一节 概 述

### 一、笔录的概念和特点

在法律活动中,凡是以实录的性质记录的文字材料,均可被统称为笔录。笔录是一类重要的法律文书,在各种诉讼和非诉讼法律活动中,笔录的用途非常广泛,具有重要的作用。笔录主要具有以下几个特点:

(1) 客观性。笔录是以文字的形式对各种法律活动所作的忠实记录,笔录的内容必须客观、真实。笔录的制作者应当客观、全面、实事求是地记录法律活动的全部过程,不能擅自取舍、删改,更不能弄虚作假、生搬硬造。只有客观地记录案件真实情况的笔录,在法律上才能起到应有的作用。否则,笔录将失去存在的法律价值。

(2) 合法性。依法制作的笔录才具有法律效力或者法律意义,在法律活动中才能起到应有的作用。为了保证笔录文书制作的合法性,我国法律对笔录的制作主体、制作程序和笔录的形式都作出了明确的规定,笔录的制作者应当在法律规定的范围内,依法履行职责,按照法律规定的程序,制作符合法律规定的笔录文书,使笔录文书在各种法律活动中真正发挥作用。

(3) 准确性。笔录往往是在特定的时间、特定的场所、特定的人在场的情况下,当场形成的法律活动文字记载材料。笔录文书一旦形成,需要按照法定的程序,履行相应的法律手续。例如,记录人要签字,被询问人、被讯问人要签字,在场的特定人也要签字,这是法律规定必须履行的手续。手续完备的笔录文书,才具有法律效力或者法律意义。而且,根据法律规定,笔录文书一旦形成,非经法定程序,任何人不能对笔录文书的内容进行更改,更不能伪造、变造笔录文书的内容。否则,不仅经修改、篡改的笔录文书会失去法律价值,相关人员也需要承担相应的法律责任。因此,文书制作者应当准确地记载文书内容,以保证笔录文书的客观性和时效性。

## 二、笔录的作用和种类

笔录文书忠实地记载了各种诉讼活动和非诉讼活动的实际情况,能够证明某一事实的客观存在,在法律实践中具有重要的作用。笔录的作用主要体现在以下几个方面:

(1) 各项法律活动的真实记录。在各类诉讼活动和非诉讼活动中,笔录文书的用途非常广泛。以诉讼活动为例,为了查明案情,进行必要的调查走访,需要制作调查笔录;讯问犯罪嫌疑人,需要制作讯问笔录;记录法庭开庭审理的全部过程,需要制作法庭审理笔录等。笔录文书的适用贯穿于法律活动的始终,真实的记载了法律活动的全部过程。符合法定条件要求的笔录,不仅是证明案件事实的证据,而且是复查案件的依据。

(2) 查明案件事实的可靠依据。在法律实践中,无论是诉讼活动还是非诉讼活动,都应当以事实为根据,以法律为准绳,案件事实是法律活动的基础。以诉讼活动为例,无论是公安机关的侦查、预审,检察机关的批捕、提起公诉和法律监督,还是法院审判职能的行使,都离不开笔录的具体运用,笔录既是记录案件真实情况的可靠依据,也是确定案件事实的有力证据。真实合法的笔录,有利于确定、查明案件事实,保证法律活动的顺利进行。

(3) 进行法律活动的重要工具。由于笔录在法律活动中具有重要作用,我国法律对笔录文书的制作作出了明确的规定,包括笔录的名称、笔录的内容、笔录的形式等。根据法律规定,符合法定程序,经有关人员签名盖章的笔录,具有法定的证据效力。笔录应当立卷归档,依法固定保存的笔录,对分析案情、核实证据、审核复查案件具有重要的作用。同时,笔录文书也是总结法律活动经验、指导法律活动进行的重要参考资料。因此,笔录是进行法律活动的重要工具。

笔录类文书的适用范围非常广泛,按照不同的标准可以进行不同的分类。按照制作主体的不同,笔录可以分为公安机关笔录、检察机关笔录、法院笔录、监狱笔录、仲裁笔录、公证笔录、律师笔录等。按照性质的不同,可以分为诉讼笔录和非诉讼笔录。诉讼笔录又可以分为刑事诉讼笔录、民事诉讼笔录和行政诉讼笔录。

在各项法律活动中,大多涉及笔录文书的具体运用。以民事诉讼为例,包括口头起诉笔录、现场勘验笔录、调查笔录、调解笔录、法庭审理笔录、合议庭评议笔录、审判委员会讨论案件笔录、宣判笔录、执行笔录、查封扣押财产笔录等,涉及范围非常广泛。本章主要介绍几种常用的笔录,即现场勘查笔录、询问笔录、讯问笔录、法庭审理笔录、合议庭评议笔录。

# 第二节　现场勘查笔录

## 一、概念和作用

现场勘查笔录,又称现场勘验笔录,是指办案人员全面记录发案现场及相关场所的勘验、检查情况,以及依法搜集、提取证据等事项时制作的法律文书。

《刑事诉讼法》第128条规定:侦查人员对于与犯罪有关的场所、物品、人身、尸体应当进行勘验或者检查。在必要的时候,可以指派或者聘请具有专门知识的人,在侦查人员的主持下进行勘验、检查。第133条规定:勘验、检查的情况应当写成笔录,由参加勘验、检查的人和见证人签名或者盖章。

现场勘查笔录不仅是收集罪证、发现犯罪线索的依据,而且是甄别犯罪嫌疑人口供,证实犯罪分子犯罪事实的有力证据。

**二、具体写作要求**

现场勘查笔录由首部、正文和尾部组成。

（一）首部

首部包括标题、时间、地点、勘查人的基本情况、勘查对象、当事人的基本情况、见证人的基本情况。

（1）标题。应当写明文书制作机关名称和文书名称，即写为："×××公安局""现场勘验笔录"。

（2）时间。应当具体写明勘查现场开始和结束的年月日时分，即写为：××××年××月××日××时××分至××××年××月××日××时××分。

（3）地点。应当准确、具体的写明勘查现场的地点。

（4）勘查人的基本情况。应当写明勘查人的姓名和工作单位。

（5）勘查对象。应当具体写明检查的对象。

（6）当事人、辨认人的基本情况。应当写明当事人、辨认人的姓名、性别、身份证件种类和号码。

（7）见证人的基本情况。应当写明见证人的姓名、性别、身份证件种类和号码。

（二）正文

正文是文书的核心内容，包括事由和目的、勘查过程和勘查结果。

1. 事由和目的

事由，是指案件的缘由。目的，是指根据自身的需要，借助意识、观念的中介作用，预先设想的行为目标和结果。例如，写为："记录现场情况，固定证据。"

2. 勘验过程

勘验过程应当写明现场概况，勘验情况。

（1）现场概况。应当写明勘验现场的地点、位置、周围环境，以及现场中心处所、有关场所变动、变化的情况。现场的地点，应当尽量写得明确、具体。现场的位置，应当写清需要勘验的现场所处的具体位置。周围环境，通常需要写明勘验现场的周边情况。例如，如果勘验现场处于临街室内，应当写明所临街道、马路的名称，毗邻的建筑物或者院落等。如果勘验现场处于荒郊野外，应当写明现场的方位、周边的环境、离村庄或者城镇的距离，以及交通状况等。现场中心处所是犯罪分子实施犯罪的主要场所，应当是犯罪分子在勘验现场中的位置。如果现场有变动、变化的情况，应当具体写明变动、变化的原因和具体情况。

（2）勘验情况。这是勘验笔录的核心内容，应当认真填写。现场勘验应当根据案件的具体情况，首先划定勘查范围，包括发生犯罪事件的地点、遗留的与犯罪事件有关的痕迹、物品的处所等，然后确定勘查顺序。勘查顺序可以沿着犯罪分子进出现场的路线进行，也可以由中心向外围或者由外围向中心进行，有时还可以分片分段，或者沿着地形、地物界线进行。确定了勘查范围和勘查顺序后，应当进行现场照相。拍照顺序应当是，先拍方位照片、全貌照片，然后随着勘查工作的开展，再拍中心照片和细目照片。

在勘查方式上，可以采取静的勘查和动的勘查两种方式。所谓静的勘查，是指观察勘验现场由于犯罪行为引起的变化情况，包括各种物体和痕迹所处的位置、状态及其相互关系。例如，如果犯罪现场在室内，需要观察门窗、入口通道、钥匙等有无损坏情况；室内家具、物件是否有翻动情况;室内有无打斗、挣扎的痕迹;犯罪嫌疑人在现场留下的物品和痕迹等。在采取静的勘查方式勘查现场时需要注意,不能轻易地触及任何物体、痕迹或改变其位置。所谓动的勘查,是指在不破坏痕迹的原则下,对怀疑与事件有关的痕迹或物品逐个进行勘验和检查,必要时可以翻转移动物品,也可以放在不同的光照角度下进行观察,或者采用各种技术方法进一步发现痕迹和细微物证,以研究各个痕迹形成的原因和各种物证的状态,以及它们与犯罪行为的关系。在动的勘查过程中,对有证据价值的痕迹、物品必须进行比例照相,并把痕迹、物品在周围环境中的位置拍摄下来。从两者之间的关系看,静的勘查和动的勘查是勘查每个或每一组痕迹、物品时互相联系的先后两个步骤,不是对整个现场进行勘查的两个截然分开的阶段。

3. 勘验结果

勘验结果应当写明发现和提取物证的情况,发现和提取痕迹的情况,照相、录像的内容和数量,绘图的种类和数量等。

(1) 发现和提取物证的情况。应当根据物证的不同特点,分别写明物品的名称、品质、重量、尺寸、体积、标识等。

(2) 发现和提取痕迹的情况。应当根据不同痕迹的特点,分别写明痕迹的名称、位置、形状、数量、面积、距离、特征等情况。

(3) 照相、录像的内容和数量,绘图的种类和数量。这部分内容应当详细记录。

(三) 尾部

应当由勘验人、当事人、见证人、记录人分别签名或者盖章,并写明年月日。

### 三、文书写作需要注意的问题

(1) 公安机关对案件现场进行勘查不得少于二人。勘查现场时,应当邀请与案件无关的公民作为见证人。

(2) 为了确定被害人、犯罪嫌疑人的某些特征、伤害情况或者生理状态,可以对人身进行检查,提取指纹信息,采集血液、尿液等生物样本。被害人死亡的,应当通过被害人近亲属辨认、提取生物样本鉴定等方式确定被害人身份。

(3) 为了确定死因,经县级以上公安机关负责人批准,可以解剖尸体,并且通知死者家属到场,让其在解剖尸体通知书上签名。死者家属无正当理由拒不到场或者拒绝签名的,侦查人员应当在解剖尸体通知书上注明。对身份不明的尸体,无法通知死者家属的,应当在笔录中注明。

**参考格式**

**现场勘查笔录**

> **参考范例**
>
> 现场勘查笔录
>
>

# 第三节 询问笔录

## 一、概念和作用

询问笔录,是指司法机关办案人员为了查明案情,核实相关证据,依法向了解案件情况的人进行调查、询问时制作的法律文书。

《刑事诉讼法》第52条规定:审判人员、检察人员、侦查人员必须依照法定程序,收集能够证实犯罪嫌疑人、被告人有罪或者无罪、犯罪情节轻重的各种证据。严禁刑讯逼供和以威胁、引诱、欺骗以及其他非法方法收集证据,不得强迫任何人证实自己有罪。必须保证一切与案件有关或者了解案情的公民,有客观地充分地提供证据的条件,除特殊情况外,可以吸收他们协助调查。第54条第1款规定:人民法院、人民检察院和公安机关有权向有关单位和个人收集、调取证据。有关单位和个人应当如实提供证据。

《民事诉讼法》第64条规定:当事人对自己提出的主张,有责任提供证据。当事人及其诉讼代理人因客观原因不能自行收集的证据,或者人民法院认为审理案件需要的证据,人民法院应当调查收集。人民法院应当按照法定程序,全面地、客观地审查核实证据。

《行政诉讼法》第40条规定:人民法院有权向有关行政机关以及其他组织、公民调取证据。但是,不得为证明行政行为的合法性调取被告作出行政行为时未收集的证据。第41条规定:与本案有关的下列证据,原告或者第三人不能自行收集的,可以申请人民法院调取:(1)由国家机关保存而须由人民法院调取的证据;(2)涉及国家秘密、商业秘密和个人隐私的证据;(3)确因客观原因不能自行收集的其他证据。

询问笔录的作用主要体现在以下几个方面:一是可以作为分析案件情况,查明案件事实的参考资料;二是有价值的询问笔录,可以作为认定案件事实的证据;三是有些询问笔录,可以为进一步查明案件事实提供证据线索。

## 二、具体写作要求

询问笔录由首部、正文和尾部组成。

(一)首部

首部包括标题,时间,地点,询问人、记录人、被询问人的基本情况。

1. 标题

应当写为:"询问笔录"或者"×××一案询问笔录"。

2. 时间和地点

(1) 时间。应当具体写明询问开始和结束的年月日时分,即写为:××××年××月××日×时×分至××××年××月××日××时××分。

(2) 地点。应当准确、具体的写明询问地点。例如,×××县公安局刑警大队、×××县人民法院。

3. 询问人、记录人、被询问人的基本情况

(1) 询问人的基本情况。应当写明询问人的姓名和工作单位。

(2) 记录人的基本情况。应当写明记录人的姓名和工作单位。

(3) 被询问人的基本情况。通常需要写明被询问人的姓名、性别、年龄、出生日期、民族、文化程度、身份证件种类及号码、现住址、户籍所在地、职业、工作单位和职务等。

(二) 正文

正文是文书的核心内容,包括告知事项和被询问人陈述的内容。

1. 告知事项

我国《刑事诉讼法》第125条规定:询问证人,应当告知他应当如实地提供证据、证言和有意作伪证或者隐匿罪证要负的法律责任。第127条规定:询问被害人,适用本节各条规定。我国《民事诉讼法》第111条第1项规定:伪造、毁灭重要证据,妨碍人民法院审理案件的诉讼参与人或者其他人,人民法院可以根据情节轻重予以罚款、拘留;构成犯罪的,依法追究刑事责任。根据上述法律规定,询问人在询问前,应当告知被询问人如实陈述的义务,以及不如实陈述应当承担的法律责任。

2. 被询问人陈述的内容

这部分内容是文书的核心,在询问时,通常有两种记录方法:一种是问答式,即由询问人提出问题,被询问人回答;另一种是综合记录式,即询问人将需要询问的问题了解清楚后,采用综合归纳的方法,将询问人的询问和被询问人回答的问题简明扼要地记写清楚。为了使询问笔录的内容更加清晰,采用综合记录式的方法记录时,可以将询问笔录的内容分成两个自然段,一段记写提问的内容,另一段记写回答的内容,以使笔录的内容更加条理化。

根据案件性质的不同,涉及被询问人陈述内容的记录也存在差别。涉及刑事案件,应当重点记录被询问人陈述的与犯罪事实有关的时间、地点、手段、情节、危害结果、涉及的人和事等。涉及民事案件,应当重点记录当事人之间的关系、民事纠纷发生的时间、地点、涉及的人、起因、过程、结果和争议焦点等。涉及行政案件,应当重点记录行政机关实施具体行政行为的时间、地点、过程、结果,以及行政管理相对人提起诉讼的原因等。

叙写这部分内容,需要注意以下几个问题:

一是记录的内容应当明确、具体,文字阐述应当简明扼要。

二是涉及被询问人与被调查人的关系应当记写清楚。

三是如果被询问人在调查过程中提供了其他知情人的线索,应当详细、具体地记写清楚,包括知情人的姓名、住址、所在单位等。

四是对被询问人阐述的与调查内容无关的情况,可以不予记录。

(三) 尾部

应当由询问人、被询问人、见证人、记录人分别签名或者盖章,并写明年月日。

叙写尾部内容需要注意的是,询问笔录记录完毕后,应当依法履行法定的手续,即让被询问人阅读、核对笔录的内容。如果被询问人没有阅读能力,应向其宣读。如果有错记、漏

记的内容,应当予以改正和补充,在增加、删除、涂改之处,应当由被询问人签名、盖章或者捺手印。

笔录内容核对完毕后,由被询问人在笔录尾页写明:"以上笔录我已看过(或以上笔录已经向我宣读过),与我说的相符"字样,并由被调查人签名或盖章,写明年月日。最后由询问人和记录人分别签名,写明年月日。

### 三、文书写作需要注意的问题

(1)被询问人要求就被询问事项自行提供书面材料的,应当准许。

(2)调查时,如果有其他人在场,应当写明在场人的姓名、性别、职业、工作单位和职务等。

(3)侦查人员询问证人,可以在现场进行,也可以到证人所在单位、住处或者证人提出的地点进行,在必要的时候,可以通知证人到人民检察院或者公安机关提供证言。在现场询问证人,应当出示工作证件,到证人所在单位、住处或者证人提出的地点询问证人,应当出示人民检察院或者公安机关的证明文件。

**参考格式**

询问笔录

**参考范例**

询问笔录

## 第四节 讯问笔录

### 一、概念和作用

讯问笔录,是指公安机关、人民检察院在办理刑事案件过程中,为了证实犯罪、查明犯罪事实,对犯罪嫌疑人进行讯问时依法制作的如实记载讯问情况的法律文书。

我国《刑事诉讼法》第118条规定:讯问犯罪嫌疑人必须由人民检察院或者公安机关的

侦查人员负责进行。讯问的时候,侦查人员不得少于二人。犯罪嫌疑人被送交看守所羁押以后,侦查人员对其进行讯问,应当在看守所内进行。第120条规定:侦查人员在讯问犯罪嫌疑人的时候,应当首先讯问犯罪嫌疑人是否有犯罪行为,让他陈述有罪的情节或者无罪的辩解,然后向他提出问题。犯罪嫌疑人对侦查人员的提问,应当如实回答。但是对与本案无关的问题,有拒绝回答的权利。侦查人员在讯问犯罪嫌疑人的时候,应当告知犯罪嫌疑人如实供述自己罪行可以从宽处理的法律规定。第121条规定:讯问聋、哑的犯罪嫌疑人,应当有通晓聋、哑手势的人参加,并且将这种情况记明笔录。

《刑事诉讼法》第173条规定:人民检察院审查案件,应当讯问犯罪嫌疑人,听取辩护人、被害人及其诉讼代理人的意见,并记录在案。辩护人、被害人及其诉讼代理人提出书面意见的,应当附卷。

讯问笔录主要具有以下作用:一是笔录中记载的犯罪嫌疑人的供述和辩解,经查证属实后,可以作为认定案件事实的证据;二是通过对讯问笔录记载内容进行分析,可以初步确定案件的性质,为案件定性处理提供依据;三是通过讯问笔录,可以了解讯问情况,证实讯问程序的合法性;四是通过对笔录的分析研究,可以总结经验教训,提高办案质量。

**二、具体写作要求**

讯问笔录由首部、正文和尾部组成。

(一)首部

首部包括标题,时间,地点,讯问人、记录人、被讯问人的基本情况。

1. 标题

应当写为:"讯问笔录"或者"×××一案讯问笔录"。

2. 时间和地点

(1)时间。应当具体写明讯问开始和结束的年月日时分,即写为:××××年××月××日××时××分至××××年××月××日××时××分。

(2)地点。应当准确、具体的写明讯问地点。例如,×××县公安局刑警大队、×××县人民检察院。

3. 讯问人、记录人、被讯问人的基本情况

(1)讯问人的基本情况。应当写明讯问人的姓名和工作单位。

(2)记录人的基本情况。应当写明记录人的姓名和工作单位。

(3)被讯问人的基本情况。通常需要写明被讯问人的姓名、性别、年龄、出生日期、民族、文化程度、身份证件种类及号码、现住址、户籍所在地、职业、工作单位和职务等。

(二)正文

正文是文书的核心内容,包括告知事项和被讯问人陈述的内容。

1. 告知事项

我国《刑事诉讼法》第34条第1款规定:犯罪嫌疑人自被侦查机关第一次讯问或者采取强制措施之日起,有权委托辩护人;在侦查期间,只能委托律师作为辩护人。被告人有权随时委托辩护人。侦查机关在第一次讯问犯罪嫌疑人或者对犯罪嫌疑人采取强制措施的时候,应当告知犯罪嫌疑人有权委托辩护人。人民检察院自收到移送审查起诉的案件材料之日起3日以内,应当告知犯罪嫌疑人有权委托辩护人。人民法院自受理案件之日起3日以内,应当告知被告人有权委托辩护人。犯罪嫌疑人、被告人在押期间要求委托辩护人的,人

民法院、人民检察院和公安机关应当及时转达其要求。犯罪嫌疑人、被告人在押的,也可以由其监护人、近亲属代为委托辩护人。辩护人接受犯罪嫌疑人、被告人委托后,应当及时告知办理案件的机关。第120条第2款规定:侦查人员在讯问犯罪嫌疑人的时候,应当告知犯罪嫌疑人享有的诉讼权利,如实供述自己罪行可以从宽处理和认罪认罚的法律规定。根据上述法律规定,讯问人在讯问犯罪嫌疑人时,应当首先讯问犯罪嫌疑人是否有犯罪行为,告知犯罪嫌疑人依法享有委托辩护人的权利,以及如实供述自己的罪行可以从宽处理的法律规定。然后向犯罪嫌疑人提问,讯问犯罪嫌疑人。

2. 被讯问人陈述的内容

这部分内容是讯问笔录记录的重点。根据讯问次数的不同,记录内容也有所不同。第一次讯问时,应当在第一部分详细记录清楚犯罪嫌疑人的基本情况,包括姓名、别名、曾用名、出生年月日、户籍所在地、现住地、籍贯、出生地、民族、职业、文化程度、家庭情况、社会经历、是否属于人大代表、政协委员、是否受过刑事处罚或者行政处理等情况。同时,需要与原案件材料认真核对,严防错拘错捕。另外,还要问清记明犯罪嫌疑人是否知道为什么被拘留或被逮捕。除第一次讯问外,以后的系列讯问可不再问基本情况。直接进行讯问即可。

涉及被讯问人陈述的内容,在制作讯问笔录时,应当采用问答的方式,问清记明讯问的全部过程。首先,应当记清讯问人的提问。然后,根据讯问人提出的问题,全面准确地记载犯罪嫌疑人关于犯罪事实的供述和辩解。这部分内容是文书的核心内容,应当根据讯问的过程,准确清楚地记明犯罪嫌疑人实施犯罪的时间、地点、动机、目的、手段、情节、起因、过程、后果、证据、涉及的人和事等。其中,涉及证明案件性质的关键性情节、有关的证据、有明显矛盾的地方等重要情况,应当准确清楚地重点记录。在讯问过程中,如果犯罪嫌疑人进行无罪辩解,应当记清其陈述的理由和依据。此外,对犯罪嫌疑人在讯问过程中的认罪态度等情形,也应当准确地予以记录。

叙写这部分内容,需要主要注意以下几个问题:

一是笔录应当将问话和犯罪嫌疑人的供述或者辩解如实地记录清楚,并且制作讯问笔录应当使用能够长期保持字迹的材料。

二是笔录的内容既要全面,又要突出重点,主要应当围绕犯罪事实以及与犯罪有关的情况进行记录。

三是笔录应当如实反映犯罪嫌疑人供述的原意,不能随意夸大、缩小,更不能改变原意。对于涉及定罪定性的重要情节,应尽可能地记录原话。

四是在记录时,对于讯问过程中犯罪嫌疑人的表情、语气、体态语等,也应当用括号作准确适当的描写。

五是对于涉及黑话、方言、特殊内容的词语,也应当用括号作说明解释。

(三) 尾部

应当由讯问人、被讯问人、记录人分别签名或者盖章,并写明年月日。

叙写尾部内容需要注意的是,讯问笔录记录完毕后,应当依法履行法定的手续,即让被讯问人阅读、核对笔录的内容。如果被讯问人没有阅读能力,应向其宣读。如果有错记、漏记的内容,应当予以改正和补充,在增加、删除、涂改之处,应当由被讯问人签名、盖章或者捺手印。

笔录内容核对完毕,犯罪嫌疑人承认笔录没有错误后,由被讯问人在笔录尾页写明:"以上笔录我已看过(或以上笔录已经向我宣读过),与我说的相符"字样,并由被讯问人签名或盖章,写明年月日。被讯问人拒绝签名、捺指印的,也应当在笔录上注明。最后由讯问人和记录人分别签名,写明年月日。

### 三、文书写作需要注意的问题

(1) 犯罪嫌疑人请求自行书写供述的,应当准许。必要的时候,侦查人员也可以要犯罪嫌疑人亲笔书写供词。

(2) 侦查人员在讯问犯罪嫌疑人的时候,可以对讯问过程进行录音或者录像;对于可能判处无期徒刑、死刑的案件或者其他重大犯罪案件,应当对讯问过程进行录音或者录像。录音或者录像应当全程进行,保持完整性。

(3) 对不需要逮捕、拘留的犯罪嫌疑人,可以传唤到犯罪嫌疑人所在市、县内的指定地点或者到他的住处进行讯问,但是应当出示人民检察院或者公安机关的证明文件。对在现场发现的犯罪嫌疑人,经出示工作证件,可以口头传唤,但应当在讯问笔录中注明。

(4) 讯问聋、哑的犯罪嫌疑人,应当有通晓聋、哑手势的人参加,并在讯问笔录上注明犯罪嫌疑人的聋、哑情况,以及翻译人员的姓名、工作单位和职业。讯问不通晓当地语言文字的犯罪嫌疑人,应当配备翻译人员。

(5) 讯问犯罪嫌疑人,必须由侦查人员进行。讯问的时候,侦查人员不得少于二人。讯问同案的犯罪嫌疑人,应当个别进行。

**参考格式**

讯问笔录

**参考范例**

讯问笔录

## 第五节　法庭审理笔录

### 一、概念和作用

法庭审理笔录,又称法庭笔录或庭审笔录,是指人民法院依法开庭审理各类诉讼案件时,书记员当庭记载的全部法庭审理活动的文字材料。

我国《刑事诉讼法》第207条第1款规定:法庭审判的全部活动,应当由书记员写成笔录,经审判长审阅后,由审判长和书记员签名。《民事诉讼法》第147条第1款规定:书记员应当将法庭审理的全部活动记入笔录,由审判人员和书记员签名。

法庭审理笔录具有法律意义,其作用主要体现在以下几个方面:一是法庭审理笔录是整个庭审活动的真实记录;二是法庭审理笔录是人民法院认定案件事实,核实证据,作出判决的依据;三是法庭审理笔录是制作裁判文书的依据;四是法庭审理笔录是依法进行法律监督,总结经验教训的重要资料。

**二、具体写作要求**

法庭审理笔录由首部、正文和尾部组成。

(一)首部

首部包括标题、开庭时间和地点、审理方式、审判组织的情况。

1. 标题

应当写为:"法庭审理笔录",并用括号标明是第几次开庭审理案件。例如,标明"(第一次)"。

2. 开庭时间和地点

应当写明开庭审理的起止时间,地点应当写得明确、具体。

3. 审理方式

应当写明是否是公开审理,如果是公开审理的案件,应当写明到庭旁听的大概人数。

4. 审判组织的情况

应当写明审判人员(独任审判员)和书记员的姓名。

(二)正文

正文是文书的核心内容,包括开庭前准备、法庭调查、法庭辩论、当事人最后陈述、合议庭评议、宣告判决、法庭审理中出现的特殊情形。

1. 开庭前准备

具体需要记明以下内容:书记员宣布法庭纪律;全体起立,请审判人员入庭;书记员向合议庭组成人员报告当事人到庭情况;审判长核对当事人情况;宣布审判人员、书记员名单;依法告知当事人享有的权利和应当履行的义务,询问当事人是否申请回避等;审判长宣布案由,说明案件是公开审理还是不公开审理,如果是不公开审理的,需要说明理由;宣布开庭。

2. 法庭调查

(1)刑事案件。依次需要记明以下情况:

一是宣读起诉书。应当由公诉人宣读起诉书;有附带民事诉讼的,应由附带民事诉讼原告人或者其法定代理人、诉讼代理人宣读附带民事起诉状。

二是讯问当事人。在审判长主持下,被告人、被害人可以就起诉书指控的犯罪事实分别陈述,公诉人可以就起诉书指控的犯罪事实讯问被告人。

三是发问。经审判长准许,被害人及其法定代理人、诉讼代理人可以就公诉人讯问的犯罪事实补充发问;附带民事诉讼原告人及其法定代理人、诉讼代理人可以就附带民事部分的事实向被告人发问;被告人的法定代理人、辩护人,附带民事诉讼被告人及其法定代理人、诉讼代理人可以在控诉一方就某一问题讯问完毕后向被告人发问;控辩双方可以向被害人、附带民事诉讼原告人发问。必要时,审判人员可以向被害人、附带民事诉讼当事人发问。

四是核实证据。公诉人可以提请审判长通知证人、鉴定人出庭作证,或者出示证据。被害人及其法定代理人、诉讼代理人,附带民事诉讼原告人及其诉讼代理人也可以提出申请。在控诉一方举证后,被告人及其法定代理人、辩护人可以提请审判长通知证人、鉴定人出庭作证,或者出示证据。控辩双方申请证人出庭作证,出示证据,应当说明证据的名称、来源和拟证明的事实。法庭认为有必要的,应当准许;对方提出异议,认为有关证据与案件无关或者明显重复、不必要,法庭经审查异议成立的,可以不予准许。举证方当庭出示证据后,由对方进行辨认并发表意见。控辩双方可以互相质问、辩论。法庭对证据有疑问的,可以告知公诉人、当事人及其法定代理人、辩护人、诉讼代理人补充证据或者作出说明。法庭审理过程中,对与量刑有关的事实、证据,审判人员应当进行调查。

(2) 民事案件。依次需要记明以下情况:

一是当事人陈述。应当按以下顺序记录,即原告口头陈述起诉的请求和理由,或者宣读起诉状;被告针对原告起诉作出承认或者否定的答辩,或者宣读答辩状;第三人陈述或者答辩时,有独立请求权的第三人应当陈述其诉讼请求及理由,无独立请求权的第三人应当针对原、被告的陈述提出承认或否定的答辩意见。

二是告知证人的权利义务,证人作证,宣读未到庭的证人证言。应当征询当事人对证人证言的意见。经法庭许可,当事人及其诉讼代理人可以向证人发问。询问证人时,其他证人不得在场。人民法院认为有必要的,可以让证人进行对质。当事人提交的书面证言,应当当庭宣读。当事人自己调查取得的证人证言,由当事人宣读后提交法庭,对方当事人可以质询;人民法院调查取得的证人证言,由书记员宣读,双方当事人可以质询。

三是出示书证、物证、视听资料和电子数据,宣读鉴定意见、勘验笔录。书证、物证、视听资料和电子数据均应在法庭上出示,由当事人质证。未经质证的证据不能作为认定案件事实的依据。案件中的专门性问题经过鉴定的,应当由鉴定人到庭宣读鉴定意见。宣读后,由双方当事人发表意见。经法庭许可,当事人可以向鉴定人发问。如果人民法院在审理案件过程中对物证或者现场进行过勘验的,应由勘验人当庭宣读勘验笔录,经法庭许可,当事人可以向勘验人发问。

按照上列顺序经过法庭调查,当事人争议的事实查清后,审判长应当询问双方当事人有无新的证据提出。法庭调查结束前,审判长应就法庭调查认定的事实和当事人争议的问题进行归纳总结。

3. 法庭辩论和当事人最后陈述

涉及法庭辩论和当事人最后陈述,根据案件性质的不同,主要需要记明以下内容:

(1) 刑事案件。在刑事诉讼中,合议庭认为案件事实已经调查清楚的,应当由审判长宣布法庭调查结束,开始就定罪、量刑的事实、证据和适用法律等问题进行法庭辩论。法庭辩论应当在审判长的主持下,按照下列顺序进行,即公诉人发言;被害人及其诉讼代理人发言;被告人自行辩护;辩护人辩护;控辩双方进行辩论。附带民事部分的辩论应当在刑事部分的辩论结束后进行,先由附带民事诉讼原告人及其诉讼代理人发言,后由附带民事诉讼被告人及其诉讼代理人答辩。法庭辩论过程中,合议庭发现与定罪、量刑有关的新的事实,有必要调查的,审判长可以宣布暂停辩论,恢复法庭调查,在对新的事实调查后,继续法庭辩论。审判长宣布法庭辩论终结后,合议庭应当保证被告人充分行使最后陈述的权利。

(2) 民事案件。在民事诉讼中,法庭辩论,是指在合议庭的主持下,双方当事人根据法庭调查已经基本查明的案件事实和证据材料,各自阐明自己的观点,论述自己的意见,反驳对方当事人的主张,相互进行言词辩论的诉讼活动。法庭辩论按照以下顺序进行,即原告及其诉讼代理人发言;被告及其诉讼代理人答辩;第三人及其诉讼代理人发言或者答辩;互相辩论。在法庭辩论中,审判人员始终处于指挥者的地位,引导当事人围绕争议的焦点进行辩论。当事人及其诉讼代理人的发言与本案无关或者重复时,审判人员应当予以制止。第一轮辩论结束后,审判长应当询问当事人是否还有补充意见。当事人要求继续发言的,应当允许,但审判长要提醒当事人不可重复已经发表过的辩论意见。如果当事人没有补充意见的,审判长按照原告、被告、第三人的顺序依次征询各方的最后意见。

4. 合议庭评议和宣告判决

我国《刑事诉讼法》第 200 条规定:在被告人最后陈述后,审判长宣布休庭,合议庭进行评议……《民事诉讼法》第 142 条规定:法庭辩论终结,应当依法作出判决。判决前能够调解的,还可以进行调解,调解不成的,应当及时判决。根据上述法律规定,当事人最后陈述后,审判长宣布休庭,合议庭成员退庭,对案件进行评议,涉及评议的程序应当如实记录。但是,由于合议庭评议的具体情况,依法应当另行单独制作合议庭评议笔录。因此,在法庭审理笔录中,只需注明"审判长宣布休庭,由合议庭进行评议"即可。

我国《刑事诉讼法》第 202 条第 1 款规定:宣告判决,一律公开进行。公诉人、辩护人、诉讼代理人、被害人、自诉人或者附带民事诉讼原告人未到庭的,不影响宣判的进行。《民事诉讼法》第 148 条第 1 款规定:人民法院对公开审理或者不公开审理的案件,一律公开宣告判决。

当庭宣判的案件,在休庭评议后继续开庭进行宣判,法庭审理笔录应当记明宣判的情况。定期宣判的,单独制作宣判笔录。在宣告判决时,主要应当记明以下内容:一是判决结果和当事人对判决的意见。二是告知当事人上诉权利、上诉期限和上诉法院。三是询问当事人是否提起上诉,以及当事人的表示。四是涉及离婚案件的判决应当告知的事项。《民事诉讼法》第 148 条第 4 款规定:宣告离婚判决,必须告知当事人在判决发生法律效力前不得另行结婚。五是送达判决书。根据我国法律规定,当庭宣判的,只需要宣读判决结果,定期宣判的,应当立即送达判决书,应当区分不同情况,进行记录。

5. 法庭审理中出现的特殊情形

包括需要延期审理、违反法庭纪律等特殊情形,应当在笔录中予以记明。

(1) 延期审理。在案件审理过程中,如果遇到影响审判正常进行决定延期审理的情形,应当记写清楚。包括必须到庭的当事人和其他诉讼参与人没有到庭;需要通知新的证人到庭调取新的证据,重新鉴定或者勘验的;检察人员发现提起公诉的案件需要补充侦查,提出建议的;合议庭认为案件证据不充分,或者发现新的事实,需要人民检察院进行补充侦查或者自行调查的;因当事人申请回避而不能如期进行审判的;以及其他应当延期审理等情况。

(2) 违反法庭纪律。在刑事案件法庭审判过程中,如果诉讼参与人违反法庭秩序,经审判长警告制止,或者情节严重的,被责令退出法庭或应依法追究刑事责任的情况,应当依法予以详细记明。在民事案件法庭审理过程中,诉讼参与人或其他人员违反法庭秩序的,例如、哄闹、冲击法庭,侮辱、诽谤、威胁、殴打审判人员等情况。对上述严重扰乱法庭秩序的人的处理等情况,应当依法详细记明。

另外,在民事诉讼中,涉及原告、被告经合法传唤拒不到庭,或者未经法庭许可中途退庭等情况的处理,也应当记写清楚。

## （三）尾部

尾部包括履行法定程序、有关人员签名或盖章。

### 1. 履行法定程序

我国《刑事诉讼法》第 207 条规定：法庭审判的全部活动，应当由书记员写成笔录，经审判长审阅后，由审判长和书记员签名。法庭笔录中的证人证言部分，应当当庭宣读或者交给证人阅读。证人在承认没有错误后，应当签名或者盖章。法庭笔录应当交给当事人阅读或者向他宣读。当事人认为记载有遗漏或者差错的，可以请求补充或者改正。当事人承认没有错误后，应当签名或者盖章。《民事诉讼法》第 147 条第 2 款规定：法庭笔录应当当庭宣读，也可以告知当事人和其他诉讼参与人当庭或者在 5 日内阅读。当事人和其他诉讼参与人认为对自己的陈述记录有遗漏或者差错的，有权申请补正。如果不予补正，应当将申请记录在案。根据上述法律规定，合议庭笔录中，应当记明履行法定程序的情形。

### 2. 有关人员签名或盖章

我国《刑事诉讼法》第 207 条第 1 款规定：法庭审判的全部活动，应当由书记员写成笔录，经审判长审阅后，由审判长和书记员签名。《民事诉讼法》第 147 条第 1 款、第 3 款规定：书记员应当将法庭审理的全部活动记入笔录，由审判人员和书记员签名。法庭笔录由当事人和其他诉讼参与人签名或者盖章。拒绝签名盖章的，记明情况附卷。根据上述法律规定，合议庭笔录应当由审判人员和书记员签名，并由案件当事人、其他诉讼参与人签名或者盖章。

## 三、文书写作需要注意的问题

（1）在民事案件法庭审理过程中，涉及法庭主持进行调解的，属于法庭审理活动的组成部分，应当在笔录中记写清楚。

（2）在刑事案件法庭审理过程中，当事人及其辩护人、诉讼代理人申请通知新的证人到庭，调取新的证据，申请重新鉴定或者勘验的，应当提供证人的姓名、证据的存放地点，说明拟证明的案件事实，要求重新鉴定或者勘验的理由。法庭认为有必要的，应当同意，并宣布延期审理；不同意的，应当说明理由并继续审理。审判期间，公诉人发现案件需要补充侦查，建议延期审理的，合议庭应当同意，但建议延期审理不得超过两次。在案件审理中出现上述情形，应当记写清楚。

**参考格式**

**法庭审理笔录（民事）**

> **参考范例**

**法庭审理笔录**

# 第六节 合议庭评议笔录

## 一、概念和作用

合议庭评议笔录,是指审判长宣布休庭后,合议庭根据已经查明的事实、证据和相关法律规定,对案件进行评议,依法作出裁决时制作的法律文书。

我国《刑事诉讼法》第184条规定:合议庭进行评议的时候,如果意见分歧,应当按多数人的意见作出决定,但是少数人的意见应当写入笔录。评议笔录由合议庭的组成人员签名。第185条规定:合议庭开庭审理并且评议后,应当作出判决。对于疑难、复杂、重大的案件,合议庭认为难以作出决定的,由合议庭提请院长决定提交审判委员会讨论决定。审判委员会的决定,合议庭应当执行。《民事诉讼法》第42条规定:合议庭评议案件,实行少数服从多数的原则。评议应当制作笔录,由合议庭成员签名。评议中的不同意见,必须如实记入笔录。

合议庭评议笔录既是制作裁判文书的记载,也是总结经验教训、检查办案情况的参考资料。

## 二、具体写作要求

合议庭评议笔录由首部、正文和尾部组成。

(一)首部

首部包括标题、案号、案由、评议的时间和地点、参加的评议人员等。

1. 标题和案号

标题应当写为:"合议庭评议笔录"。案号应当写为:"(年度)×民(刑)×字×第×号"。

2. 案由

如果是民事案件,通常写为:"×××(原告姓名或名称)诉×××(被告姓名或名称)×××(案由)一案。"如果是刑事案件,通常写为:"×××(被告人姓名)×××(罪名)一案。"

3. 评议的时间和地点

应当具体写明评议开始和结束的年月日时分,即写为:××××年×月×日×时×分至××××年×月×日×时×分。地点应当准确、具体的写明评议地点。

4. 参加的评议人员

应当具体写明审判人员的姓名和职务、书记员的姓名。

## （二）正文

正文是文书的核心内容，主要应当写明评议的情况和评议的结果。

在刑事诉讼中，适用第一审程序审理案件，根据《刑事诉讼法》的规定，在被告人最后陈述后，审判长宣布休庭，合议庭进行评议，根据已经查明的事实、证据和有关的法律规定，分别作出以下判决：案件事实清楚，证据确实、充分，依据法律认定被告人有罪的，应当作出有罪判决；依据法律认定被告人无罪的，应当作出无罪判决；证据不足，不能认定被告人有罪的，应当作出证据不足、指控的犯罪不能成立的无罪判决。

在民事诉讼中，根据《民事诉讼法》的规定，合议庭评议案件，实行少数服从多数的原则。评议应当制作笔录，由合议庭成员签名。评议中的不同意见，必须如实记入笔录。

根据上述法律规定，第一审刑事案件评议笔录，通常需要记写清楚以下内容，即对犯罪事实和证据的认定；对被告人行为性质的认定；对被告人的处理决定；涉及附带民事诉讼的具体处理；涉及赃物、物证的处理；具体法律条款的适用等。第一审民事案件评议笔录，通常需要记写清楚以下内容，即对纠纷事实和证据的认定；纠纷的性质；权利义务和是非责任；案件的争执焦点；法院的处理决定；具体适用的法律条款等。

涉及二审和再审的案件，通常需要记写清楚以下内容，即对原审判决的评议；对上诉和抗诉理由的评议；二审的处理决定；具体适用的法律条款等。

总之，合议庭评议笔录主要应当针对案件的性质、事实和证据的认定、案件的具体处理结果、法律适用等方面的问题，详细、具体地记录审判人员发表的意见，以展示合议庭评议的过程，并具体写明评议结果。

## （三）尾部

尾部应当由审判人员和书记员签名或者盖章。

## 三、文书写作需要注意的问题

（1）制作合议庭笔录，应当如实记载评议的全过程，对重点问题应当详细记录；涉及评议结果，应当记录的明确具体。

（2）在案件评议过程中，合议庭成员评议意见有分歧的，也应当如实记入笔录。

（3）根据法律规定，合议庭评议笔录是人民法院的内部文书，归入副卷保存，当事人、诉讼代理人、辩护人（包括律师），均无权查阅。

**参考格式**

合议庭评议笔录

**参考范例**

### 合议庭评议笔录

 **思考题**

1. 简述笔录的概念和特点。
2. 简述笔录的种类和作用。
3. 简述现场勘查笔录的概念和作用。
4. 简述询问笔录的概念和作用。
5. 制作讯问笔录应当注意哪些问题?
6. 合议庭评议笔录的正文部分包括哪些内容?
7. 简述法庭审理笔录正文部分应当记录的内容。

# 参考文献

1. 陈国庆主编:《人民检察院刑事诉讼程序与文书制作》,中国人民公安大学出版社2012年版。
2. 陈国庆主编:《人民检察院刑事诉讼法律文书适用指南》,中国检察出版社2014年版。
3. 段钢:《公安问话笔录制作与案卷审阅》,中国人民公安大学出版社2016年版。
4. 顾克广、刘永章主编:《司法文书》,中国政法大学出版社2002年版。
5. 顾克广、率蕴铤主编:《法律文书格式及实例选编》,中国政法大学出版社2013年版。
6. 刘金华:《律师文书写作方法与技巧》,大众文艺出版社2001年版。
7. 刘金华主编:《司法文书写作方法与技巧》,大众文艺出版社2002年版。
8. 刘彦宁、吴国荣、吴昊编著:《刑事裁判文书写作指南》,人民法院出版社2013年版。
9. 刘永章、刘金华、程滔:《民用法律文书格式与写作技巧》,西苑出版社2001年版。
10. 刘永章、刘金华:《检察机关诉讼文书写作方法与技巧》,大众文艺出版社2002年版。
11. 马宏俊主编:《法律文书写作与训练》,中国人民大学出版社2009年版。
12. 马宏俊主编:《法律文书学》,中国人民大学出版社2014年版。
13. 马明发主编:《常用公证文书实务操作参考》,山西人民出版社2016年版。
14. 宁致远主编:《法律文书参考资料》,中央广播电视大学出版社2002年版。
15. 宁致远主编:《法律文书》,高等教育出版社2011年版。
16. 宁致远主编:《法律文书教程》,中央广播电视大学出版社2005年版。
17. 宁致远主编:《法律文书写作》,北京大学出版社2006年版。
18. 宁致远主编:《法律文书学》,中国政法大学出版社2003年版。
19. 宁致远主编:《行政执法文书教程》,中央广播电视大学出版社2009年版。
20. 沈德咏主编:《民事诉讼文书样式》,人民法院出版社2016年版。
21. 王磊编著:《公安法律文书大全与制作详解》,中国法制出版社2014年版。
22. 张泗汉主编:《法律文书教程》,中国政法大学出版社2001年版。
23. 赵汝琨主编:《检察机关刑事诉讼法律文书适用》,法律出版社1997年版。
24. 最高人民检察院法律政策研究室编著:《检察法律文书制作与适用》,中国法制出版社2002年版。

此外,本书在写作过程中,还参考了中国裁判文书网、百度文库、华律网、香当网、110法律文书网等网站上的相关内容。